KB242788

현대민주주의와
시민사회

현대민주주의와 시민사회

이종식 지음

KSi 한국학술정보[주]

책머리에

2007년 12월 19일 대통령 선거를 마치고서 지난 선거 기간 중에 선거운동에서 보여주는 한국정치의 시민의식에 비해 정치인들의 수준이 더 낮은 것 같은 느낌을 주고 있다. 그 같은 이유는 선거전이 너무나 비방과 네거티브적 전략이 주류를 이루고 있었기 때문에 매번 선거 때만 되면 벌어지는 들추어내기와 비방공세로 상대를 깎아내려서 자기가 올라가려는 의도에서 유권자들은 식상해 있기 때문이다. 정치도 이제는 내면과 실질을 찾는 정치가 되어야 할 것이다.

이제 대통령 당선자를 두고 있는 2007년 12월 현재로서는 차기 정부에 대한 기대가 자못 크다. 이러한 시점에서 우리는 한국 민주주의가 얼마나 실질적인 민주주의를 공고화해 나아가고 있는지를 진단하고, 시민사회도 그들의 위상을 재정립해야 할 시기를 맞고 있다 할 것이다. 차기 정부에서는 보수주의자들의 정책에 의한 신실용주의를 펼쳐 나가게 될 것이다. 하여 시민사회운동은 어떻게 전개되어야 할 것인가에 주목할 필요가 있다.

이러한 시점에서 본 교재는 그간 저자가 강의해 온 현대민주주의와 시민사회론을 정리하여 시민사회의 현재까지의 주소를 정리하고 있다. 차기 정부에서 실용주의적 정책이 펼쳐지기 위해서는 시장의 원리에 의한 자율성을 더욱 신장해야 할 것이다. 그리고 정부는 적게 관계할 것으로 예상이 되기 때문에 더욱이 정부와의 관계적 측면에서 보다 자율성이 요구될 수도 있다. 그렇다면 시민사회의 자기 정체성을 확실하게 제시할 필요가 있다. 시민사회단체들도 이제 참여정부에서 너무 지나치게 현실정치에 참여한 것으로 활동에 제약을 받을 수도 있다.

이에 본서는 현대민주주의에서 정당제와 대의제 민주주의의 문제점을 지적하고 대안적 방안을 강조하고 있다. 그리고 시민사회의 주체성과 자기 정체성을 확립하기 위해 그람시의 시민사회와 국가 개념에 입각하여, 하버마스적인 의사소통의 원리를 강조하고, 보다 사회적 자치역량을 강조하는 사회적 자본과 같은 분야에 의미를 부여하고 있다.

본서의 구체적인 내용은 각 장에서 살펴볼 수 있으나 개괄해 보면 먼저 제1장. 자유주의적 민주주의, 제2장. 사회주의적 민주주의, 제3장. 현대민주주의의 다두제와 대의제의 문제점을 제시하고, 이에 대한 대안으로서 제4장. 직접민주주의와 참여민주주의, 제5장. 토의민주주의와 결사체민주주의, 제6장. 공동체주의를 제시하고 구체적으로 서술하고 있다.

그리고 시민사회의 전체적 개념의 파악을 위해 제7장. 시민사회의 개념, 제8장. 그람시와 국가, 시민사회, 제9장. 사회적 자본과 시민사회 등에서 구체적 개념과 국가와의 관계를 설명하고자 하였다.

마지막으로 제10장. 한국 민주주의의 발달, 제11장. 민주화 이후의 한국시민사회, 제12장. 효율적인 거버넌스 형성을 위한 문제점과 방향 등에서 최근 한국 시민사회의 성장과 참여정부 이후의 문제점과 향후의 과제에 관해 생각해 보았다.

이러한 본서의 편성을 소개하면서 모쪼록 이 책을 이용하는 학생들과 독자들에게 더욱 애독되기를 바라면서 질정과 편달을 바라 마지않는다. 이 책이 출판되기까지 박사학위 지도교수님이신 김영

래 교수님과 출판관계 여러분들에게도 감사를 드린다. 아울러 우
리 가족들의 지원과 격려에 감사를 한다.

2008년 2월 25일
행신 우거에서 필자 씀

제1장

자유주의적 민주주의

고전적 민주주의 이론에는 자유주의적 시각에서 보는 민주주의와 사회주의적 시각에서 보는 민주주의, 두 종류의 민주주의가 있다. 우선 이 장에서는 자유주의적 민주주의에 관한 이론을 검토해 보기로 한다.

Ⅰ. 자유와 평등

1. 자유는 근대민주주의의 정신적 지주

- 자유와 평등은 근대민주주의 이래 민주주의의 양대 축으로서 상호보완적으로 민주주의를 발전시키는 데 중요한 역할을 하여 왔다.
- 특히 자유에는 발견된 개인의 자아를 정립하고 인격의 완성을 달성하는 데에 필수 불가결한 핵심적인 가치가 부여되었다. 국가로부터의 자유 혹은 국가의 간섭으로부터의 자유는 근대 시민혁명의 가장 핵심적인 내용이 되었다.
- 국가로부터의 자유라는 시민적 자유의 개념은 시민사회의 발전과 성숙을 촉진하는 데에 결정적인 역할을 하였으며, 근대 민주주의의 정신적 지주이다.

2. 자유는 시민혁명의 원동력

- 정치적 사회적 제도로서 영국의 자유주의는 1688년 명예혁명으로 일단락되었다.
- 19세기에 들어서 결실을 보면서 자유주의는 사회지도 이념으로 등장하였다. 당시의 낙관적 사조에 힘을 입고서 자유방임주의로 발전하였다.
- 국가권력을 극소화하고 국가권력행사에 따르는 부작용을 최소화하기 위한 정치제도로서 권력분립을 주장하게 되었다.

3. 대중사회의 등장과 자유의 변화

- 근대자본주의사회의 성숙에 따른 대중사회의 등장과 함께 국가의 간섭으로부터의 자유의 개념은 변화하였다.
- 근대자본주의로부터 격심한 경제적 불평등이 확대되어, 인간 생존권마저 위협을 받게 되어 자유주의의 본질에 전환을 강요받게 되었다. 여기에서 등장한 것이 복지국가의 이념이다. 복지국가 이념은 현대적이고 적극적, 생존권적 자유로 이행할 수밖에 없었다.

Ⅱ. 자유주의적 민주주의자들의 주장

자유주의적 민주주의 이론을 주장하는 사람들은 민주주의를 하나

16

의 정부의 형태 또는 정치체계로 보고 있다. 그 대표적인 사람들이 밀, 매디슨, 콘하우저, 립셋 등이다. 먼저 밀(John Stuart Mill)은 대의 정부체제나 비례대표제의 도입을 주장, 무제한한 자유주의로부터 제한적 민주주의라는 절차적 민주주의 개념을 주장하고 있다.[1] 연방주의의 저자들을 대표하는 매디슨(James Madison)은 미연방주의 교서에 담겨 있는 다원주의적 이론에 기초하여, 이들의 이해의 대립에서 나오는 다수의 횡포로부터 소수를 보호한다는 이름 아래 집단 간 상호견제와 균형을 위해 권력분립을 주장하고 있다.[2] 콘하우저(W. KornHauser)는 민주주의란 본질적으로 일반 투표를 통한 자유경쟁에 의해 지도부를 교체하는 하나의 제도적인 절차로 본다.[3] 립셋(Sey Moore Lipset)은 복잡한 사회에 있어서 민주주의란 지배하는 관리들을 바꾸기 위한 정기적인 헌법적 기회들이 주어지는 정치체계, 가능하면 전체 인구 중에 가장 많은 부분이 정치적 조직의 후보자를 선택함으로써 주요 결정에 영향을 미치는 사회적 메커니즘으로 정의한다.[4] 따라서 우리는 민주주의적 사회란 공직의 후보자를 선출하는 자유롭고 빈번한 선거를 통하여 피치자에게 책임을 지고, 자유토론이 보장되며, 공직자들에 반대하여 그들을 교체할 수 있는 기회가 허용되는 하나의 정치체제로 정의할 수 있다.

---

1) John Stuart Mill, 1951, *Considerations on Representative Government,* New York: E. P. Dutton and Company, Inc., Chapter 7 − 8.
2) James Madison et al., "The Federalist Papers" P. Nivola et al.(eds.), *Classic Readings in America Politics,* New York: St. Martins Press, Paper 10, 47 and 51.
3) W. KornHauser, 1963, *The Politics of Mass Society,* New York: The Free Press, p.130.
4) S. M. Lipset, 1963, *Political Man: The Social Basis of Politics,* New York: Doubleday and Co., p.27.

1. 밀(Mill)의 대의제와 비례대표제

(1) 대의제

1) 통치형태의 평가기준

정부형태에 대한 평가기준으로서는 인민의 덕성과 지성, 즉 인민의 자질을 촉진할 수 있는 통치형태인가 아닌가에 있다고 일반적으로 생각한다. 대의제는 사회구성원의 지성과 덕성으로 그 같은 영향력을 정부에 주기 위한 수단이 되기 때문이다. 가장 좋은 이상적인 정부형태는 궁극적으로 최고 지배권이 사회 전체에 부여되어 있는 통치형태, 즉 모든 시민이 그 궁극적인 주권에 대해 발언할 수 있는 힘을 가졌을 뿐만 아니라 적어도 약간의 지방적, 일반적인 공적 기능을 맡아 함으로써 통치에 실질적 참여가 가능한 통치형태이다. 즉 완전한 인민의 정부에 의해 사회의 모든 문제를 해결해 줄 수 있는 모든 인민의 참여가 이루어질 수 있는 통치이다.

2) 대의제를 해야 하는 근거

그러나 작은 도시가 아닌 큰 사회에서는 공적인 일의 극히 일부분을 제외하고는 모든 사람들이 다 같이 참여할 수 있는 방법이 없으므로 이 경우에 선택할 수 있는 이상적인 형태의 완전한 통치는 대의정치라고 한다. 그러나 예외 현상으로는 인민이 그것에 반대하거나 무관심한 경우에는 대의정부형태가 부적합하다고 본다.

언어, 인종, 민족 등으로 분열되지 않은 현대사회의 경우에는 주로 노동자, 고용자의 두 당파로 분리되어 있다. 고용자에는 노동자 중 고소득자와 부자에 동화된 사람, 부자가 될 가능성이 있는 사람까지도 포함하고, 노동자에는 노동자에 동화된 소규모의 소상인도 포함한다. 이러한 상태에서는 대의정치가 이상적이고 완전한 것이 되며, 완전한 상태로 유지되려면 두 계급이 대의제도 속에서 평등하게 균형을 이루어 각자가 의회 속에서 투표에 거의 동등한 영향을 주어야 한다고 한다.

대의제가 취하는 근본적인 취지는 모든 인민 또는 인민의 대부분이 그들 자신이 정기적으로 선출한 대표자를 통해 궁극적인 권력을 완전하게 소유해야 한다는 것과 인민은 언제나 자신이 바랄 때에는 통치의 모든 작용의 주인이 되어야 한다는 것이다.

3) 대의제의 주요 기능

모든 통치업무를 통제해야 하지만 그 일반적인 기능에는 한계가 있다. 의회가 직접 모든 행정을 다 수행할 수는 없는 것이다. 공공행정은 숙련, 경험, 지식이 필요한 일로서 그 자체만의 특유한 원리와 전통을 가지고 있는 것이다. 의회가 행정업무를 심판하는 것은 미경험이 경험을, 무지가 지식을, 미숙련이 숙련을 심판하는 것일 뿐이다. 의회가 입법의 직접적인 관여는 적합하지가 않다고 본다.

또한 법률제정 역시 경험과 숙련을 요하는 일로서 소위 전문위원회에 맡겨서 처리하는 것이 바람직하다고 본다. 이는 오늘날의 의회에서 볼 때 의원들의 유리, 불리에 따라 처리되고 있는 성향을 크게 조작하고 있는 상황을 낳고 있다. 대표적으로 한국의회에서는 국민소환제가 확립되어 있지는 않지만, 지방자치제에서 지방장관이나 의회의원들에게는 주민소환제가 확립되어 있는 실정 등이다.

행정과 입법에 대한 의회의 기능은 의회가 일을 직접 하는 것이 아니라 일을 시키는 것일 뿐이다. 따라서 일을 누가 할 것인가를 결정하는 것만 하는 것이다. 그리고 일이 끝났을 경우에 그것에 대한 국민의 승인을 부여할 것인지 여부를 결정하는 일일 뿐이다. 즉 의회는 통치하는 것이 아니라 정부를 감시하고 통제하는 것이다.

4) 대의민주주의의 위험 요소와 대처 방안

대의정치의 위험은 첫째, 일반적으로 무지, 무능할 수 있다는 것이다. 강력한 군주의 정력, 귀족의 침착성과 사리분별에 비해 인민정부는 일반적으로 자질이 부족하다고 여겨진다. 둘째, 공동체의 일반이익과 일치하지 않는 이익에 영향을 받을 수도 있다는 것이다. 이는 사악한 이익, 즉 사회의 일반복지에 대립하는 이익에 맞추어 통치가 이루어지는 것은 군주제, 귀족제의 폐해이지 민주주의는 아니라고 일반적으로 생각한다.

민주주의의 최대 위험은 권력을 장악한 사람들의 사악한 이익이다. 그것은 계급적 입법, 즉 끊임없이 전체 이익을 희생시키며 지배계급의 눈앞의 이익을 꾀하는 위험이 될 것이다. 최선의 대의정치체제를 구성하는 일은 이러한 폐해를 제거할 수 있는 보장책이 될 것이다.

대의제 민주주의가 수반하기 쉬운 위험은 대의기구와 그것을 지배하는 대중여론이 저급한 지적 수준을 가질 위험과 단일계급으로 구성된 수적 다수에 의해 계급입법을 할 위험이다. 이러한 대의제 위험요소를 줄이는 방법으로서는 다소 제한된 선거를 통해서 대의제의 민주적 성격을 제한하는 것이다.

(2) 비례대표제

1) 대의제의 비민주성과 다수의 횡포

일반적으로 이해되고 있는 민주주의는 배타적으로 대표된 인민의 다수파에 의한 모든 인민의 통치이다. 이는 국가 내에서 수적 다수만이 실제적인 권리를 갖고 그 자신의 이익을 추구하는 특권적 통치를 의미한다. 이것은 소수의 선거권을 완전히 박탈하는 현행 투표방식의 민주적이지 못한 필연적 결과이다. 여기에서 무지의 다수가 지적 소수를 무시하는 다수의 횡포라는 결과를 가져올 가능성이 충분히 있는 것이다. 우리는 항상 소수는 다수에게 적은 수는 많은 수에 복종해야 한다는 습관의 힘에 익숙해져 있다.

2) 정의로운 통치의 구현

진정한 민주주의는 모두가 또는 모든 분파가 불균등하지 않게 균형 있게 대표되어야 한다. 인민의 한 부분이 나머지 부분을 지배하고 대의체 내의 정당하고 평등한 일부의 세력이 억압을 받게 된다. 이는 모든 정의로운 통치에 반하는 것이고, 무엇보다도 평등을 그 기초로 하는 민주주의의 원리에 반하는 것이 된다.

3) 단순 수적 대의제는 전체의 소수일 뿐

수적 다수만의 대의제는 그 자신의 표면적인 목표조차도 달성하지 못하고 이와는 매우 다른 결과를 가져오게 된다. 즉 권력이 다수 중의 다수에게 주어지는데 그들은 아마도 전체의 소수일 수 있다. 예를 들어서 한국의 대통령제에서 다수에 의해 당선된 대통령이지만 그들은 국민 전체에서 볼 때 50% 미만이기 때문에 전체의 소수일 수밖에 없는 것이다.

4) 민주주의의 본질을 추구

수적 다수에 의한 대의제는 민주주의와 아무런 관련이 없는 민주주의 첫째 원칙, 즉 수의 비례에 따른 대표의 원칙에 어긋난다는 것이다. 소수가 적절하게 대표되어야 한다는 것은 민주주의의 본질적인 부분이다. 이 점에서 대의제의 보완을 위해 소수의 권리도 보호되어야 하는 비례 대표제가 필요한 것이다.

5) 적대의 기능(function of antagonism)

대의주의 옹호자들은 나라를 구하는 조언을 하는 데모스테네스 같은 사람이 그의 전 생애를 통해 의석조차 갖지 못하게 될까 봐 한시라도 걱정하지 않을 수가 없다. 그러나 단지 몇 명이라도 이 나라의 최고 지성이 대의기구 내에서 의석을 확보할 수 있다면 나머지가 오직 평균적인 지성으로 이루어져 있다 하더라도 이들 소수 지성들의 영향력은 여러 점에서 대중여론과 감정의 흐름에 반대되는 경우에도 일반 심의과정 속에서 뚜렷이 그 자신의 존재를 나타낼 것이다. 모든 정체에서 다른 모든 나머지보다 강한 한 세력이 있게 마련이다. 그 가장 강한 세력은 영구히 단일세력이 되고자 하는 경향을 갖고 있다. 이러한 민주주의하에서 규정이 없지만 이것이 없이는 어떤 정체도 존재할 수 없는 중대한 사회적 기능의 적절한 수단이 될 수 있는 것이다. 이것을 적대적 기능이라고 할 수 있다.

6) 교육받은 소수와 복수 투표권

이 중대한 결함을 현대사회의 환경이 허락할 수 있는 가장 완벽한 방법은 비례대표제가 가장 적합하다고 한다. 민주적 다수의 본성에 추가되어야 할 또는 그 본성을 완전하게 교정할 수 있는 것은 오직 교육받은 소수라고 한다. 이러한 교육받은 소수가 사회적 기능을 제대로 하게 하려면 두 개 이상의 투표권을 주어 우월한 직능을 행사할 수 있도록 허용되어야 한다는 복수투표의 특권을 부여할 필요성을 주장한다.

2. 매디슨(Madison)의 연방주의 교서의 다원주의 이론

1) 다원주의의 이론적 기초

(1) 연방주의교서 No. 10[5]

- 잘 수립된 연방이 보장하는 여러 가지 이점 중에서 가장 발전
  시켜야 할 것은 파당의 폭력성을 분해하고 통제하는 성향이
  다.[6] 파당의 이러한 해악을 치유하는 방법에는 두 가지가 있
  다. 첫째는 그 원인을 제거하는 것이고, 둘째는 그 결과를 조
  정하는 것이다.[7]

첫째, 그 원인을 제거하는 방법: 치유의 두 가지 방법
- 파당이 존재하는 데 필수적인 자유를 파괴해 버리는 것인데
  이것은 아주 나쁜 방법이다.
- 모든 시민들에게 같은 견해, 같은 열정, 그리고 같은 이해관계
  를 갖게 해 주는 것이다. 이는 앞의 방법보다 더 실현 불가능
  한 것이다.

---

5) James Madison, 1961, *The Federalist Papers* selected and edited by
   Roy P. Fairfield, New York: Anchor Books, Doubleday &
   Company, Inc., pp.16 – 23.
6) *Ibid*, p.16. "Among the numerous advantages promised by a well –
   constructed Union, none deserves to be more accurately developed
   than its tendency to break and control the violence of faction."
7) *Ibid*, p.17. "There are two methods of curing the mischief of
   faction: the one, by removing its causes; the other, by controlling
   its effects."

24

파당의 잠재적 원인은 인간 본성에 심어져 있다. 파당의 가장 일상적이고 지속적인 원천은 다양하고 불균등한 소유의 분배이다. 유산자와 무산자는 역사 이래 줄곧 사회 내에서 뚜렷이 구별되는 이해를 형성하여 왔다.8) 그리고 가장 수가 많은 당파, 즉 가장 강력한 당파가 이길 것이 분명하다.9)

지금까지의 논의를 결론짓는다면 파당의 원인은 제거될 수 없으며, 파당의 결과를 통제하는 데서 유일하게 의존할 수 있는 수단은 그 결과를 완화하는 것뿐이라는 것이다.10)

둘째, 파당의 결과를 완화시키는 방법(to relieve the effects of faction) - 만약 한 당파가 다수파보다 적은 수로 구성되어 있다면, 정기적인 투표를 통해 당파의 사악한 견해를 좌절시킬 수 있게 하는 공화주의적 원칙에 의해 결과를 완화시킬 수 있다. 이 소수 당파는 행정을 방해하고, 사회를 동요시킬 수 있다. 그러나 당파는 헌법에 의해 폭력을 저지를 수 없게 하고, 또한 그 같은 폭력을 은폐시키는 것을 금지하고 있다.11)

---

8) *Ibid*, p.18. "The latent causes of faction are thus sown in the nature of man. The most common and durable source of factions has been the various and unequal distribution of property. Those who hold and those who are without property have ever formed distinct interests in society."

9) *Ibid*, p.19. "The most numerous party, or in other words, the most powerful faction must be expected to prevail."

10) *Ibid*, p.19. "The inference to which we are brought is that the causes of faction can not be removed, and that relief is only to be sought in the means of controlling its effects."

11) *Ibid*, p.19. "If a faction consists of less than a majority, relief is

- 그러나 다수파가 한 당파를 구성할 경우, 인민정부는 당파의 지배적 열정과 이익을 위해 공공선과 다른 시민의 권리가 희생될 수 있게 한다. 그러므로 이러한 파당의 위험으로부터 공공선과 사적 권리를 보호하는 동시에 인민정부의 참뜻과 형태를 보호하는 것은 우리의 탐구가 지향해야 하는 위대한 목표이다.12)

이러한 위대한 목표를 달성하기 위한 방법으로서 두 가지가 있다. 하나는 다수파와 동일한 열정이나 이해를 동시에 저지하는 방법이고, 다른 하나는 그러한 열정과 이익을 공유하는 다수파가 그들의 수와 지역적 상황에 의해 서로 협조할 수 없게 하여, 결과적으로 효과적인 억압을 하지 못하게 함으로써 목표를 달성하는 것이다.13)

---

supplied by the republican principle, which enables the majority to defeat its sinister views by regular vote. It may clog the administration, it may convulse the society: but it will be unable to execute and mask its violence under the forms of the constitution."

12) *Ibid*, pp.19 – 20. "When a majority is included in a faction, the forms of popular government, on the other hand, enables it to sacrifice to its ruling passion or interest both the public good and the rights of other citizens. To secure the public good and private rights against the danger of such a faction, and at the same time to preserve the spirit and the form of popular government, is then the great object to which our inquiries are directed."

13) *Ibid*, p.20.

26

(2) 연방주의 교서 No. 47[14]

여기에서는 이 정부의 특수한 구조(particular structure of this government)와 그 구성요소들 사이의 권력의 분배(distribution of the power among its constituent parts)에 관해서 고찰하고자 한다.[15]

① 입법부, 행정부, 사법부의 모든 권력이 동일한 사람의 수중에 축적되어 있는 경우 한 사람에 의해서건, 소수에 의해서건, 다수에 의해서건 간에 또 세습적이건, 자임했건, 당선되었건 간에 상관없이 이를 모두 우리는 전제정치(tyranny)로 단정하는 것이 타당하다.[16]

② 이 문제에 대해 우리가 늘 참고하고, 인용하는 선각자로서 Montesquieu가 효과적으로 드러내고 소개해 인류가 관심을 갖게 한 공로가 있다. 이 위대한 정치적 평론가는 영국헌법을 하나의 표준으로 삼고 있다. 그의 표현을 사용하면, 그것을 정치적 자유의 거울로 간주하고 있다. 그리고 그 헌법체계의 몇몇 특징적 원칙을 기본적인 진리의 형식으로 전수해 주었다.[17]

---

14) *Ibid*, pp.138 - 145.

15) *Ibid*, p.138.

16) *Ibid*, p.139. "The accumulation of all powers, legislative, executive, and judiciary, in the same hands, whether of one, a few, or many, and whether hereditary, self - appointed, or elective, may justly be pronounced the very definition of tyranny."

17) *Ibid*, p.139. "This great political critic appears to have viewed the constitution of England as standard, or to use his own expression, as the mirror of the political liberty; and to have delivered in the form of elementary truths the several characteristic principles of that particular system."

③ Montesquieu가 지침으로 삼은 이러한 사실들로부터 우리는 분명히 다음과 같은 추론을 해 낼 수 있다.[18] 그가 의도하는 것은 다름 아닌, 한 부분의 모든 권력이 다른 부분의 모든 권력을 장악하고 있는 동일 세력에 의해서 행사될 때, 자유헌법의 기본원칙이 침해당한다는 점이다.[19] 모든 행정권을 장악하고 있는 장관은 비록 모든 법에 거부권을 행사할 수는 있으나 그 자신이 법을 만들 수는 없다. 또한 그는 비록 재판을 관장할 사람을 임명하기는 해도 그 자신이 직접 재판을 할 수는 없다.[20]

④ Montesquieu가 자신의 근거로 삼는 것을 보면, "입법권이나 행정권이 동일인이나 동일 기관에 통합될 때, 자유는 존재할 수 없게 된다. 그 이유는 국왕이나 상원이 억압적인 법을 제정하는 동시에 억압적인 방법으로 그 법을 집행할 염려가 있기 때문이다."고 한다. 재판권이 입법권과 합쳐질 경우, 국민의 생명과 자유는 자의적 통제에 노출될 것이다. 그렇게 되면 법관이 입법자가 되기 때문이다. 또한 재판권이 행정권과 합쳐질 경우, 법관은 압제자의 모든 폭력을 행사할 수도 있을 것이다.[21]

---

18) *Ibid*, p.140. "There can be no liberty where the legislative and executive powers are united in the same person, or body of magistrates, or, if the judiciary power be not separated from the legislative and executive powers."

19) *Ibid*, p.140. "His meaning can amount to no more than this, that where the whole power of one department is exercised by the samehands which possess the whole power of another department, the fundamental principles of a free constitution are subverted."

20) *Ibid*, p.140. "The magistrate in whom the whole executive power resides cannot of himself make a law, though he can put a negative on every law: nor administer justice in person, though he has the appointment of those who do administer it."

21) *Ibid*, p.141. "When the legislative and executive powers are united

28

(3) 연방주의 교서 No. 51[22]

헌법에 보장된 몇 개 부처들 간에 필요한 권력분립을 실질적으로 유지하기 위해서 어떤 방법에 의지할 수 있을 것인가. 그것은 모든 표면상의 규정들만으로는 불충분하므로 정부의 여러 구성요소가 각기 상호관계에 의해 서로를 적절한 위치에 있게 하도록 정부의 내적 구조를 설계함으로써 그 결함들을 보완하여야 한다.[23] 제임스 매디슨은 이러한 입장을 밝히는 몇 가지 일반적인 방안을 제시하고 있다.

① 모두들 어느 정도의 자유의 보존을 위해 필수적인 것으로 인정하고 있는 정부의 상이한 권력들이 분리되어 개별적으로 행사되기 위한 적절한 기초를 세우기 위해, 각 부문들이 자기 자신의 고

---

in the same person or body, there can be no liberty because apprehensions may arise lest the same monarch or senate should enact tyrannical laws to execute them in a tyrannical manner. **Were the power of judging joined with the legislative**, the life and liberty of the subject would be exposed to arbitrary control, for the judge would then be the legislator. **Were it joined to the executive powe**r, the judge might behave with all the violence of an oppressor."

22) *Ibid*, pp.158－163.

23) *Ibid*, pp.158－9. "To what expedient, then shall we finally resort for maintaining in practice the necessary partition of power among the several departments as laid down in the constitution? As all these exterior provisions are found to be inadequate, the defect must be supplied by so contriving the interior structure of the government as that its severalconstituent parts may, by their mutual relations, be the means of keeping each other in their proper places."

유한 의지를 가져야 한다는 것은 명백하다. 그리고 결과적으로 각 부문은 다른 부문의 구성원 임명에 가능한 한 어떤 영향력을 미치지 않도록 구성되어야 한다.24)

　－사법부의 구성에서는 이 원칙을 고집하기에는 적절치 못한 부분이 있다. 그 이유로는 첫째, 사법부의 구성원들에게는 특별한 자격요건이 필수적으로 요망되기 때문이다. 가장 중요한 고려사항은 이러한 자격을 가장 잘 보장할 수 있는 선택양식을 택해야 한다. 둘째, 사법부는 종신 임기제를 갖는다. 사법부 구성원을 선택할 당사자에게 모든 종속의식을 없애버려야 한다.25)

② 각 부문의 구성원들은 그들의 직위에 대한 보수에서 가능한 한 다른 부문에 의존하지 않아야 한다는 것이다. 만약 행정부의 각료나 사법부의 판사가 이 문제에서 입법부로부터 독립되어 있지 못하다면 다른 문제들에 대한 그들의 독립성도 단지 명목상의 것이 되고 만다.26)

③ 같은 부문 내의 여러 권력들이 집중되는 것을 방지하는 가장 확실한 방법은 각 부문을 관장하는 수반들에게 다른 부문의 침해(encroachments of the others)에 대해 저항할 수 있는 필수적인 헌법적 수단(necessary constitutional means)과 개인적 동기(personal motives)를 부여하는 것이다.27)

---

24) *Ibid*, p.159.
25) *Ibid*, p.159.
26) *Ibid*, p.159.
27) *Ibid*, p.160.

- 개인의 이해는 해당 직책의 헌법적 권리와 연계되어야 한다. 정부의 권력남용을 제한하는 데에 필수적으로 요청되는 제도적 장치들은 인간의 본성에 대한 성찰에서 비롯하는 것이다. 그러나 인간본성에 대한 가장 위대한 성찰이 곧 정부자체가 아닌가?
- 인간에 대한 인간의 통치인 정부를 만드는 데서 가장 어려운 점은 바로 여기에 있다. 우선 정부가 피치자들(the governed)을 통제할 수 있도록 해야 하고, 그다음으로 정부가 그 자신을 통제할 수 있도록 해야 한다.
- 그러나 각 부문에 자기 방어를 위한 권력을 동등하게 부여할 수는 없다. 공화국정부에서는 입법부의 우월성이 필연적이다. 이 폐해를 시정하는 방법은 입법부를 나누어, 서로 다른 선출방법과 행동원칙을 부여함으로써 그들의 공동의 기능 및 사회에 대한 공동의 의존이 허용될 수 있는 한도 내에서 서로 연결되지 않도록 만드는 것이다.

연방체제를 매우 흥미로운 관점에 두고 있는 미합중국 연방체제에만 적용될 수 있는 두 가지 사항이 있다고 또한 매디슨은 지적하고 있다.28)

첫 번째 고려할 사항으로는 단일 공화국 내에서는 인민의 양도로 성립된 모든 권력이 단일 정부의 통치에 속한다. 그리고 권력의 남용은 정부를 개별적이고 독립적인 부문들로 나눔으로써 견제한다는 것이다.

---

28) *Ibid*, pp.161 - 162.

- 미국합중국의 경우, 인민이 양도한 권력은 우선 두 개의 개별
정부 사이에 분할되고, 그런 다음에 그 분할된 권력은 개별적이
고 독립적인 부문들에게 할당한다. 그리하여 인민의 권리에 대
한 이중의 보장책(double security)을 둔다. 서로 다른 두 정부
는 서로 견제하며, 동시에 그들은 각각 자신에 의해 견제된다.

두 번째 고려할 사항으로는 공화국에서는 통치자의 억압으로부
터 사회를 보호하는 것뿐만 아니라, 사회의 일부분에 의한 부정으
로부터 다른 부분을 보호하는 것도 매우 중요하다. 시민들의 서로
다른 계급들은 필연적으로 서로 다른 이해관계를 가질 수밖에 없
다. 만약 다수가 그들의 공동 이익을 위해 결합한다면 소수의 권
리는 보장받을 수가 없다. 이러한 해악을 방지하는 두 가지 방법
이 있다. 하나는 다수와는 무관한 공동체의 하나의 의지, 즉 사회
자신의 의지를 창출하는 것이다. 다른 하나는 시민들의 많은 각각
의 계층들을 사회 내에서 포괄함으로써 전체 중의 다수파의 부당
한 결합을 실행할 수 없게 하거나 아니면 전혀 가망이 없게 하는
방법이다.

정의는 정부의 목적이다. 그리고 그것은 시민사회의 목적이다.
강한 당파들이 쉽게 결합하여 약한 당파들을 억압할 수 있는 형태
의 사회는 약자들이 강자들의 목적으로부터 보호되지 못하는 자연
상태에서처럼 무정부주의가 실제로 지배한다고 할 수 있다.[29] 공
화주의 명분을 위해서는 통치의 실행 가능한 영역은 연방주의 원
칙의 사려 깊은 조절과 혼합에 의해 넓은 범위까지 확산될 수 있

---

29) *Ibid*, p.162.

다는 것이다.[30]

2) 연방주의 교서의 종합

(1) 인간의 본성

연방주의교서의 저자들인 해밀턴, 매디슨, 제이는 홉스적인 인간의 본성, 즉 인간의 본성이 악하다고 본다. 바로 이와 같은 인간의 본성이 이성과 정의의 명령에 따라 행동하지 않기 때문에 정부라는 형태의 제도적 장치를 마련하게 된다는 것이다. 파당의 잠재적 원인은 인간의 본성에 심어져 있다. 상호 적대적으로 치닫는 인류의 성향, 변덕스런 인간의 심성, 그러한 것은 권력욕에 기원한다. 인간의 이기심과 이성적 인간도 필요로 하는 권력욕의 극한 점 등 이러한 인간의 본성 때문에 야망을 견제하기 위해서 또 다른 야망을 만들어 내지 않으면 안 된다.

(2) 사회의 바람직한 목적

국가가 추구하여야 하는 사회의 진정한 목적은 입안자들이 정의로 간주하고, 자유와 재산권의 보호, 그리고 소수의 횡포로부터 다수의 권리를 보호하는 것 및 다수의 횡포로부터 소수의 권리를 보호하는 것으로 나누고 있다.

---

30) *Ibid*, p.163.

(3) 목적 달성을 위한 수단(제도적 장치)

무산자 다수를 분열시키는 일(다원주의), 연방중앙정부와 주정부라는 이중정부구조(연방제), 견제와 균형, 입법부의 내부분리와 상호견제, 행정부의 중앙집권적 통합, 사법부의 위헌심사권, 임명제 등의 제도적 장치들을 강구하여 인간본성이 사악한 것을 제도적으로 분리하여 막아보자는 것이다.

Ⅲ. 자유주의적 민주주의를 주장하는 이론적 근거

1. 고전적 이론: 공동선(Common Goods)의 국가이론의 특성

1st, 고전적인 자유주의적 민주주의는 공동선이라는 신적 기반 (divine basis)을 가지고 있다. 비록 고전적 이론이 자연권과 개인의 권리를 재정의하기 위해 신권을 부정하지만 '인간의 이성은 신으로부터 나왔다'(Human reason itself came from God)든가, 무신론자가 '아이구 하느님!'이라고 하면서 위급한 시기에 신의 존재를 찾는 것처럼 모든 권리의 기원은 '상위의 권위체'(higher authority)에 의존하고 있기 때문에 새로운 형태의 국가의 기반이라도 인간에게 위로부터 계시된 신의 이성과 합리성에 두고 있다. 여기에서부터 법의 해석이나 정치적 위계질서의 권위가 발생하게 된다. 이 때의 이 신은 인간 안에 존재하는 신이다.[31]

---

31) Martin Carnoy, 1984, *The State and Political Theory*, Princeton, New Jersey: Princeton University Press, p.14.

2nd, 고전적 이론의 공동선의 국가이론의 또 하나의 특성은 그것들의 혁명적 변화이다. 고전 사상가들은 각각의 방향에서 깊이 정치변화에 관여를 하여 왔다. 인간의 새로운 개념에 기반을 둔 새로운 국가조직을 찾는 데 관심을 가졌다. 이것이 고전적 이론의 신학적 요소와는 모순되는 것으로 보이겠지만 새로운 사회형성과 같이 과거로부터의 중요한 요소를 포함하고 있다는 것이다.[32]

이와 같이 고전적 사상가들은 인간의 이성을 위하여 신에 의지하는 한편, 신이 아니라 이성적인 인간의 수중에 모든 정치적, 경제적 권력을 두면서 신법을 붕괴시켰다.

2. 자유주의 이론: 공동선의 또 다른 해석

민주주의 기원이 부르주아지의 출현에서 나왔다고 단언할 수는 없어도 그것의 확대와 제도화에는 자본주의와 부르주아지의 정치, 경제의 성장과 맥락을 같이하고 있다. 그리고 민주주의의 기원과 관련하여, 고전적 이론과 자유주의 이론을 구분하기는 쉽지가 않다. 이 두 이론의 전환점에 서 있는 이론으로서 아담 스미스의 자기이익의 자유로운 추구에 대한 인간 행위의 탐구를 들 수 있다. 그는 강력한 경제적 정당화를 주장하면서 개인의 이해관계를 추구하는 인간 행위에서 이 자유주의 이론의 기원과 동기를 찾고 있다.

분석의 초점을 개인에 두고 있는 스미스의 이 새로운 이론은 중요하고도 영향력 있는 변화를 초래하였다.[33]

---

32) Martin Carnoy, *ibid*, p.15.

1st, 인간이란 전적으로 그들의 조건을 개선하려는 욕구에 의하여 행동하며 부의 증대는 대부분 조건개선을 위한 수단이다.34) 여타의 모든 동기들을 경제적인 것으로 합병함으로써 이전의 정치, 경제에 존재하였던 인간의 다양한 욕구나 목표 사이의 경쟁을 무시하였다.

2nd, 자신의 이익에 따라 행동하는 각 개인은 개인의 집합으로써 함께 일할 때 집단적 안녕을 극대화한다. 사회 안녕을 위하여 시장의 자유로운 활동을 강조한다. 질서와 선한 정부를 유도하는 것은 상업과 공업이다.35) 더욱이 자유시장은 인간의 여건을 개선시키는 강력한 힘이어서 억압과 정부의 간섭도 극복할 수 있다고 본다.

3rd, 개인의 행동을 통한 사회 안녕의 달성은 경제적 획득을 위한 개인적 동기의 무의식적 결과였다고 강조한다. 자기만의 풍요를 위한 개인적인 노력은 그들의 노력이 '보이지 않은 손'(invisible hands)에 의해 처음부터 의도하지 않았던 결과로서 보다 나은 사회를 이루는 결과를 가져왔다. 이러한 개인적 이익을 추구하는 동기부여는 최대다수의 최대행복을 초래하기 때문에 바람직하다는 것이다.

이러한 구체적인 인간 행동에 영향력을 미치는 것을 중요시한 자유주의 이론가들은 슘페터, 프리드만, 보비오와 같은 사상가들이 있다.

---

33) Martin Carnoy, *ibid*, p.23.
34) Adam Smith, 1937(1776), *The Wealth of Nations*, New York: Modern Library, Chapter 4 of Book 4.
35) *Ibid*, p.385.

Ⅳ. 자유주의 이론 옹호론자들

1. Joseph Schumpeter 자본주의, 사회주의, 민주주의

1) 경쟁을 통한 엘리트 지배로서의 민주주의

- 고전적인 민주주의 이론에 내포되어 있는 '인민의 지배'란 개념은 인민의 '공공선'이나 '일반의지'를 현실에서 구현할 수 없는 추상적인 개념으로 본다.
- "민주주의란 어떤 추상적 목적 그 자체가 아니라 하나의 정치방식으로서 일정한 목적을 이루기 위한 제도상의 협정일 뿐이다. 따라서 민주주의란 경쟁을 통한 엘리트 지배로서의 민주주의인 하나의 객관적인 정치적인 기제 혹은 절차로 파악되어야 한다."[36] 국민의 역할은 집행부나 정부를 만들어 낼 중간기구를 만드는 일이다. 그리고 민주적인 방식은 정치적 결정에 도달하기 위한 제도적인 장치이다.

2) 정치참여에 대한 몇 가지 특색

1st, 유일무이하게 결정된 공동선이란 없기 때문에 모든 사람들이 그것에 동의하거나, 합리적인 논쟁에 의하여 동의하도록 만들 수는 없다. 공동선이란 다양한 개인들에게 각기 다른 것으로 받아들여진다.[37]

---

36) Joseph Schumpeter, 1975, *Capitalism, Socialism, and Democracy*, New York: Harper & Row Publishers, Chapter 20. pp.235 - 249.
37) Joseph Schumpeter, *ibid*, p.250.

2nd, 시민 각자의 의견과 요구들이 민주적 과정을 위하여 완전히 명확하고 독립적인 자료라 할지라도, 그리고 만약 모든 사람들이 매우 합리적이고 신속하게 그 자료에 의거하여 행동한다면, 그러한 개인적 의사는 일차적 자료로부터 형성되는 정치적 결정들이 반드시 설득력 있는 의미에서 국민의 의사를 표현한 것이라고는 말할 수 없을 것이다.[38]

3rd, 시민들이 직접적이고 경제적인 영향을 미치는 것을 제외하고는 전형적으로 정치문제에 무관심하거나 오해하고 있다. 그들은 공동선에 따라 행동한다기보다는 개인적 이해에 따라 행동할 것이다.[39]

3) 정치적 리더십을 위한 경쟁[40]

① 고전적 민주주의 이론(classical doctrine of democracy)은 '인민은 모든 개개의 문제에 관하여 명백하고 합리적인 의견을 가지고 있는 존재로서, 민주주의 정치체제에서 그들 인민은 자신들의 의견이 집행되도록 노력할 대표자의 선출을 통해서 그 자신의 의견을 실행'하고자 한다. 즉 고전적 민주주의가 정치문제의 결정권을 시민에게 귀속시키고, 대표를 선출하는 것은 부차적인 것으로 보고 있다.

② 통치엘리트를 통한 민주주의(democracy by choosing representatives by means of a competitive struggle for the people's vote)는, 이 고전적 민주주의의 입장을 전후를 바꾸어서 인민의 역할이 정부를 만들어 내는 것, 즉 국가의 최고 행정관과 정부를 산

---

38) Joseph Schumpeter, *ibid*, p.251.
39) Joseph Schumpeter, *ibid*, p.252.
40) Joseph Schumpeter, *ibid*, pp.269 – 273.

출할 중간단체를 만들어 내는 것이라고 보는 경우, 우리는 "민주적 방식이라고 하는 것은 정치적 결정에 도달하기 위해, 인민의 표를 얻기 위한 경쟁을 통해 결정권을 얻고자 하는 것을 합의 내용으로 하는 하나의 제도적 장치이다."라고 정의할 수 있다.

③ 이러한 정의가 주는 함의는 가정의 타당성(plausibility of assumptions)과 주장의 조리성(tenability of propositions) 등에서 민주주의 과정에 관한 이론을 크게 진전시키게 된다.

1st, 이 정의는 우리에게 민주주의적 정부를 다른 정부와 구별하는 합리적이고 유용한 기준을 제공해 주고 있다. 이로써 우리는 이제 대부분의 경우에 민주주의의 유무를 쉽게 입증할 수 있는 절차방식(modus procedendi)을 강조함으로써 고전적 이론보다 더 유리한 입장에 서게 된다.

2nd, 이 정의에 의해 구체화된 이론은 우리에게 리더십의 중요성을 적절하게 인식할 수 있는 여지를 주고 있다. 고전적 민주주의 이론은 이러한 리더십의 중요성을 망각하고 모든 주도권을 선거민에게 귀속시키고 있는 데 비해, 이 이론은 리더십이야말로 거의 모든 집단적 행위에서 지배적인 메커니즘이다. 이러한 점에서 일반의지의 수행에만 그치지 않을 것이며, 일반의지가 어떻게 형성되고 대체되고 날조되는지도 밝히게 될 것이다. 여기에서 제조된 의지(manufactured will)는 단지 존재하지 않기를 바라는 일탈적인 현상이 아니라 우리의 논의의 핵심을 차지하게 될 것이다.

3rd, 진정한 집단적 의지가 있다면, 새로운 이론은 그 진정한 집단의 의지를 경시하지 않는다. 오히려 그 집단적 의지가 실제로 수행하는 바로 그 역할을 스스로 담당하도록 할 수 있다.

4th, 리더십의 경쟁개념의 불명확성이 있는 것처럼, 엘리트 통치

에 의한 민주주의 이론도 명확하지 못한 점이 있다. 이 점은 경제생활에서 경쟁이 전적으로 배제된 경우란 없으며, 동시에 경쟁이 완전하게 이루어지는 경우도 거의 없다. 이처럼 정치생활에서도 자유투표의 획득을 위한 자유경쟁에 국한하는 선거방법만이 유일한 방법이라는 논리적 근거를 제공해 준다.

5th, 우리의 이론은 민주주의와 개인의 자유 사이에 존재하는 관계를 설명해 준다.

6th, 직접 또는 중간단체를 통해 정부를 수립하는 것을 선거민의 주요 기능으로 간주하는 것은 유권자의 기능에 정부를 해체하는 기능도 포함시키고 있다.

7th, 우리의 새로운 이론은 오랫동안 논쟁에 새로운 전망을 던져 준다. 다수의 의지는 다수의 의지일 뿐이지 인민의 의지는 아니다. 인민의 의지는 대다수의 의지로는 절대로 대표될 수 없는 모자이크이다. 이러한 문제의 참다운 해결에 도달하고자 하는 노력으로서 많은 이론가들이 비례대표제에 관한 방법을 고안하여 왔다.

④ 따라서 민주주의 원리는 서로 경쟁하는 모든 개인이나 단체 중에서 가장 많은 지지를 받고 있는 개인이나 단체에게 정부의 지배권이 인도되어야 한다는 것을 의미할 따름이라고 한다.

4) 민주주의적 국가유형이 성공하기 위한 조건[41]

1st, 정치의 인적 자원의 질이 높아야 한다. 정치적 인적 자원이란 정당기구를 조직하는 사람, 의회에서 일을 하도록 선택된 사람, 각료로 승진하는 사람들과 같은 인적 자원의 질을 중요시한다.

---

41) Joseph Schumpeter, *ibid*, Section 2 of Chapter 23. pp.289 - 296.

2nd, 정치결정의 효과범위가 너무 넓어서는 안 된다. 많은 결정들이 입법부 외부에 유능한 전문가들에 의해서 이루어져야 한다.

3rd, 민주적 정부는 그 자체로서 권력인 헌신적인 관료제를 확보해야 한다.

4th, 유권자와 입법가는 도덕적으로 부패를 싫어하고 정부를 비판하는 데 자기통제가 이루어져야 한다.

5th, 지도자가 되기 위한 경쟁에는 다른 의견에 대한 충분한 관용이 요구된다.

민주국가에 대한 슘페터의 이론은 무도덕성과 문제해결에의 접근에 있어서 신고전파 경제학에 따른 경험주의 이론이다.[42] 맥퍼슨은 다원주의 모델이 민주주의를 일종의 사회 또는 일련의 도덕적 목적이 아니라 정부를 선택하고 정부에 권위를 주는 장치로 만들었다고 주장한다. 민주주의는 단순한 시장기구이며, 유권자는 소비자이며, 정치가는 기업가이다.[43]

2. Milton Friedman 경제적 자유와 정치적 자유[44]

이 글의 주제는 경제와 정치 사이에는 긴밀한 연관이 있다는 것, 그리고 정치 및 경제질서는 특정한 조합만이 가능하다는 것,

---

42) Karl Popper, 1945, *The Open Society and Its Economics*, London: Routledge and Kegan Paul.

43) C. B. Macpherson, 1977, *The Life and Times of Liberal Democracy*, London: Oxford University Press, p.79.

44) Milton Friedman, 1962, "Economic Freedom and Political Freedom" *Capitalism and Freedom*, Chicago & London: The University of Chicago Press, pp.7－21.

특히 사회주의적인 사회는 개인적인 자유의 보장이라는 의미에서
결코 민주적일 수 없다는 것 등이다.[45]

1) 경제와 정치 사이의 긴밀한 관계

(1) 경제질서는 자유로운 사회를 촉진하는 데에 이중의 역할을
한다. 한편으로 경제질서의 자유는 넓게 이해되는 자유의 한 구성
요소 그 자체이며, 그 자체가 하나의 목적이다. 다른 한편 경제적
자유는 정치적 자유를 성취해 나가는 데에 필수 불가결한 요소이
다.[46]

- 제2차 세계대전 이후 외환통제로 미국에서 휴가를 보낼 수 없
  었던 영국인은, 정치적 견해 차이 때문에 소련에서 휴가를 보낼
  수 없었던 미국인과 마찬가지로 본질적인 자유를 박탈당하고
  있었다. 전자는 경제적 자유에 대한 제한이고, 후자는 정치적
  자유에 대한 제한이었지만, 여기에 본질적인 차이는 없다.[47]

(2) 경제적 자유는 그 자체로 모든 자유의 아주 중요한 부분이
다. 특정한 종류의 퇴직연금제에 자기 수입의 10% 정도를 지출하
도록 법으로 강요당하고 정부에 의해 지도되는 미국시민은 그만큼
개인적 자유를 박탈당하고 있다. 대부분의 사람들은 이를 경제적
이라기보다는 시민적 또는 정치적인 문제라고 생각한다. 강제적
징수로 개인의 자유를 박탈하는 사례로서는 퇴직연금계약(retirement
contract), 연방노인복지정책(federal old age program), 사회보장금

---

45) *Ibid*, p.8.
46) *Ibid*, p.8.
47) *Ibid*, p.8.

징수권(social security levies), 교역할당량(by a quota), 공정거래법 (fair trade laws) 등이 있다.[48]

(3) 경제적 질서는 정치적 자유라는 목적을 위한 수단이라는 관점에서 보자면, 권력의 집중 또는 권력의 분산에 미치는 효과(their effect on the concentration or dispersion of power) 때문에 중요하다. 경제적 자유를 직접 제공하는 경제적 기구, 즉 경쟁적 자본주의는 정치적 자유도 역시 촉진한다. 경제적 기구는 경제적 권력을 정치적 권력으로부터 분리하여 상호 상쇄할 수 있기 때문이다.[49]

(4) 역사는 분명히 자본주의가 정치적 자유를 위한 필요한 조건이지, 그것은 충분조건은 아니다. 파시스트 이태리와 스페인, 지난 70년간 독일, 제1, 2차 세계대전 이전의 일본, 제1차 세계대전 이전의 몇 십 년간의 제정 러시아, 이들 모두 정치적으로 자유로운 사회가 아니었음에도 사적 기업이 경제조직의 지배적인 형태를 이루고 있었다. 이들 나라에서처럼 근본적으로 자본주의적인 경제제도를 가지면서 정치적으로는 분명 자유롭지 못한 그러한 경제제도는 가능하다.[50]

    – 정치적 자유와 경제적 자유와의 관계는 복잡하며 결코 단선적이지 않다. 19세기 초 벤덤(Bentham)과 철학적 급진주의자들 (Philosophical Radicals)은 정치적 자유를 경제적 자유를 위한 수단으로 생각하는 경향이 있었다.[51]

---

48) *Ibid*, pp.8 – 9. "……Clearly, economic freedom, in and of itself, is an extremely important part of total freedom."
49) *Ibid*, p.9.
50) *Ibid*, p.10.

- 공리주의자들은 정치적 자유를 위한 수단으로 경제적 자유를 강조하였다. 공리주의의 승리가 민주주의 국가에게서는 자유보다 복지가 국가의 지배적인 정책이 되었다. 이러한 집단주의적 경향에는 개인주의에 대한 내재적 위협이 있음을 인식하면서 철학적 급진주의자들의 지적 후계자들인 디시(Decey), 미제스(Mises), 하이예크(Hayek), 사이먼(Simon) 같은 사상가들은 경제활동이 계속 중앙집중적으로 통제되어 감으로써 하이예크가 그 과정을 분석한 『노예의 길』(The Road to Serfdom)이 현실로 입증되고 있음을 경고하였다.52)

- 제2차 세계대전 이후의 상황은 경제적 자유와 정치적 자유의 관계의 또 다른 양상을 보여주었다. 이러한 집단주의 경제계획은 실제로 인간 개인의 자유를 간섭해 왔다. 이의 대표적인 경우가 영국의 '계약통제법'(control of engagement order)의 폐지이다. 이는 중앙 집중적인 계획과 강령에 대한 의존이 줄어들고, 사적 시장이 더욱 확대되었다. 이러한 정책전환은 중앙집중적 계획의 제한된 성공 또는 공언된 목표의 명백한 실패를 보여주는 것이다.53)

2) 경제적 자유와 정치적 자유의 논리적 연결고리

(1) 자유주의자로서 사회질서를 평가할 때 개인의 자유나 가정

---

51) *Ibid*, p.10. "The relation between political and economic freedom is complex and by no means unilateral. In the early 19th century, Bentham and the Philosophical Radicals were inclined to regard political freedom as a means to economic freedom."

52) *Ibid*, p.11.

53) *Ibid*, p.11.

44

의 자유가 궁극적 목표이다. 이러한 의미를 갖는 가치로서 자유는
사람들 사이의 상호관계와 연관되어 있다.

  －자유주의가 강조하는 두 가지 종류의 가치 기준이 있다. 하나
는 **사람들 사이의 관계에 관한 가치**이다. 그 둘은 **개인의 자
유와 행사에 관한 개인적인 윤리와 철학의 영역**이다.

  (2) 자유주의자들은 인간을 불완전한 존재로 본다. 사회적 조직
의 기본문제는 수많은 사람들의 경제행위를 조절하는 방법이다.[54]
상대적으로 후진적 사회에서도 가용자원의 효율적인 사용을 위해
서 노동분업의 확장과 기능의 분화가 필요하다. 선진사회에서는
현대 과학과 기술이 제공하는 기회의 이점을 충분히 활용하기 위
해서 조정의 규모는 훨씬 크다. 자유의 신봉자들에 대한 도전은
이처럼 광범위한 개인적 자유의 상호의존을 조정하는 일이다.

  －수많은 사람들의 경제행위를 조절하는 근본적인 두 가지 방법
이 있다. 하나는 **억압의 사용을 포함하는 중앙집중적 지도**이
고, 다른 하나는 **개인들의 자발적인 협력**이다. 전자는 군대나
현대 전체주의 국가에서 활용되는 기술이고, 후자는 시장에서
활용되는 기술이다.[55]

  －자발적인 협조의 기본명제는 "거래가 양당사자의 자발성에 의
해 이루어지고 또 양당사자에게 똑같은 정보가 주어진다면 이
거래로 양당사자가 모두 이익을 본다." 따라서 강제 없이도
교환은 조화를 이룰 수 있다. 이러한 자발적 교환을 기초로
조직된 사회의 실제 모형은 우리가 경쟁적 자본주의라고 부르

---

54) *Ibid,* p.12.
55) *Ibid,* p.13.

는 **자유로운 사적 기업교환경제**이다.[56]

- 그러한 사회의 가장 단순한 형태는 다수의 독립적인 가계들로 구성되는 말하자면 로빈슨 크루소의 집합체다. 각 가계는 자신들의 자원을 사용하여 재화와 용역을 생산하고, 다른 가계들이 생산하는 재화와 용역을 서로 받아들일 수 있는 조건으로 교환한다. 그렇게 함으로써 각 가계들은 그들이 당장 쓰는 물건을 직접 생산하지 않고 다른 사람들을 위한 재화와 용역을 생산하여 간접적 경로를 택하는 동기는 노동분업과 기능의 전문화를 통해 생산성을 높이는 것이다.

- 만약 생산 기본 단위가 가계라면 기능의 전문화와 노동의 분화는 그렇게 많이 진전되지 않을 것이다. 그러나 현대사회에서는 기능의 전문화와 노동의 분업이 훨씬 더 많이 진전되어 있다. 그것은 용역의 공급자이자 동시에 상품의 구매자로서 능력을 가진 개인들 간의 중간매개물(intermediaries)인 **기업**(enterprise)을 도입하기 때문이다.[57] 그래서 교환을 원활하게 해 주고 구매행위와 판매행위를 별도 부문으로 분리해 주는 수단으로 **화폐**(money)가 도입되었다.

(3) 단순모형에서와 마찬가지로 복잡한 기업과 화폐경제에서도 상호협력은 다음과 같은 두 전제 아래에서 분명히 개인적이고 자발적이다. 첫째, 기업은 사적 소유이며 따라서 궁극적인 계약 당사자는 개인이다. 둘째, 개인은 특정한 교환과정에 참가할 것인지 않을 것인지를 결정하는 데에 충분히 자유로우며 따라서 모든 거래

---

56) *Ibid*, p.13.
57) *Ibid*, pp.13 – 14.

46

는 완전히 자발적이다.58)

- 시장의 큰 장점은 그것이 폭넓은 다양성을 허용한다는 사실이
  다. 정치적 용어로 그것은 비례대표제이다.59) 각자는 자기가
  원하는 넥타이 색을 선택하여 구매할 수 있다. 그는 다수가
  원하는 색이 무엇인가를 살필 필요가 없이 자기가 소수에 속
  하더라도 다수의 선택을 따를 필요가 없는 것이다.
- 자유에 대한 근본적인 위협은 억압하는 권력이다. 자유의 보
  장은 그러한 권력의 집중을 최대한 제거하는 것과 제거될 수
  없는 권력의 분산, 분배, 즉 견제와 균형의 제도를 요구한다.
  경제행위의 조직에서 정치적 권위의 통제를 제거함으로써 시
  장은 억압적 권력의 근원을 제거한다. 그렇게 함으로써 **정치
  권력을 견제하는 경제적 힘을 강화**한다.60)

(4) 사람들이 공개적으로 사회주의를 지지하고 사회주의 운동을
할 수 있다는 것은 자본주의 사회의 정치적 자유의 증거이다. 마
찬가지로 사회주의 사회에서도 정치적 자유는 사람들이 자본주의
의 도입을 자유롭게 지지할 수 있을 것이다. 그러나 사회주의 사
회는 자본주의를 지지할 자유가 유지되고 보호되지 않고 있는 현
실이다.61)

(5) 프리드만은 정치와 경제는 분리된 영역이 아니라 밀접하게
연관되어 있으므로 경제적 자유가 정치적 자유를 보장해 주는 필

---

58) *Ibid*, p.14.
59) *Ibid*, p.15.
60) *Ibid*, p.15.
61) *Ibid*, p.16.

수적인 것이며, 바로 이것이 민주주의의 핵심 내용이라고 강조한다. 그러나 그는 왜 경제적 자유가 정치적 자유를 보장해 주는지, 시장의 자유의 보장만이 민주주의인지, 왜 이때의 자유가 개인의 자유에 한정되어야 하는지 등을 자유민주주의가 가지고 있는 본질적인 딜레마에 대해서는 분명한 대답을 해주지 못하고 있다. 따라서 개인적인 소유권에 입각하여 자본주의적 생산력의 발전과 안정을 소수의 자본가 계급의 독점물로 만드는 자유시장경제체제의 옹호를 그 목적으로 하는 것임을 스스로 밝히고 있다.

  - 결국 대립하는 계급으로 분열된 자본주의 사회에서는 본래 민주주의가 내포하는 평등의 확보문제가 본질적인 모순으로 나타날 수밖에 없다. 자유민주주의는 자유주의적 틀, 즉 사적 원리에 입각한 시장적 자유를 근간으로 하는 자본주의 사회에 대한 인정을 철회하지 않는 한 결코 민주주의를 수용할 수 없었다.

3. Norberto Bobbio 대의제민주주의 이론 옹호

1) 민주주의의 최소정의(minimal definition of democracy)

1st, 대다수의 시민들에게 직, 간접적으로 집합적 결정(collective decision)에 참여할 수 있는 권한이 부여되어야 한다.

2nd, 그리고 다수결의 원리(majority rule)와 같은 절차적 규칙이 마련되어야 한다는 것이다. 극단적인 경우에는 만장일치제(unanimity)와 같은 절차의 마련이다.

3rd, 민주주의의 기본요건에 들어갈 수 있는 제3의 요건으로 결정권자 또는 결정권자를 선출할 유권자들에게 실질적인 선택 대안

48

(real alternatives)이 주어져야 하며, 이들 대안들 중에서 선택할 수 있는 여건이 실지로 보장되어야 한다.62)

2) 대의제의 옹호론

- "민주주의란 집합적 결정권자에게 권위를 부여하고, 행위의 절차를 수립하는 일련의 규칙으로 특징지을 때 비로소 가능하다. 그 구성원을 구속시킬 수 있는 결정은 비록 집단적인 형태를 띠고 있어도 사실상은 개인에 의해 내려지기 마련이다. 이러한 개인에 의한 결정이 집합적인 결정으로 받아들여지기 위해서는 결정권자 와 절차를 명시한 규칙에 근거를 둔 것이어야 한다."63)고 하면서 대의제를 비판적으로 옹호하고 있다.

---

62) N. Bobbio, 1987, *The Future of Democracy: A Defense of the Rules of the Game*, Polity Press, p.25. "Moreover, even a minimal definition of democracy requires more than just conferring the right to participate directly or indirectly in the making of collective decisions on a substantial number of citizens, and more than the existence of procedural rules like majority rule(or in extreme cases "unanimity"). There is a third condition involved, namely that those called upon to take decisions, or to elect those who are to take decisions, must be offered real alternatives and be in a position to choose between these alternatives."

63) N. Bobbio, *ibid*, p.24. "The only a meaningful discussion of democracy, as distinct from all forms of autocratic government, is possible is to consider it as characterized by a set of rules which establish who is authorized to take collective decisions and which procedures are to be applied. Every social group needs to take decisions binding on all members of the group so as to ensure its own survival."

V. 자유민주주의 이론에 대한 비판

- 현대 자본주의 사회가 정치적 평등과 민주주의의 과정을 왜곡
  시킬 만큼 강력한 사회적 자원 및 경제적 자원의 불평등을 만
  들어 냄으로써 평등이 실현되는 것이 아니라 저해되는 방향으
  로, 자유가 증진되기보다는 저해되는 방향으로[64] 나아가고 있
  기 때문에 이러한 기반에서 자유주의적 민주주의란 형식적 차
  원에서만 자유와 평등을 보장하는 것에 불과하다는 비판이 제
  기되었다.

- 이러한 자유주의적 민주주의에 대한 비판은 마르크스주의자들
  에 의해 주도되었다.

---

64) Robert Dahl, 1985, *A Preface to Economic Democracy*, Cambridge:
   Polity Press, p.60.

|참고문헌|

Bobbio, Norberto. 1987. *The Future of Democracy: A Defense of the Rules of the Game*, Cambridge: Polity Press.

Carnoy, Martin. 1984. *The State and Political Theory*, Princeton, New Jersey: Princeton University Press.

Dahl, Robert. 1985. *A Preface to Economic Democracy*, Cambridge: Polity Press.

Friedman, Milton, 1962, *Capitalism and Freedom*, Chicago & London: The University of Chicago Press.

Korn Hauser, W. 1963. *The Politics of Mass Society*, New York: The Free Press.

Lipset, Sey Moore. 1963. *Political Man: The Social Basis of Politics*, New York: Doubleday and Co.

Macpherson, C. B. 1977. *The Life and Times of Liberal Democracy*, London: Oxford University Press.

Madison, James. 1961. *The Federalist Papers* selected and edited by Roy P. Fairfield, New York: Doubleday Anchor Book.

Mill, John Stuart. 1951. *Considerations on Representative Government*. New York: E. P. Dutton and Company, Inc.

Popper, Karl. 1945. *The Open Society and Its Economics*, London: Routledge and Kegan Paul.

Schumpeter, Joseph. 1975. *Capitalism, Socialism, and Democracy*, New York: Harper & Row Publishers.

Smith, Adam. 1937(1776), *The Wealth of Nations*, New York: Modern Library.

제2장

사회주의적 민주주의

-정통 마르크스주의적 시각-

고전적 민주주의 이론의 사회주의적 시각에서 보는 민주주의에 관한 이론을 이 장에서는 검토하고자 한다.

Ⅰ. 근대자본주의의 불평등의 원인과 사회변혁

- 19세기 전반 참정권과 보통 선거권의 확대를 위한 운동이 폭넓게 일어나면서, 자본주의가 가지고 있는 근본적인 문제인 소유의 불평등을 극복하기 위해, 사회의 불평등한 상황을 극복하려는 세력들에게는 민주주의가 이를 극복하기 위한 하나의 정치체제로 받아들여졌다.
- 이들은 자본주의의 소유의 불평등 문제를 정치적인 조정을 통해서, 불공평한 소득을 균등하게 분배하고 교육과 사회보장을 증진시켜, 사회적 빈곤과 기아 등의 문제를 해결할 수 있을 것으로 보았다.
- 그러나 역사적 경험을 거치면서 정치적인 투쟁과 선거의 참여 결과 봉건제 사회의 신분제적 정치질서는 개혁되었음에도 불구하고, 현실적으로 그 개혁의 내용은 자본주의 사회의 불평등과 가난의 문제를 전혀 해결하지 못하였다.

Ⅱ. 마르크스주의자들의 국가이론

1. 마르크스의 국가이론

1st, **'어떤 사회의 물질적 조건'을 '그 사회구조와 인간의식의 토대'로 간주한다.** 따라서 국가형태는 인간정신의 보편적 발달이나 인간의지의 집합으로부터 출발하는 것이 아니라 생산관계로부터 출현한다. 그는 사회 한 부문에서의 인간 상호작용은 다른 부문에서의 인간 상호작용과 분리할 수가 없다. 이러한 개인적인 관계들을 유도하고 결정짓기도 하는 인간의식은 **"물질적 조건의 산물"** 즉 물질이 생산, 분배, 소비되는 방식이다.[65]

- 헤겔은 국가는 역사적인 것이 아니라 영구적인 것이다. 국가는 이상화된 집합체로서 사회를 초월한다. 국가는 단순한 정치제도 그 이상이다.
- 마르크스는 국가를 그 역사적 맥락 속에 위치 지우고, 국가를 유물론적 역사개념에 종속시켰다. 사회를 형성하는 것이 국가가 아니라, 국가를 형성하는 것이 사회인 것이다. 사회는 지배적인 생산양식과 그 양식에 고유한 생산관계에 의해 형성된다.

2nd, **헤겔과는 달리 생산관계로부터 출현하는 국가는 공동선(common good)을 대표하는 것이 아니라 '생산에 고유한 계급구조의 정치적 표현'이라고 주장한다.**

- 헤겔은 국가를 특정 이익과 계급 위에 서 있는 '사회적 집합

---

65) Martin Carnoy, 1984, *The State and Political Theory*, Princeton, New Jersey: Princeton University Press, p.46.

체'(social collectivity)의 표상으로, 또한 '사회 전체의 집합적 이익'이 국가 행위 자체 속에 보존되는 가운데 개인들 간 및 집단들 간의 경쟁이 질서 정연한 대로 유지되도록 보증하는 것으로 인식한다.66)

- 마르크스는 결국 국가가 전체로서 사회의 수탁자(trustee)라는 견해를 거부한다. 일단 그가 자본주의 사회를 부르주아지에 의해 지배되는 계급사회로서 공식화하면서 국가는 '부르주아지 지배의 정치적 표현'이라는 결론이 나온다. 실제로 국가는 자본주의 사회에서 필수적인 계급지배 수단이다. 국가는 계급투쟁 위에 있는 것이 아니라 그것에 깊숙이 관여되어 있다. 계급투쟁에 국가개입은 결정적이며, 그 개입은 계급지배수단이라는 국가의 본질적 성격에 의해 조건 지어진다.

〈마르크스와 엥겔스의 『독일 이데올로기』(The German Ideology, 1964)〉

마르크스는 부르주아시대를 시민사회가 정치사회로부터 분리되는 시대로 보았다. 즉 국가가 사회적 힘으로부터 분리되는 시대로 보았다.67)

- 헤겔은 국가관료제가 공동이익을 대표하는 사회의 보편적 요소라고 본다.
- 마르크스는 국가는 어떤 관념이 아니라 그것은 인민이다. 관료제는 그 자체의 특수이익을 국가의 특수이익과 동일시하는 특수한 존재이며, 그 역도 성립한다.68)

---

66) Martin Carnoy, *ibid*, p.47.
67) Martin Carnoy, *ibid*, pp.47 ‑ 48.
68) Hal Draper. 1977, *Karl Marx's Theory of Revolution. Vol. 1, State and*

〈엥겔스 『가족, 사유재산 그리고 국가의 기원』(The Origin of the Family, Private Property and the State, 1968)〉

사회의 물질적 조건, 그 사회구조 그리고 국가 간의 관계에 대한 그 자신과 마르크스의 기본개념을 전개하였다.

- 그는 국가는 상이한 경제적 이해 사이의 사회적 투쟁을 통제할 필요성에 그 변화를 두고 있으며, 이 통제는 사회에서 경제적으로 가장 강력한 계급에 의해 수행된다고 주장하였다. 자본주의 국가는 계급갈등을 조정하고 질서를 — 부르주아지의 경제적 지배를 재생산하는 질서를 — 유지해야 할 필요성에 대한 반응이다.

- "고대국가는 노예를 지배하는 노예소유자의 국가였고, 봉건제 국가는 농노를 지배하는 귀족들의 기관이었으며, 근대대의제 국가는 자본에 의해 임금노동을 착취하는 기구이다."[69]

3rd, 부르주아 사회에서 국가는 "부르주아지의 억압적 무기"라는 점이다. 계급 적대감을 억제하기 위한 억압으로서의 국가출현은 국가의 계급적 본질뿐만 아니라 자본주의하에서 지배계급인 부르주아에 봉사하는 억압적 기능을 표현하는 것이다. 여기에는 두 가지의 쟁점이 있다.

- 하나는, 모든 사회에 고유한 공동체의 주요 기능(법의 집행)과 관련되어 있다. "국가는 사회의 공동체적 기능을 수행해야 하는 기구들이 그들의 지속적인 유지를 위해 사회의 총체로부터 강제력의 분리를 요구하는 데서 출현하게 된다."[70]

Bureaucracy, New York: Monthly Review Press. p.81.
69) Frederick Engels. 1968. *The Origin of the Family, Private Prosperity and the State*, New York: International Publishers, pp.155－157.

- 다른 하나는, 국가출현과 그 출현에 따른 억압과 관련된다. 마르크스와 엥겔스에 의하면 국가는 노동분화의 일환으로서 출현하는데 그것은 사회집단 간의 불일치와 사회적 합의(social consensus)의 결여를 부분적으로 드러내는 것이다.

"더 이상 무력으로서 인민 자체 조직에 즉각적으로 일치하지 않는 공공력(public force)의 기구라는 점이다. 이 특별한 공공력은 인민의 자발적인 무장조직이 계급분열로 인하여 불가능해졌기 때문에 필요하다. 이 공공력은 모든 국가에 존재한다. 그것은 무장기구뿐만 아니라 물질적 부속기관, 감옥, 그리고 모든 종류의 강제기구들을 포함한다."71)

2. 마르크스주의자들의 국가가 지배계급의 도구로 간주되어야 하는 이유

1st, 국가 조직의 담당자(행정부, 입법부, 사법부 그리고 억압기구 등의 최상위에 있는 사람)는 시민사회를 지배하는 동일한 계급 또는 제계급에 속하는 경향이 있다.

2nd, 자본가 계급은 그들의 전반적 경제력을 통하여 국가를 지배한다. 지배계급은 생산수단의 지배를 통하여 자본주의 사회에 있어서 다른 집단들이 재정적으로나 정치적으로 발전할 수 없게끔 국가정책에 영향을 끼칠 수 있다.

3rd, 국가는 지배계급의 도구이다. 자본주의 생산양식에 있어서

---

70) Hal Draper, *op.cit*, p.250.
71) Frederick Engels, *op.cit*, p.156.

국가라는 것은 그 이외의 아무것도 아니다. 국가의 성격은 생산양식의 성격과 요구조건들에 의하여 결정된다.[72]

Ⅲ. 마르크스주의자들의 자유주의적 민주주의에 대한 비판

1. 마르크스주의자들의 비판

- 자본주의적 사회란 경제활동의 지배계급과 피지배계급 간의 관계에서, 한편에는 자본주의 사회를 주도하는 자본가 계급인 부르주아 계급이 존재하고, 다른 한편에는 노동자, 농민 계급인 프롤레타리아 계급이 존재하여, 자본가 계급인 부르주아층이 노동자 계급인 프롤레타리아층을 착취하는 생산구조를 갖고 있는 것으로 본다.
- 마르크스는 자유주의적 민주주의의 정치개혁을 통해서는 이러한 시민사회의 구조적 문제(소득분배의 불공평)를 전혀 해결할 수 없다고 주장하고, 오로지 그 불공평한 소득분배의 근원인 자본주의적 생산과 소유자체를 철폐함으로써만 본래의 의미의 인민이 지배하는 민주주의를 이룰 수 있다고 보았다.
- "반봉건적 투쟁 속에서 사회적 진보의 이념을 대변한 부르주아 계급의 혁명을 통해 수립하려고 한 정치질서란 유산자들의 자유공화국이었을 뿐이었다. 이 점에서 자유주의가 선포한 모든 인간들의 자유와 평등, 모든 시민들의 일반이익의 구현, 그리고

---

72) R. Miliband, 1977, *Marxism and Politics*, London: Oxford University Press, pp.68 - 74.

사회 전체의 해방과 같은 문제는 처음부터 부르주아 계급의 이익에 종속되는 명백한 한계를 지닌 것"73)이었다고 주장한다.

2. 마르크스주의자들이 보는 자유주의적 민주주의의 한계

1st, 국가에 세금을 낼 수 있는 유산자와 교양과 학식을 쌓은 덕망 있는 사람들만이 공공업무 처리에 자기판단능력과 사회 전체의 이익에 합당한 정치적 결정을 내릴 수 있는 능력을 가진 자로 간주하여, 이들 유산자들에게만 선거권과 피선거권을 부여하였다는 점이다.

2nd, 자유주의 이론은 시민의 모든 기본권 중에서 사유재산을 최고의 가치로 내세우며, 다른 가치들은 이 사유재산 가치에서 파생되는 것으로 파악하였다. 근대 시민사회에서 사유재산은 자본주의적 사유재산을 핵심으로 하기 때문에 생산과정에서 임금노동에 대한 자본의 지배와 잉여가치의 착취를 정당한 것으로 옹호한다는 점이다.

3rd, 자유와 평등은 부르주아 계급이 인민대중을 반봉건투쟁으로 끌어들여 자신을 사회의 명실상부한 지배계급으로 등장할 수 있게 한 구호에 불과하다고 보았다. 인민대중에게 부르주아의 자유주의자들의 자유란 경제적으로 유산계급에게 종속되고 빈곤으로부터의 자유, 실업의 자유에 불과하며, **사회적 평등**은 그러한 자유로부터 해방될 수 있는 가장 기본적인 전제로 인식되었다. 부르주아들이 주장하는 자유란 자신들이 누리는 기득권을 유지하는 동시에 자신

---

73) 김세균. 1992. "자유민주주의의 역사, 본질, 한계" 한국정치연구회, 『현대민주주의론』, 서울: 창작과 비평사, p.323.

들이 옳다고 생각하는 사상 이념들을 자유로이 개진하며 자신들이 원하는 대로 행동할 수 있는 것[74]에 한정되어 있다는 점이다.

3. 레닌의 사회혁명 사상

- 자유주의적 민주주의가 지닌 한계를 극복하기 위해 사회주의 혁명의 필요성을 역설한다.
- 레닌은 "착취사회에서 이와 같은 특유한 민주주의는 비록 '다수의 통치'라는 형태를 띠지만 실제로는 '소수의 지배'에 불과한 이러한 민주주의를 종식시킬 수 있는 방안은 없을까? 그 방안은 오직 사회혁명뿐이다. 억압받는 대중들의 실제적인 지배와 그들에게 공무에 광범위한 참여를 보장하는 것은 이러한 거대한 사회변혁뿐이다. 그러한 사회변혁은 일찍이 민주주의로부터 제외된 인민대중들에게 단순히 민주주의를 확장시킴으로써 달성되는 것이 아니라 오직 사회혁명만이 그것을 가능하게 해 준다."[75]고 주장한다.

4. 사회주의적 민주주의의 성격

- 자본주의 체제하에서 부르주아 계급에 의해 착취당해 온 노동자와 농민계급이 정치, 사회, 경제 모든 면에서 실질적인 자유와 평등을 누리게 되는 진정한 민주주의가 사회주의적 민주주의이다.

---

74) 김세균, *ibid*, pp.323 – 325.
75) 김세균, *ibid*, pp.439 – 440.

- 레닌은 사회주의적 민주주의의 이상적인 형태를, 경제적인 착취와 피착취의 관계에 바탕을 하고 있는 부르주아적인 대의제적 민주주의와는 크게 대비되는 '프롤레타리아의 자기 통치를 주축으로 한 생산의 영역에서 노동과정을 실질적으로 통제하는 기반 위에 설립된 평의회 민주주의'라고 보았다.
- 이 평의회 민주주의는 '정치권력을 장악한 후에 노동자들은 기존의 관료제적 기구를 무너뜨리고 새로운 기구로 기존의 관료제를 대치할 것이다. 그리고 이 새로운 기구는 이들 노동자와 여타의 고용자들로 구성되고 이들이 관료로 변모될 수 없도록 막아주는 대책이 아울러 강구될 것'이다.
- 평의회 민주주의의 새로운 대책이란

1st, 선출뿐만 아니라 언제든지 소환이 가능하고,

2nd, 노동자의 임금을 상회하는 급여를 받지 못하며,

3rd, 모든 사람들에 의해서 직접적인 통제와 감독이 이루어져서 모든 사람이 한 번씩은 관료가 될 수 있고 따라서 누구도 과거와 같은 의미의 관료가 될 수 없는 체제를 통해서 비로소 실질적인 민주주의가 가능하게 될 것이라고 한다.

Ⅳ. 민주주의에 대한 인식방법

우리는 근대 시민사회의 등장과 분열을 둘러싸고 그 계급 대립을 극복하는 방식에 따라 자유주의적 민주주의와 사회주의적 민주주의로 구분하여 살펴보고 있다. 이와 같은 작업을 위하여 근대 민주주의에 대한 파악하는 방식을 구체화해 보고자 한다. 크게 대

별하여 논리적 파악과 역사적 파악으로 구분하고 있다.

1. 개념적 측면에 주목하여 논리적으로 파악

논리적 파악방식 속에서도 키스(Arthur Kiss)에 의하면 기존의 민주주의 파악방식을 지배형태로, 정부형태로, 이데올로기로, 각각 파악하는 방식을 구분하고, 민주주의를 계급관계의 역사적 변화에 따른 지배방식을 제시하고 있다.[76] 매디슨(J. Madison)은 민주주의를 연방제와 같은 정부형태로 파악하며, 슘페터와 달(J. Schumpeter & R. Dahl)은 중립화된 정치방식, 절차방식, 정치기제로 파악한다. 그리고 마요와 포퍼(H. B. Mayo & K. Popper)는 민주주의를 전체주의와 대립하는 자유와 반공이라는 가치와 이데올로기로 파악하고 있다. 그람시(A. Gramsci)는 지배자와 피지배자의 투쟁의 장으로 파악하고, 페이트만(C. Pateman)은 참여를 통한 교육의 장으로 파악한다.

그러나 민주주의가 제도와 이념 간의 긴장 속에서 그 현실의 분열된 내용에 따라 역사적으로 변해 왔다는 주장에서 보면 그것이 하나의 논리적 개념만으로 설명하기가 어렵다.

2. 존재론적 변천에 주목하여 역사적 변화로 파악

한편 민주주의를 역사의 변화에 주목하여 맥퍼슨(C. B. Macpherson),

---

76) Arthur Kiss, 1982, *Marxism and Democracy*, Budapest: Akademiai Kiado, p.35.

62

로젠베르크(A. Rosenberg), 키스(A. Kiss) 등이 파악하고 있다.

먼저 맥퍼슨(C. B. Macpherson)은 민주주의를 계급관계와 물적 토대의 역사적 변화에 따라 파악하되, 자유주의와 민주주의의 관계에 따라 파악하고 있다.[77] 민주주의의 역사변화의 과정으로, 처음에는 '소유적 개인주의'(possessive individualism)를 바탕으로 하는 방어적 민주주의에서 차츰 발전하여, 발전적 민주주의, 균형적 민주주의, 그리고 참여적 민주주의로 변화하는 것으로 파악한다.

로젠베르크(A. Rosenberg)는 민주주의를 그 시대의 역사적 운동으로만 존재하는 것임을 역설하고, 민주주의와 사회주의의 관계에 주목하여, 민주주의를 사회주의적 민주주의와 부르주아적 민주주의로 구분하고, 다시 부르주아민주주의를 자유민주주의, 사회민주주의, 제국주의적 민주주의, 식민지적 민주주의로 세분한다.[78] 민주주의를 그는 인민투쟁사로 파악하고 이것이 바로 민주주의가 지향할 점이라고 한다.

지금까지의 앞장에서의 자유주의적 민주주의와 사회주의적 민주주의를 정리하면 다음의 <표 1>과 같이 요약할 수 있다.

---

77) C. B. Macpherson, 1977, *The Life and Times of Liberal Democracy*, London: Oxford University Press, pp.13 - 15.
78) C. B. Macpherson, *ibid*, pp.322 - 323.

〈표 1〉 자유주의적 민주주의와 사회주의적 민주주의의 비교

구　분	자유주의적 민주주의	사회주의적 민주주의
1. 이론가	1. J. S. Mill: *Considerations on Representative Government* – 자유주의로부터 제한적 민주주의로(대의정부론) – 인민평등의 요구를 제한적으로 수용하여 대의정부체제와 비례대표제 제도의 확립 – 자유주의가 민주주의를 수용함으로써 생긴 자유민주주의 정치이론의 효시 – 선거에 의한 인민의 참여로 절차적 민주주의 개념을 주장 2. James Madison: *"The Federalist Papers" Classic Readings in American Politics* – 다원주의의 이론적 기초(미국연방주의교서 10, 47, 51) – 개체적 자유라는 고전적 입장에서 사회 내에 존재하는 이해의 대립을 전제로 하여 다양한 이해와 집단 간 상호견제와 균형과 삼권분립, 입법부 독립 등을 주장 – 다수의 횡포로부터 소수를 보호한다는 이름 아래 다원주의, 삼권분립 등을 주장	1. Karl Marx: – 자유주의적 정치체제가 표방하는 권리와 이념이 인간이 추구하는 보편적인 가치가 아니라 자본주의사회의 질서와 이해관계에 한정된 것이며, 이를 극복하여 새로운 민주주의를 건설할 것을 제시하여 사회주의적 민주주의의 출발점을 제공 2. V. I. Lenin: – 러시아 사회주의혁명의 실천을 통해 사회주의 혁명전략과 사회주의 건설에서 민주주의에 대한 논의를 전개 – 그의 민주주의 이론이 현실적으로 올바르게 마르크스주의를 계승한 것인지를 둘러싸고, 특히 당과 대중의 관계와 민주주의와 독재문제를 중심으로 마르크스주의 내적 논쟁이 시작 3. Rosa Luxemburg: – 고전적 사회주의의 혁명적 관점을 견지하는 범위에서 레닌의 민주주의관과 러시아혁명에서의 볼셰비키의 실천에 대해 비판 4. Antonio Gramsci: – 제1차 세계대전 이후 파시즘의 등장과 현대국가의 성격변화를 이론적 분석 – 마르크스주의와 사회주의 혁명전략에서 민주주의가 지니는 의미와 역할을 재조명 – 현 국면에서 사회주의적 민주주의의 역할과 의미의 이해에 도움을 준다.

구 분	자유주의적 민주주의	사회주의적 민주주의
2. 옹호론	1. Joseph Schumpeter *Capitalism, Socialism and Democracy(1975)* - '경쟁을 통한 엘리트 지배로서의 민주주의'를 정치적 조직을 구성하는 경쟁적 절차로 이해 → 현실 자유민주주의 정치체제의 이론적 근거를 제공 2. Milton Friedman *Capitalism and Freedom(1962)* - '시장과 자유'에서 시장적 의미의 자유 없이는 민주주의가 불가능하다고 주장 → 개인의 소극적 자유를 가장 우선시하는 고전적 의미의 자유를 새롭게 강조함	1. Otto Wilhelm Kusinnen *"Socialism and Communism"* *The Fundamentals of Marxism — Leninism(1959)* - 인민이 국가의 주인으로 참여하게 됨을 민주주의의 핵심으로 파악 → 스탈린 시기의 현실 사회주의를 정당화 2. P. Fedosyev *Scientific Communism(1986)* - 스탈린 사후 스탈린주의가 오히려 증폭되어 나타난 선진 사회주의론과 전 인민국가론에 대한 이해를 돕기 위한 교과서적 논의 3. Etienne Balibar *The Dictatorship of Proletariat (1976)* - 소련식 입장이 스탈린적 편향을 가진 것이라고 비판. Proletariat 민주주의의 의미를 재정의 - 전 인민국가론에 대한 비판을 통해 국가기구의 폐기가 함의하는 민주주의의 혁명적 측면 강조, 과도기로서의 프롤레타리아 독재와 사회주의적 민주주의의 이중적 과제를 실천적으로 제시
3. 비판론	1. Anthony Arblaster *"Liberal Values" The Rise and Decline of Western Liberalism (1984)* - 자유주의와 민주주의의 양립 불가능론을 제기	1. Karl Kautsky *The Dictatorship of the Proletariat(1964)* - 사회주의적 관점에서 레닌의 프롤레타리아 독재와 민주주의관에 대해 비판

구　분	자유주의적 민주주의	사회주의적 민주주의
3. 비판론	2. Arthur Kiss *Marxism and Democracy(1982)* – '부르주아　민주주의의　역사적 실체' 전개과정이 부르주아 지배계급을 위한 것	2. H. B. Mayo *Democracy and Marxism(1955)* – 사회주의를 전면 부정, 사회주의적 민주주의를 독재라고 비판 →　자유주의적 입장을 취하면서 마르크스주의와　민주주의가 양립할 수 없다
4. 정당화	– 민주주의를　자유주의의　이론적 전제, 즉 인간의 보편적 본성으로 간주되는 자유와 평등의 확산으로 치환, 민주주의는 자유주의와 관련해서만 낙관적으로 발전할 수 있다고 본다.	– 민주주의를 인민대중의 계급 투쟁사로 보고 민주주의의 달성을 무 계급사회 자체와 동일시하는 까닭에 정치제도로서의 민주주의에 대한 설명이 부재 – 자유민주주의 일반을 부르주아 계급의 지배로 환원, 다양한 정치제도와 현상에 대한 체계적 설명이 결여

|참고문헌|

김세균. 1992. "자유민주주의의 역사, 본질, 한계" 한국정치연구회, 『현대민주주의론』, 서울: 창작과 비평사.

Arblaster, Anthony. 1984, "Liberal Values" *The Rise and Decline of Western Liberalism*, London: Basil Blackwell.

Balibar, Etienne, 1976, *The Dictatorship of Proletariat*, London: Verso.

Carnoy, Martin. 1984. *The State and Political Theory*, Princeton, New Jersey: Princeton University Press.

Draper, Hal. 1977. *Karl Marx's Theory of Revolution. Vol. 1, State and Bureaucracy*, New York: Monthly Review Press.

Engels, Frederick. 1968. *The Origin of the Family, Private Prosperity and the State*, New York: International Publishers.

Fedosyev, P. 1986, *Scientific Communism*, Moscow: Progress.

Friedman, Milton. 1962, *Capitalism and Freedom*, Chicago & London: The University of Chicago Press.

Gramsci, Antonio. 1971, *Selections from Prison Notebooks*, New York: International Publishers.

Kautsky, Karl. 1964, *The Dictatorship of the Proletariat*, Ann Arbor: University of Michigan Press.

Kiss, Arthur. 1982, *Marxism and Democracy*, Budapest: Akademiai Kiado.

Kusinnen, Otto Wilhelm. 1959, "Socialism and Communism" *The Fundamentals of Marxism −Leninism*, Foreign Languages Publishing House.

Macpherson, C. B. 1977, *The Life and Times of Liberal Democracy*,

London: Oxford University Press.

Madison, James et al., 1986, "The Federalist Papers" *Classic Readings in American Politics*, New York: St. Martin's Press.

Mayo, H. B. 1955, *Democracy and Marxism*, London: Oxford University Press.

Miliband, R. 1977, *Marxism and Politics*, London: Oxford University Press.

Mill, John Stuart. 1951, *Considerations on Representative Government*, New York: E. P. Dutton and Company, Inc.

Schumpeter, Joseph. 1975, *Capitalism, Socialism and Democracy*, New York: Harper Brothers.

제3장

· ·

현대민주주의:
다두제와 대의제

· ·

Ⅰ. 다두제: 자유민주주의의 절차성을 강조

1. 폴리아키의 의미

1) 폴리아키란 말의 뜻

로버트 달은 이 말을 이상에는 못 미치지만 어느 정도는 그 이상에 가까운, 즉 현실적으로 존재하는 상당한 정도로 민주화된 체제를 민주주의란 말과 달리 이렇게 다두제(Polyarchy)라고 한다.[79] 이 말의 뜻은 우리가 이미 잘 알고 있는 '군주제' 또는 '왕제'라는 말의 '모나키'(Monarchy)라는 말을 생각해 보면 된다. 그것은 '한 사람'(mono-)에 의한 지배체제(-archy)를 의미하는 그리스어에서 유래한다. 마찬가지로 '소수자'(oligo-)에 의한 지배체제(-archy)를 의미하는 말로 과두제라는 '올리가키'(Oligarchy)라는 말이 있다. 따라서 폴리아키는 '다수자'(poly-)에 의한 지배체제(-archy)이다. 즉 오늘날의 다수결원리가 작동하는 현대민주주의 체제에서 다두제의 의미를 갖는다.

---

79) Robert A. Dahl, 1971, Polyarchy: *Participation and Opposition*, New Haven: Yale University Press, pp.1 - 9.

2) 민주주의의 특징과 정의

민주주의의 중요한 특징은 '정치적으로 동등하다고 간주되는 시민들의 선호에 정부가 계속 반응하는 것'이다. 민주주의란 용어는 '모든 시민들에게 완전하게 또는 거의 완전하게 반응하는 성질을 그 자체 특징의 하나로 갖는 정치체제'로 정의 내린다.

2. 폴리아키 실현 또는 저지조건

1) 민주주의의 조건

정부가 정치적으로 동등하다고 간주되는 시민들의 선호에 한 시대에 걸쳐 반응하려면 모든 시민이 다음과 같은 기회를 완전하게 가져야 한다고 생각한다.[80]

---

80) Robert A. Dahl, 1956, *A Preface to Democratic Theory*, Chicago: University of Chicago Press, pp.63 – 81: Robert A. Dahl and Charles E. Lindblom, 1953, *Politics, Economics and Welfare*, New York: Harper, Chapter 10 and Chapter 11.

〈표 2〉 국민의 수가 많은 경우 민주주의의 필요조건

기회	요구되는 제도적 보장
1. 선호를 형성할 기회	1. 조직구성 및 참여에의 자유 2. 표현의 자유 3. 선거권 4. 정치지도자가 지지받기 위해 경쟁할 권리 5. 정보출처의 선택 가능성
2. 선호를 표현할 기회	1. 조직구성 및 참여의 자유 2. 표현의 자유 3. 선거권 4. 공직참여 자격 5. 정치지도자가 지지받기 위해 경쟁할 권리 6. 정보출처의 선택 가능성 7. 자유롭고 공정한 선거
3. 자신들의 선호가 정부운영에서 동등하게 중시될 기회	1. 조직구성 및 참여의 자유 2. 표현의 자유 3. 선거권 4. 공직참여 자격 5. 정치지도자가 지지받기 위해 경쟁할 권리, 정치지도자가 투표를 위해 경쟁할 권리 6. 정보출처의 선택 가능성 7. 자유롭고 공정한 선거 8. 정부정책이 투표 및 선호의 여러 다른 표현 등에 의존하게 할 제도

2) 민주화의 두 가지 차원:

- 공적 경쟁, 반대의 허용(opposition)과 공적 경쟁체제에 참여 (participation)

정치체제의 유형은 민주화에 대한 다소 다른 두 가지 이론적 차원을 효과적으로 구성하는 것으로 나타나는 것으로 본다.

1st, 공적 경쟁(competition)과 반대(opposition)의 허용: 정치적 경

쟁의 보장을 말한다(Y축으로 설정).

2nd, 선거와 공직에 참여(participation)할 권리: 공적 경쟁에 참여할 수 있는 권리를 갖는 자들의 규모를 표현하는 포괄성(inclusiveness)을 의미한다(X축으로 설정).

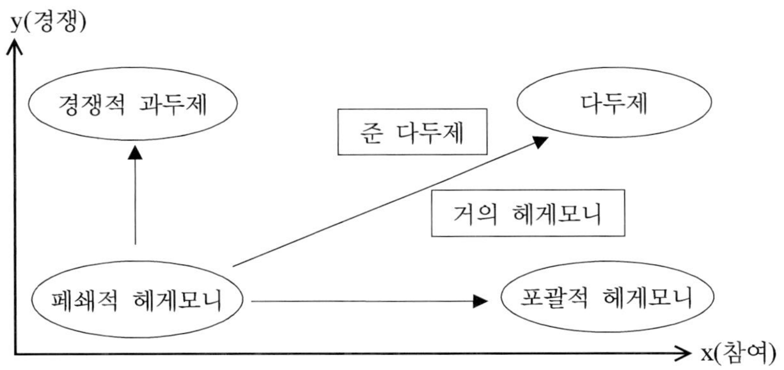

다두제(polyarchy)는 그림의 X축으로 나아갈수록 민주화의 포괄적 요소들을 많이 가지게 되는 거의 헤게모니적인 정치체제(nearly hegemony)가 되어 가고, Y축으로 올라갈수록 선거와 같은 공적 경쟁이 활발하고 개방적이며 자유로워지는 준 다두제의 정치체제(near polyarchy)로 발전하는 것임을 말한다. 즉 다두제는 실질적으로 대중화되고 자유화된, 그리고 매우 포괄적이고 개방적인 공적 경쟁체제이다.

Ⅱ. 대의제 민주주의와 민주주의의 확장:
직접민주주의를 거부

1. 민주주의에 대한 기본 정의

(1) 정치형태로서의 민주주의에 관한 논의

"집합적 결정권자(collective decision-maker)에게 권위를 부여하고 행위의 절차를 수립하는 일련의 규칙"으로 정의할 때만이 가능하다.

- 모든 결정은 집합적 결정의 형태를 띠고 있다 할지라도 사실상 개인들에 의해 내려지기 마련이다. 집단자체로서는 어떠한 결정도 내리지 못한다. 개인에 의해 내려진 하나의 결정이 집합적 결정으로 받아들여지기 위해서는 그것이 결정권자와 절차를 명시한 규칙에 근거를 둔 것이어야 한다.
- 집합적 결정권의 범위를 기준으로 하자면 민주주의란 대다수 성원들에게 이러한 결정권이 부여되어 있는 정치형태를 말한다.
- 대다수란 개념은 '거의' 또는 '대부분'의 영역에서 나오는 것이지만 '모두'라고는 일괄해서 말할 수 없다. 그것은 대부분의 국가에서 일정한 연령에 달해야만 투표할 수 있는 권리를 부여하고 있기 때문이다.
- 만인의 지배는 최상의 이상일 뿐이다. 역사적 상황에서 볼 때 '성인 남자만' 또는 '유산자만' '백인만' 투표권을 부여하고, '여성에게도 투표권'을 부여하지 않은 이전의 시기를 보면 투

표권의 소유 범위가 어디까지이어야 하는가라는 문제는 추상
적인 기준에 의해 설정될 수 없다.
- 순수한 동의에 기초를 둔 결정과 다수의 승인을 의미하는 법
  칙에 따른 결정 간의 차이가 명백해진다.

(2) 민주주의의 최소정의의 세 가지 요건[81]

1st, 상당수 시민에게 직접적이든 간접적이든 집합적 결정에 참
여할 수 있는 권한이 부여되어야 한다는 것이다.
2nd, 다수결 원리와 같은 절차적 규칙이 마련되어야 한다는 것이다.
3rd, 결정권자 또는 결정권자를 선출할 유권자들에게 실질적인
선택대안이 주어져야 하며, 대안들 가운데서 선택할 수 있는 여건
이 실지로 보장되어 있어야 한다는 것이다.
- 요건 충족을 위한 기본적인 권리는 여론형성의 자유, 언론 및
  표현의 자유, 집회 결사의 자유가 있어야 한다.
- 민주체제가 작동될 수 있는 절차적 기제가 작동하기 위해서
  필요한 전제조건인 기본 권리를 부여하는 입헌적 규범은 그
  자체가 게임의 규칙이 아니고, 다만 게임이 이루어지게 하는
  전제로서의 규칙들이라고 할 수 있다.

---

81) Norbert Bobbio, 1987, *The Future of Democracy: A defense of the
    Rules of the Game*, Polity Press, pp.24 - 26.

2. 대의제민주주의와 직접민주주의

(1) 대의제민주주의와 직접민주주의에 대한 부정적 견해

1) 민주주의가 과거 어느 때보다 많은 사회 영역에 확대되어 온 오늘날에도 자주 제기되는 주장은 대의제민주주의가 크게 보완되든지 아니면 직접민주주의로 대체되어야 한다는 것이다.

〈J. J. Rousseau의 견해〉
① "주권은 타인에게 대표될 수 없다."
② "영국국민은 자신들이 자유롭다고 생각하지만 이러한 믿음은 근본적으로 잘못된 것이다. 그들은 하원의원을 선출할 때만 자유롭다. 일단 선거가 끝나면 그들은 다시 노예상태로 되돌아간다."[82]
③ "진정한 민주주의란 이제껏 존재한 적도 없고 앞으로도 존재하지 않을 것이다."

왜냐하면,

1st, "모든 국민을 쉽게 한자리에 소집할 수 있고, 또한 각 시민이 그의 모든 이웃들을 알 수 있는 위치에 있을 수 있을 만큼 아주 작은 국가(a state sufficiently small)를 전제로 한다."

2nd, "규범(manners)이 간단하여 업무는 최소화되고 곤란한 문제들은 회피할 수 있어야 한다. 더욱이 참된 민주주의는 재산과 신

---

82) J. J. Rousseau, 1960, "The Social Contract", in E. Barker eds., *Social Contract III*, London: Oxford University Press, p.262.

분에 있어서 상당한 평등이 필요하다.”

3rd, “사치(luxury)란 것은 조금만 있거나, 아주 없어야 한다(내핍 정치: austerity politics). 신의 국가와 같은 것이 있다면 그것이 민주주의일 것이다.”[83]

2) 대의제민주주의의 축소와 직접민주주의 도입에 대한 요구가 불가능한 것인가?

- 직접민주주의라는 것이 모든 시민이 자신과 관계되는 모든 결정에 참여하는 것을 의미한다면 그 제안은 불합리한 것이다. 현대 산업국가와 같은 복잡해져 가고 있는 사회에서 모든 것에 대해 모든 사람이 결정을 한다는 것은 물리적으로도 불가능하다. 그리고 그것은 또한 인간적 측면에서, 즉 인류의 도덕적, 지적 발전의 관점에서 볼 때에도 바람직하지 못하다.

- Karl Marx 초기작품에서 ‘종의 사회적 진화’의 궁극적 목표로서, 전인(全人: total human being)을 제시한 바 있다. 그러나 시민으로서의 권리를 행사하기 위해 하루 종일 정치과정에 참여하기를 요청받는 루소주의적 개인은 전인이 아니라, 전 시민(全 市民: total citizen)일 것이다.[84] 그리고 전 시민은 자세히 살펴보면 단지 전 국가(total state)의 다른 측면이자, 이를 위협하는 것일 뿐이다. 때문에 루소적 민주주의가 종종 자유민주주의와 근본적으로 갈등관계에 있는 전체주의적 민주주의로 해석되었던 것은 우연이 아니다. 전 시민과 전 국가는 동전의 양면이다. 전자는 국민의 관점에서 고려되고, 후자는 지

---

83) J. J. Rousseau, *ibid*, pp.232－233.
84) R. Dahrendorf, 1974, “Citizenship and Beyond: the Social Dynamics of an Idea”, *Social Research*, Vol, 41, p.697.

배자의 관점에서 고려된다 하더라도 동일의 원리를 공유하고 있기 때문이다.

3) 대의제민주주의란 "집합적 심의, 즉 전체 공동체에 관한 심의가 그 구성원들에 의해 직접 이루어지는 것이 아니라, 이 목적을 위해 선출된 사람에 의해 이루어진다"는 것을 의미한다.[85) 의회국가는 대의제 원리의 특수한 적용이다. 의회국가는 모든 청원이 제출되고 모든 결정이 이루어지는 중심적인 대표기관이 의회인 국가형태이다. 미국과 같은 대통령중심제 국가는 의회국가가 아니라 하더라도 일반적으로 여전히 대의제 국가인 것이다. 즉 대의제 국가는 선출된 대표들이 구성하는 기관이 의회든, 대통령이든 또는 지방의회든 무엇이건 간에 상관없이 그들에 의해 중요한 정책결정이 이루어지는 국가이다.

(2) 대의제민주주의에서 대표의 의미

1) 대의제의 방법과 목적의 차이

1st, 대표자의 권력에 관한 것: 방법에 관한 것으로서, 이는 대리인(delegate), 즉 단지 순수하게 대변인, 대사, 칙사, 그가 대표하는 사람들의 대리자일 뿐이다.

2nd, 무엇을 대표하는가에 관한 것: 목적에 관한 것으로서, 이는 수탁자(fiduciary), 즉 자신이 대표하는 사람들을 위하여 그들의 권위에 의해 독립적으로 활동할 수 있는 힘을 부여받고 있을 것이며, 시민으로서, 노동자로서, 기업가로서, 전문가로서 등과 같이 특

---

85) Norbert Bobbio, 1987, *op.cit*, p.45.

정 이익에 관해서 대표할 수 있다는 것이다.[86]

  2) 특정이익을 대표하는 경우
  - **'유기적인 대표 안'**, 즉 대표와 그가 대표하려는 사람들이 동
    일한 사회집단에 속하게 되어 그 집단의 특별한 이익을 대표
    하는 안이다.
  - 그러나 대부분의 대의제 민주주의에서 '누가 대표인가?'에 대
    한 대답은 대리인이 아니라 수탁자라는 것이고, '무엇을 그가
    대표하는가?'에 대한 대답은 특정이익이라기보다는 일반이익
    을 대표한다는 것이다.
  - 또한 전자는 선거를 통해 유권자의 신뢰를 얻었으므로 그들에
    대해 책임을 져야 하고, 따라서 해임될 수 없는 사람이다. 이
    에 비해 후자는 한 집단의 특별한 이익이 아니라, 시민사회의
    일반적인 이익을 보호하도록 요구받았기 때문에 유권자에 직
    접 책임을 지지 않는 사람이다.[87]

  3) 일반이익을 대표하는 경우: 대의제 민주주의에 대한 비판
  1st, 수권자를 수임자에 구속시키는 구속위임에 대항하는 구속위
임금지론에 대해서, 대표자와 그가 대표하는 사람들 간의 더 직접
적인 관계를 무시하고 있다는 명분으로 이를 비판한다. 이는 대표
를 수탁자 관계로 받아들이는 것에 대한 비판이다. 사회집단의 특
별한 이익에 대한 부분적 대표의 필요성을 지지하는 사람들은 일
반적인 이익의 대표를 비판하기도 한다.[88]

---

86) Norbert Bobbio, 1987, *ibid*, p.47.
87) Norbert Bobbio, 1987, *ibid*, p.48.
88) *Ibid*, p.49.

2nd, 부분적 이익의 대표나 또는 유기적인 대표와 연관되는 쟁점의 경우는 국가를 영토적 통합만 남겨둔 채 파괴하여 조합화하고, 고전적 의회국가의 책임이었던 영토적 대표와 기능적 대표를 확립하는 것으로 구성되었다. 이것도 직접민주주의로 변형되지는 못했다.[89]

4) 결론적으로 대표를 철회할 수 있는 경우는 직접민주주의와 유사하고, 대표를 철회할 수 없는 경우는 대의제민주주의와 유사하다.
- 그러나 대표자의 지시에 구속되어 있기 때문에 소환될 수 있는 대리인은 결국 매개체에 불과하다.
- 어떤 사람이 그가 대표하려는 사람들로부터 받는 지시에 의해 아무리 속박되어 있다고 하더라도, 사실상 선택의 여지는 작게나마 있다고 본다. 만약에 대리인이 모든 선택에 있어서 전적으로 피대표자의 지시에 속박되어 있다면 그들에 의한 집단적인 의사결정은 불가능한 것이다.
- 따라서 어떤 경우든 위임에 의한 대표제가 실제로 직접민주주의가 아니라면, 그것은 대의제민주주의와 직접민주주의의 중간 정도로 보면 된다.

(3) 대의제민주주의와 직접민주주의의 상호보완체제

1) 양자는 하나가 있으면 다른 하나는 존재할 수 없는 두 개의 대안적인 체제가 아니라, 서로 상호 보완해 줄 수 있는 두 가지 체제라는 것을 의미한다. 성숙한 민주주의체제 내에서는 민주주의

---

89) *Ibid*, p.50.

의 두 가지 유형 모두 필요하며, 한 가지 유형만으로는 자체로 충분하지 못하다고 할 수 있을 것이다.[90]

2) 직접민주주의가 부적절하다는 것은 **진정한 의미의 직접민주주의에 유효한 구조가 매개체 없이 직접 심의를 담당하는 시민들의 모임과 국민투표라는 이중적 구조임**을 고려할 때 명백해진다.[91]

3) 대의제 민주주의에서 직접민주주의로 옮아가는 데 관한 것이 아니라, 엄밀히 말해 **정치적 민주주의에서 사회적 민주주의로 옮아가는 데 관한 것**이다. 국가의 민주화에서 사회의 민주화로의 이행은 가족에서 학교, 기업에서 공공사업의 경영에 이르기까지 대부분의 제도들이 그 역할을 민주적으로 수행하지 못하는 사회에서도 당연히 민주국가는 존재할 수 있다는 사실에 기인한다.[92]

(4) 민주주의가 이루어 낸 진보에 대한 측정[93]

1) 급진적 발전의 지표로서 제한선거에서 보통선거로 정치적 권리가 확장되는 것을 들고 있으며, 이는 정치적 결정에 책임지는 기관을 구성하는 데에 직접, 간접으로 참여할 수 있는 권리가 확장되는 것이다. 예를 들면 종래에 제한되어 있었던 여자의 선거참여를 포함하고, 또 선거연령을 18세로까지 낮춘 일 등이다.

---

90) *Ibid*, p.53.
91) *Ibid*, p.53.
92) *Ibid*, p.55.
93) *Ibid*, pp.55 – 57.

2) 그러나 민주주의의 진보는 투표권을 가지는 사람의 수에 의해서 충족될 수 없으며, 정치의 범위를 넘어서서 투표권이 행사될 수 있는 영역의 수에 의하여야만 한다, 즉 더 이상 누가(who) 투표하는가가 아니고, 어디(where)에 투표할 수 있는가에 의해서 민주주의의 진보를 측정한다.

3) 오늘날의 민주화 과정은 모든 복잡한 사회, 대사업, 공공행정에 존재하는 하향적이고, 계급적인 권력이라는 두 개의 큰 장벽의 표면조차 건드리지 못했다는 것이다. 동시에 국가에서 시민사회로 초점의 심도를 바꿈으로써 국가 이외에 다른 권력핵심이 있다는 사실에 주목하게 된다. 현대사회는 일인독재정치(mono – cracy)가 아니라 다두정치(poly – cracy)이다.

(5) 다원주의적 사회와 민주주의적 사회는 하나이고 같은 것이다.

1) 그러나 민주주의 개념과 다원주의 개념은 동일한 연장선상에 있는 것이 아니다. 비민주적 다원주의 사회(봉건유럽)와 비다원주의적 민주주의(고대민주주의)가 존재하지 않을 이유는 없는 것이기 때문이다.[94]

2) 만약 어떤 사회가 다원주의사회라면 기독교인, 공산주의자, 그리고 그렇지 않은 사람조차도 명백히 그들 나름의 방식으로 해석하고 그 발전 유형을 예측하려고 하는 실체이다. 만약 이태리가 다원주의국가라면 그 결과는 경제적, 정치적, 이데올로기적 차원에

---

94) *Ibid*, p.58.

서 영향을 주었다고 할 수 있다.[95]

 3) 경제적 차원에서 다원주의는 사적 부문과 구별되는 공적 부문이 존재하는 반면, 부분적으로 본래대로 여전히 대기업이 서로 경쟁하는 시장경제가 있다. 정치적 차원에서 다원주의는 국가나 사회에 대한 권력을 쟁취하기 위해 선거에서 승리하든지 아니면 다른 방법을 통해 서로 경쟁하는 몇몇 정당 또는 정치운동의 결과로 생기는 것이다. 이데올로기적 차원에서 다원주의는 하나의 신호만 있어서 되는 것이 아니라 자유로운 영향력을 행사하면서, 동일하거나 획일적이지 않은 여론에 반영되는 여러 사상조류, 세계관, 정치강령들이 있을 때 행해진다.

(6) 민주주의는 다원주의와 절충되어야 한다.

- 현대국가의 민주주의가 다원주의적인 민주주의가 되는 것 이외에는 도리가 없다는 것이다.[96]

1) 권력의 지나친 집중화에 대한 처방
- 민주주의는 위에서부터의 독재적 권력에 주의를 해야 한다. 이는 아래로부터의 권력일 수밖에 없다.
- 다원주의는 한 사람의 수중에 권력이 집중되는 독재권력에 주의하는 것이다. 이의 처방은 권력의 적절한 분산에 있다고 주장한다.

---

95) *Ibid*, pp.58-59.
96) *Ibid*, p.59.

2) 집단 간의 상호조정에 의존

- 직접민주주의와 비교하여 대의제민주주의의 결점, 즉 정당위원회와 같은 작은 과두제를 만들기 쉽다는 문제는 과두제의 모든 영역이 공개경쟁 내에 존재함으로써만 고쳐질 수 있다.
- 고대의 민주주의와 비교하여 다원주의는 반대를 표현할 수 있는 자유 또는 권리라는 현대민주주의의 기본적인 특성을 알 수 있게 해 주는 장점이 있다. 알베로니(1977. 1. 9) "민주주의는 반대를 의미한다."

3) 민주주의체제는 "위로부터 강요되지 않는 동의에 기반을 둔 체제에서는 반대의 유형이 불가피하고, 자유롭게 반대의사를 펼 수 있는 곳에서만 동의는 실질적인 의미를 가지며, 더 나아가 동의가 실질적인 곳에서만 체제는 민주적이라고 정당하게 주장할 수 있다.

- 파괴적인 조직 이외에 모든 정치조직의 유형을 허용하는 것과 공식적인 조직 이외에 모든 정치적 유형을 금지하는 것 사이에는 확실한 차이가 있다.
- 수많은 부정확성과 단점을 실제로 지니고 있음에도 불구하고, 직접민주주의에 대한 필연성에 의존하지 않고 민주주의의 확장을 유도할 수 있는 방법을 제시하였다고 생각한다.

Ⅲ. 현대민주주의의 문제점

현대민주주의란 자유민주주의적 사상적 기반과 대의민주주의를 그 핵심으로 하고 있다. 이들에 대한 문제점을 중심으로 설명하고 자 한다.

1. 현대민주주의의 위기의 핵심

- 유권자들의 실질적인 참여가 없는 상태에서 정치지도자들이 심각한 좌절을 가져다주는 정책결정을 자주한다는 현실에 있 다. 오늘날의 민주주의의 근본적인 문제를 **민주주의 결손과 민주적 제도에 대한** 시민들의 불신에 있다.

1) 민주주의의 결손 현상

- 현대 사회의 많은 사람들이 선거에도 참여하지 않으며, 또한 정책결정에도 관심을 갖지 않으며, 민주적 제도들에 대해서 냉소적이거나 불신함으로써 심각한 정통성의 위기에 직면해 있는 것이다.

2) 민주주의에 대한 불신

- 현대의 대의제의 대표적인 의회민주주의에 대해 갤럽에 의한 여론조사 결과를 보면 2003년도에 45개 국가 중에서 의회에 대한 신뢰는 다른 정부기관 및 사회기관에 대한 신뢰보다 훨

씬 낮은 38%에 지나지 않았다.[97] 한국의 경우는 2004년 11%로 극히 낮은 수준에 머물고 있어 조사국가들 중에서 최저 수준이다. 이러한 의회와 정부에 대한 불신은 부분적으로는 부정부패와도 관련이 있다고 볼 수 있다.

2. 현대 대의민주주의 개혁불가피론

1) "정치적 자유주의가 '역사의 종말'은 아니며, 그것은 시민들의 정통성 있는 존중을 확보하기 위해 개선될 수 있고, 또 개선되어야 한다."[98]

2) 대의민주주의의 위기 논의
- 1970년대 '정부의 위기'론에서 정부에 대한 불신, 1970년대의 1, 2차 오일쇼크로 경제악화의 상황초래, 무역적자와 정부재정적자가 일상화되어 정부의 역할과 기능의 한계가 노출되었다.
- 1980년대 '작은 정부'와 복지국가의 축소를 주장하는 신보수주의가 미국과 영국 등 유럽전역으로 확대되면서 정부정책에 변화를 초래하였다.
- 1990년대 '세계화'가 본격화되면서 신자유주의가 지배하면서 정부의 정책수행능력은 외부환경으로부터 심각한 도전에 직면하게 되었다.

---

97) *Gallup International*, 2003.
98) *Council of Europe*, 2004, p.131.

3. 민주주의에 대한 도전들

1) Crozier(et.al, 1975) 세 가지 심각한 도전[99]

1st, 공산권의 안보위협, 오일쇼크, 국제경제질서의 불안 등 외부 환경의 도전

2nd, 사회운동, 지식인, 언론의 파워 증대에 따른 내부 사회적 동향

3rd, 민주주의의 내재적 결함에 의한 민주주의의 약화

2) Huntington, 1975 & 2000년대의 상황비교[100]

"당시 관찰되었던 민주정부에 대한 도전들이 정부에 대한 시민의 신뢰에 심각한 쇠퇴를 양산시켰는데, 25년이 지난 지금 우리가 지목했던 도전들이 사라졌지만 미국과 다른 국가에서 정부에 대한 낮은 신뢰는 지속되었거나 심화되었다."

3) Gallop Intl(1999)에 의하면, 국가 또는 정부가 '국민의 뜻에 따라 지배되는가' 하는 문제

 - 최근 주요동향은 '국민의 뜻에 의한 지배'라기보다는 '국민의 뜻에 어긋나는 지배'로 보는 견해가 지배적이다.
 - 세계 60개국 57,000명을 대상으로 한 'Millennium Survey' 결과, 30%가 '그렇다' 62%가 '아니다'

---

99) M. Crozier, S. Huntington and J. Watanuki, 1975, *The Crisis of Democracy: Report on the Governability of Democracies to the Trilateral Commission*, New York: New York University Press.

100) Samuel Huntington, 2000, "Forward" in S. Phoarr and R. Putnam eds., *Disaffected Democracies*, Princeton: Princeton University Press. p.xxv.

- 세계인들은 자국정부가, 40%가 부패한 정부, 39%가 관료적인 정부, 12%가 효율적인 정부, 9%가 정의로운 또는 국민의 뜻에 호응하는 정부라고 답하였다고 한다.

4. 민주적 제도의 실패 요인들 진단

1) Putnam의 정부와 정치에 대한 불신의 요인: **정부와 의회 등 민주적 제도의 성과 실패**[101]

<민주적 제도의 실패요인>
① 시민의 이해와 욕구에 부응하지 못하는 정부
② 정치인의 역량과 충실도의 쇠퇴
③ 사회자본의 쇠퇴

<시민의 입장에서 주요 변화>(2가지)
① 시민이 정부와 제도의 실적에 대해 부정부패 등 부정적인 측면에 더 많은 정보를 갖게 된 것
② 정부와 제도의 실적에 대한 평가의 기준이 복잡하게 되면서 정부가 시민들이 바라는 이해와 욕구를 충족시킬 수 있는 기준도 복잡하게 되어 정부성과의 실패가 거듭된다는 것

---

101) S. Phoarr and R. Putnam eds., 2000, *ibid*, pp.3 - 27.

2) 미국연구자들(Berman, 1997: King & Stivers, 1998)의 **정부 불신 요인**[102)]

① 정부의 불합리한 권력의 행사

② 정부정책과 서비스의 비효율성

③ 정부와 시민 사이의 갭의 확대

3) 제도적 해석의 **'민주주의 결손' 이론**

① 의회와 시민연결의 중개기관인 의회, 정당, 이익집단의 역할 쇠퇴

② 이들 중개기관의 역할에 대한 유권자들의 심각한 의문제기[103)]

③ 민주주의 국가 중에서도 일당지배적인 국가, 정권교체가 안 되는 국가, 준영구적인 정당연합 지배구조 국가에서 시민의 정치적 불만과 대표기구들에 대한 불신

4) **제도적 해석이 간주하는 시민의 모습**: 무력한 시민의 모습으로 부각[104)]

① 제자리를 잃은 시민

② 정치전문가에 밀려난 시민

③ 공익성을 상실한 시민

---

102) C. King and C. Stivers eds., 1998, *Government is Us: Public Administration on an Anti‒Government Era*, Thousand Oaks: Sage, pp.7‒11,

103) J. Heyward, 1996, *Elitism, Populism and European Politics*, Oxford: Clarendon Press.

104) D. Mathews, 1999, *Politics for People*, Urbana: University of Illinois Press. pp.14‒27.

5) 대의제 민주주의 비판의 핵심
- 민주주의 원칙을 비판하는 것이 아니라 민주주의의 과정들의
거버넌스에 두고,[105] 참여를 통해 대의민주주의 보완을 요구

5. 대의제의 기초인 자유민주주의에 대한 비판

① 시민참여에 소극적
② 시민의 참여를 경계
③ 선거에 의한 간접적 개별참여에 제한하고 있다.
"대의제 민주주의의 명성이 더 이상 지켜지지 않고 있다"[106]고
하면서 "이해의 갈등을 표현할 수 있는 새로운 제도적 형태의 탐
색이 시작되었다."[107]고 평가한다.

이러한 현대의 대의제 민주주의에 대한 결손과 불신에 대한 해
결책으로서 그 대안적 민주주의로는 참여민주주의, 토의민주주의,
공동체주의, 결사체주의에 대해 다음 각 장에서 검토하기로 하자.

---

105) A. Kakabadse eds., 2003, "Reinventing Democratic Governance
Project through Information Technology?" *Public Administration
Review* 63(1), pp.44 - 60, p.48.
106) R. Dahrendorf, 2000, "Afterward", Pharr and Putnam eds.,
Disaffected Democracies, 3 - 27. Princeton: Princeton University
Press. p.311.
107) M. Warren, 2001, *Democracy and Association*, Princeton:
Princeton University Press, p.22.

|참고문헌|

주성수, 2006, 『시민참여와 민주주의』, 서울: 아르케.

Bobbio, Norberto, 1987, *The Future of Democracy: A defense of the Rules of the Game*, Polity Press.

Crozier, M., S. Huntington and J. Watanuki, 1975, *The Crisis of Democracy: Report on the Governability of Democracies to the Trilateral Commission*, New York: New York University Press.

Dahl, Robert A. 1956, *A Preface to Democratic Theory*, Chicago: University of Chicago Press.

Dahl, Robert A. 1971, *Polyarchy: Participation and Opposition*, New Haven: Yale University Press.

Dahl, Robert A. and Charles E. Lindblom, 1953, *Politics, Economics and Welfare*, New York: Harper.

Dahrendorf, R. 1974, "Citizenship and Beyond: the Social Dynamics of an Idea", *Social Research*, Vol, 41.

Dahrendorf, R. 2000, "Afterward." Pharr and Putnam eds., *Disaffected Democracies*, 3 – 27. Princeton: Princeton University Press.

Heyward J. 1996, *Elitism, Populism and European Politics*, Oxford: Clarendon Press.

Huntington, Samuel, 2000, "Forward" in S. Pharr and R. Putnam eds., *Disaffected Democracies*, Princeton: Princeton University Press.

Kakabadse, A. eds., 2003, "Reinventing Democratic Governance Project through Information Technology?" *Public Administration Review* 63(1), 44 – 60.

King, C. and C. Stivers eds., 1998, *Government is Us: Public Administration on an Anti-Government Era*, Thousand Oaks: Sage.

Mathews, D. 1999, *Politics for People*, Urbana: University of Illinois Press.

Rousseau, J. J. 1960, "The Social Contract", in E. Barker eds., *Social Contract III*, London: Oxford University Press.

Warren, M. 2001, *Democracy and Association*, Princeton: Princeton University Press.

제4장

대안적 민주주의 모색(1)
- 직접민주주의와 참여민주주의 -

이 장에서는 앞의 장에서 살펴본 바 있는 현대 대의민주주의의 문제점을 극복하고, 그 대안으로서 새로운 민주주의를 모색해 보고자 한다. 그 대안적 모델로서 첫 번째로 직접민주주의와 참여민주주의에 대한 것을 검토하고자 한다.

I. 직접민주주의

1. 직접민주주의란

직접민주주의는 고대 그리스 도시국가처럼 공동체 구성원 전체가 공동체의 정책과 목표를 설정하는 일에 직접 참여하는 제도를 가리킨다. 직접민주주의는 "한 집단이나 공동체의 정책을 형성하는 일에 법적 책임을 가진 주체가 그 집단이나 공동체를 구성하는 전체 성인의 집단이 되는 민주주의"라고 정의할 수 있다.[108] 그 종류에는 국가차원에서 국민발안, 국민투표, 국민소환, 지방차원에서 주민발안, 주민투표, 주민소환 제도가 있다.

---

108) D. Kramer, 1972, *Participatory Democracy*, Cambridge: Schenkman Publishing. p.38.

2. 직접민주주의의 장점

직접민주주의는 대의민주주의가 직면하고 있는 '민주주의의 결손'을 보완해 주는 다음과 같은 긍정적 기여를 하고 있다.

1st, 시민의 정치적 소외를 감소시켜준다.

2nd, 정부 등 국가기관의 정통성과 투명성을 제고시켜준다.

3rd, 정책에 대한 시민의 일체감을 조성해 준다.

4th, 시민사회에서 시민교육 등에 기여한다.

또한 Gross에 의하면 직접민주주의는 다음의 장점을 가지고 있다고 한다.109)

1st, 정치권력의 정통성이 공론에 의해 창출되고 확인되고 도전받도록 함으로써 보다 공론적인 정치를 가능하게 해 준다.

2nd, 무시되기 쉬운 다양한 정치적 견해들이 표출되어 논의되는 기회를 제공해 준다.

3rd, 정치적 대표성이 취약한 사회적 약자들의 입장이 논의되기도 한다.

4th, 정치권력의 독점을 방지하고, 보다 균등한 정치권력의 분포를 지향한다.

---

109) A. Gross, 2004, "The Design of Direct Democracy." in Kaufman, B. and Waters, M., eds., *Direct Democracy in Europe.* 123－132, Durham: Carolina Academic. p.124.

3. 직접민주주의의 지지와 비판

직접민주주의가 대의제의 결손을 보완해 주는 장점과 주민의 직접적인 심의와 토의에 의해 정책을 결정하고 형성한다는 장점을 가지고 있다[110]는 것이 지배적인 시각이다. 그렇지만 부정적인 비판적 시각도 적지 않다.

첫째, 대의민주주의를 신봉하는 입장에서는 직접민주주의제도의 도입을 반대하거나 이와 같은 제도는 있어도 별로 시행의지가 없는 태도이다. 그것은 일반 시민보다는 정치인의 전문적 판단의 필요성이 더 중요하다고 믿고 있기 때문인 것으로 본다.[111]

둘째, 심의민주주의를 중요시하는 시각에서는 직접민주주의는 심사숙고가 없는 것으로 판단한다. 시민의 집단적 목소리 속에서 개인의 정체성이 상실되고, 경쟁적 집단 간에 자유로운 토론이 이루어지지 않고 투표에 맡기는 것은 민주적이지 않을 뿐만 아니라 투표결과 오류에 대해서 책임을 어떻게 해결해야 할 것인지 하는 문제가 대두한다.[112]

---

110) J. Haskell, 2001, *Direct Democracy or Representative Government?* Boulder: Westview. p.50.

111) D. Beeham, 2003, "Political Participation, Mass Protest, and Representative Democracy", *Parliamentary Affairs* 56(4), 597 – 609. p.603.

112) A. Cochrane, 1996, "From Theories to Practices: Looking for Local Democracy in Britain." in King, D. and Stoker, G. eds., *Rethinking Local Democracy.* 197 – 213., London: Macmillan. p.209.

셋째, 직접민주주의가 대의민주주의에 보완적 장치라는 입장이 일반적 의견이다. 그와 같은 보완과 강화에 의문을 제시하는 시각도 적지 않다. 의문을 제시함으로써 그들은 직접민주주의의 상업화, 포퓰리즘과 자유지상주의를 경계한다. 최근의 주민투표와 주민발안에서 발생하는 사회적 혼란과 같은 무질서의 상황을 초래케 하여 지방민주주의를 직접민주주의가 변질시킬 우려의 소리가 높다.[113]

이러한 직접민주주의에 대한 지지하는 입장과 비판하는 입장을 상호 비교하여 다음 표와 같이 정리해 보았다.

<표 3> 직접민주주의의 지지와 비판입장 비교

쟁점	지지입장	비판입장
1. 정당과 특수이익 집단들과의 관계	정당과 특수 이익집단들이 관계하여 부정부패의 소지를 줄여준다.	정당과 특수 이익집단들이 결탁하여 정작 시민들보다는 이익집단들이 직접민주제를 이용하여 자신들의 이익을 도모한다.
2. 시민들이 제정한 발안	정치인들의 일방적인 횡포를 견제하기 위한 정치적 안정장치이다.	발안에 전문성이 결여되고 다수의 심의를 거치지 않아 졸속입법에 그치게 된다.
3. 시민들이 직접 참여, 추진한 발안	그 추진과정에서 시민들에게 실천적 교육이 되며, 정부 정책에 대한 불만과 정치에 대한 불신을 줄여 준다.	이익집단들의 갈등적인 주의주장에 시민들이 오히려 혼란을 겪으며, 충분한 정보도 갖추지 않은 채 투표하거나 투표를 포기하는 일이 잦다.
4. 정책 이슈들	시민들의 상식수준에서 결정할 수 있기 때문에 시민들이 직접 판단하여 결정한 정책들이 더 바람직하다.	시민들의 참여의지 부족과 전문지식의 결여로 의원들의 심의에 의한 정책결정이 바람직하며, 이렇게 해야 더 정통성을 갖는다.
5. 직접민주주의 그 자체	대의민주주의를 보완하는 주요 장치	대의민주주의에 대한 위협이 된다.

---

113) R. Ellis, 2002, *Democratic Delusions: The Initiative Process in America*, Lawrence: University of Kansas Press. p.194.

Ⅱ. 참여민주주의

의회를 중심으로 하는 현대적 대의제가 민주주의의 많은 문제점을 안고 있다는 지적이 많이 대두되고 있다. 대의제라는 간접민주주의가 민주주의의 기본적인 개념을 흐리고 있고, 대의가 국민 전체 의사를 대표하지 못한다는 지적에서 국민의 직접 정책결정에 참여를 촉구하는 방안을 모색하게 된다. 이와 같은 국민이 정책결정에 직접적으로 참여의 일환으로서 검토되고 있는 것이 심의민주주의와 결사체주의, 이 외에도 고전적 의미의 직접민주주의 또한 넓은 의미에서 참여민주주의의 하나의 유형으로 볼 수 있다.

1. 참여민주주의의 의미와 계승

(1) 현대적 참여민주주의의 의미

참여민주주의는 모든 정책결정에 시민이 활동적으로 참여해서 자아실현을 성취하는 정치적 동물로서의 의미를 제시한 아리스토텔레스적 민주주의를 의미한다. 마찬가지로 참여민주주의는 자신이 소속된 조직에서 자기성취를 중요시하는 루소적 민주주의를 의미하기도 한다. 따라서 현대적 참여민주주의는 시민이 혜택의 수동적 수혜자로 머무는 것이 아니라 혜택을 베푸는 원천자가 되는 것을 원하고 있다. 따라서 참여민주주의 운동의 목표는 진보적이고, 혁신적이며 권력 재분배에 두고 있다. 민중에게 권력을 돌려주어야 한다는 것을 그의 슬로건으로 한다.

(2) 참여민주주의의 이론적 전통 계승

참여민주주의의 이론적 전통은 루소(J. J. Rousseau), 제퍼슨(Thomas Jefferson), 밀즈(James Mills), 콜(G. D. H. Cole), 페이트만(Carole Pateman), 바버(Benjamin Barber) 등으로 계승되고 있다.

제퍼슨은 민주주의를 위한 입헌적 권력의 균형을 강조하고 중앙집권적 정부를 강하게 비판한다. 그는 헌법에 권리장전을 두어서 시민들이 거주 지역에서 일상적인 민주주의를 실천하도록 하였다. 시민들이 현명한 정치적 정책결정을 할 수 있도록 스스로 교육기회를 제공할 수 있도록 하는 전국을 소규모 선거구로 구분할 것을 제안하였다. 누구나 자기 지역구에서 공유자가 되고 선거에 한정하지 않고 정부공무에 매일 참여자가 된다는 것을 느낄 수 있는 정부형태가 될 것으로 확신하고 있다.[114) 미국이 형식적이 아닌 실질적인 민주주의를 갖기 위해서는 시민들이 자신들을 교육할 수 있는 공감을 갖고 자신들의 자치 거버넌스에 참여할 수 있도록 하는 것이라고 한다.

밀즈는 미디어가 시민의 역할을 바꿔 놓은 병폐를 비판한다. 제퍼슨이 제안한 선거구와 같은 지역의 공공 영역에서 시민들이 대면적 접촉을 하고 대화를 하며 주요 현안들을 결정하는 시민의 정치적 역할을 미디어가 제거한다는 것이다.[115) 시민들이 정치적으

---

114) K. Mattson, 1998, *Creating a Democratic Public*, University Park: Pennsylvania State University Press. pp.3 - 4.

로 냉담하고 참여하지 않는데 이를 극복하기 위해서는 의사표현을 하며 지식을 갖춘 대중과 또 대중에게 책임을 다하는 정치지도자 의 발전이라고 보았다.

바버는 민주주의의 핵심이 시민들 사이에 공적 판단을 개발하는 데 있다고 강조하고 있다. 그는 '공적 판단'은 상호의존적 심사숙 고와 결정의 조건에서 상호작용을 하는 시민들에 의해서만 행사될 수 있는 기능이라고 본다.[116]

맷슨은 이러한 참여민주주의의 전통은 **'민주적 대중'**으로 요약하 고, 이 민주적 대중은 시민들이 함께 모여 자신들의 삶에 영향을 미치는 지방적 이슈 또는 국가적 이슈에 심사숙고하고 공적 판단 을 할 때 형성된다고 한다. 공적 토론의 위임을 가짐으로써 시민 들은 민주적 대중에 필요한 기술들을 익힌다. 경청, 설득, 주장, 타 협, 공통분모 모색 등의 기술이 민주적 대중의 제도 내에서 조장 될 때에 시민들은 스스로를 교육할 수 있는 정부를 갖춘 정치적 결정을 할 수 있다. 그는 민주적 대중 중심의 참여민주주의를 **'실 제적 민주주의'**라고 부른다. 이러한 실제적 민주주의를 지도자도 대표자도 없는 시민이 모든 것을 결정하는 형태의 직접민주주의와 엄밀하게 구분하고 있다.[117]

---

115) C. Mills, 1967, "On Knowledge and Power." in Horowitz, I. eds., *Power, Politics, People: Colleted Essays of C. Wright Mills*, Oxford: Oxford University Press.
116) B. Barber, 1988, *The Conquest of Politics; Liberal Philosophy in Democratic Times*, Princeton: Princeton University Press.
117) K. Mattson, 1998, *op.cit*, p.5.

2. 현대 참여 민주주의의 특징

(1) 자유민주주의와 대의민주주의의 기본원칙과 가정을 부정

현대의 참여 민주주의자들은 자유주의 체제에서 **시민들의 수동성과 정치인들의 억압**이라는 악순환을 깨기 위해서는 시민들이 공공 현안에 직접 참여할 것을 주장한다.[118] **시민들이 선거를 통해 정당이나 정치인을 통제하지 못한다는 비판**보다는 일차적으로 참여하지 않음으로써 문제가 발생한다고 본다. 자유주의는 **시민 개개인의 탈정치화를 조장**하며, **정치적 무관심을 부추기기** 때문에 이를 극복하기 위한 유일한 방안은 시민들이 직접 정치와 정책결정에 참여하는 것이다.

(2) 다른 통치체제보다는 보편적으로 덜 과두제적이고, 덜 전제적이다.

참여민주주의는 이해관계자들을 토의와 의사결정에 부치는 서비스를 하며, 민주적 참여를 통해서 자율성을 높이고 그럼으로써 민주주의가 정치적 형평성을 지향하는 가장 효능적인 통치유형, 즉 심사숙고를 통한 합의를 이루기에 적합한 자연적인 형태가 되도록 한다고 본다. 참여민주주의는 복지, 자율, 형평성, 접근, 합의를 위한 서비스를 할 뿐만 아니라 권력을 분산시켜 고도로 집중된 파워 엘리트의 부패를 차단하기도 한다.[119] 처칠이 대의민주주의를 최악

---

118) F. Cunningham, 2002, *Theories of Democracy*, London: Routledge. p.133.

의 통치형태로 보는 것은 그것이 다수의 의지를 항상 소수에게 강요한다는 것으로 민주주의는 그것이 무엇을 생산하는가의 문제보다 그것이 무엇을 방어하는가의 문제가 더 소중하다고 볼 수 있다.

(3) 참여민주주의는 풀뿌리 시민사회조직의 역할에서 찾기도 한다.

톰슨(Thompson)은 소규모의 대면적 의사결정조직들이 참여민주제의 근본적인 구조로 보며, 이 조직들이 존재하지 않으면 공동체를 만들려는 진지한 노력들은 허사가 될 것이며, 이 조직들이 조밀하게 네트워크를 갖추게 되면 모든 시민들에게 접근의 기회를 제공하는 대규모 정치제도에서 필수적인 것으로 가정한다. 또한 이와 같은 핵심조직들의 적극적인 활동으로 공동체의 모든 구성원들에게 참여적 기회가 제공될 수 있으며, 나아가 이 조직들은 정책결정에 대한 상당한 영향력을 행사할 수 있는 역량을 갖게 될 때 참여민주주의가 실질적으로 진전될 수 있다. 이런 풀뿌리 조직들은 모든 차원의 행정적 정책결정기관들과 광범위하게 상호작용으로 관련된 이슈들에 대해 효과적 활동을 하게 된다고 지적하고 있다.[120]

베리(Berry) 등은 참여는 **개인들의 민주주의 의식을 고취시키며, 공동체를 건설하고, 그렇게 함으로써 동정, 관용, 평등의 가치를**

---

119) A. Kakabadse, N. Kakabadse and A. Kouzmin, 2003, "Reinventing Democratic Governance Project through Information Technology?" *Public Administration Review* 63(1), 44－60. p.45.
120) Thompson, 2001, *From Neighborhood to Nation*, Hanover: University Press of New England. p.5.

**공유하게 하고, 나아가 제도들이 효과적인 민주주의 제도로 변화
하도록 만든다**고 본다.[121] 림머만(Rimmerman)은 공동체 정체성의
의식, 시민권의 교육과 개발, 참여하는 시민의 자기결정 등 세 가
지를 꼽으며, 휴런 포트 선언문[122](Huron Port Statement)에 채택
된 참여민주주의 이상을 소개하고 있다.[123]

3. 맥퍼슨(MacPherson) 참여민주주의의 실현 방법

(1) 참여민주주의 실천에 장애물(두 가지)

1st, 소유적 개인주의(possessive individualist) 가치관에 기초하는
공공문화와

2nd, 생활 세계(life－world)인 지역사회 차원에서 참여를 방해하
는 장애가 되는 심각한 경제적 불평등이다.[124]

---

121) J. Berry, K. Portney and K. Thompson, 1993, The *Rebirth of Urban
Democracy*, Washington DC.: Brooking Institution. pp.5－7.

122) Huron Port Statement는 Arnold Kaufman 교수가 학생들을 지도하
여, 1960년대 참여적 학생운동의 중심역할을 했던 민주사회를 위한
학생회(students for a democratic society)가 1962년 미시간 휴런
포트에서 5일간의 릴레이 회의를 통해 대표들의 의견을 수렴하여
참여민주주의 정치적 원칙을 선언한 것을 말한다.

123) C. Rimmerman, 2001, *The New Citizenship: Unconventional
Politics, Activism and Services*, Boulder: Westview Press.

124) C. Macpherson, 1977, *op.cit*, p.98.

(2) 참여민주주의 장애물 극복방안: 희망의 메시지(세 가지)

1st, 환경의 폐해와 위협은 다수의 시민들에게 무한정의 경제성 장과 삶의 목표로서의 소비주의에 대한 강한 의문을 갖도록 하며, 결국 소유적 개인주의 가치관을 뒤흔들어 놓고 있다.

2nd, 사기업실패와 정부실패가 확대되면서 제3의 대안으로 시민 사회 영역(제3섹터)이 상대적으로 발전하며, 자발적인 조직들의 확 대와 직장민주주의에 대한 압력이 강해진다.

3rd, 다수의 경제적 어려움이 늘어가는 가운데 소수의 부의 증식 이 확대되며, 경제적 불평등을 시정하는 사회정책을 강하게 요구 하고 있다.[125]

4. Carole Pateman의 참여민주주의

여기에서는 선진자본주의와 민주주의에 대해 참여민주주의에 관 한 페이트만의 산업 민주화의 중요성을 강조하고 있다. 그는 루소 와 밀의 고전적 의미에서 참여의 의미와 그가 주장하는 참여민주 주의 이론을 요약 정리해 보았다.[126]

---

125) C. Macpherson, 1977, *ibid*, pp.98 - 108.
126) Carole Pateman, 1970, *Participation and Democratic Theory*, Cambridge: Cambridge University Press. chapter 2.

(1) 루소(J. J. Rousseau)

1) 루소의 '이상적 참여적 정치체계'의 성격

- 참여체계에 필수적 특정한 경제적 조건을 제시한다. 소소유자와 농업적 소유자로 이루어진 사회를 옹호한다. **경제적 평등과 경제적 독립성을 보장하는 사회**를 옹호했던 것이다.

"어떤 시민도 다른 시민을 살 만큼 부유하지 않으며, 어떤 시민도 어쩔 수 없이 자신을 팔 만큼 가난하지 않은 상황이 존재해야 한다."[127]

- 시민들에게 상호 의존할 것을 요구하고, 독립성과 평등이 유지되기만 하면 상호의존은 필연적이다.

"사람들은 그들 스스로 만든 정치적 상황의 작동논리에 의해 지배되어야 한다. 그러한 정치적 상황이 작동되면 **'개인의 지배 가능성'을 자동적으로 배제한다**는 것이다. 이익을 고루 나누고 부담을 고루 지우는 정책만이 모두가 받아들일 수 있는 유일한 정책이며, 참여의 과정이 의사결정집회에서 실질적인 정치적 평등을 보장한다.[128] 이러한 정책결과는 일반의지가 항상 정당하여 개인적 권리와 이익이 보호되는 동시에 공공의 이익이 진작된다"

- **'암묵적 결사체들'**, 즉 조직되지 않으면서도 어떤 공통의 이익을 기반으로 결합된 개인들이 불가피하게 존재한다.[129]

---

127) J. J. Rousseau, 1968, *The Social Contract* Ⅱ Chapter 2, translated by M. Cranston, Penguin Books. p.96.
128) J. J. Rousseau, 1968, *ibid*, Chapter 4, pp.75 - 76.
129) J. J. Rousseau, 1968, *ibid*, Chapter 3. p.73.

2) 참여적 체계의 작동에 관한 루소의 분석130)

1st, 루소에게서 참여는 의사결정에 대한 참여이다(participation for Rousseau is participation in the making of decisions).

2nd, 대의정부이론에서처럼 참여는 사적 이익을 보호하고 좋은 정부를 보장하는 방식이다(as in theories of representative govern-ment, it is a way of protecting private interests and ensuring good government).

3) 루소의 도시국가의 맥락에서 참여의 핵심적인 기능

1st, 넓은 의미의 '**교육**'이다. 개인은 다른 사람들의 협조를 얻자면 그 자신의 당면한 사적 이익보다 더 큰 문제들을 중시해야 한다는 사실을 알게 되고, 공적 이익과 사적 이익이 연계되어 있다는 사실을 배우게 된다. 참여체계의 작동논리는 자신의 정의감에 따라, 즉 루소의 '불변의 의지'에 따라 숙고하도록 개인이 강제되는 것이다.131)

2nd, 개인이 좀더 흔쾌하게 받아들이게 될 '**집단적 의사결정**'을 가능하게 만드는 데 있다. 참여적 의사결정과정을 거쳐 얻어진 법(일반의지)을 개인들이 성실하게 받아들일 것이라는 생각이다.132)

3rd, 참여는 개별시민들 사이에 그들이 공동체에 속해 있다는 감정을 증대시켜 준다. 이러한 감정이 사회를 '**통합시켜주는**' 기능을 한다는 것이다.133)

---

130) Carole Pateman, 1970, *op.cit*, p.24.
131) Carole Pateman, 1970, *ibid*, pp.24－25.
132) Carole Pateman, 1970, *ibid*, p.27.
133) Carole Pateman, 1970, *ibid*, p.27.

이제 현대적 정치체계의 맥락에서 논의되는 참여를 밀과 콜에게 서 찾아본다.

(2) 밀(John Stuart Mill)

1) 방어적 참여의 기능

-『대의정부론』에서 민주주의의 가장 큰 적의 하나는 "**집권자의 사악한 이익**에 있으며, 그것은 곧 **계급입법의 위험**이다. 그리 고 고려해야 할 가장 중요한 문제는 이 **악에 대한 효과적인 보장책**을 어떻게 마련하는가"[134]라고 쓰고 있다.

<밀은 좋은 정부의 두 측면>
1st, 좋은 정부라는 것은 '정부가 다양한 구성원들의 현재의 도 덕적, 지적, 능동적 자질들을 가지고 사회의 일상사들에 대한 훌륭 한 관리능력을 얼마나 높이느냐'이며, 이러한 준거는 '공공업무를 위한 조직된 질서체계'라는 정부의 개념과 관련된다.[135]
2nd, 정부의 단순한 업무보다는 근본적으로 더 중요한 것은 '인 간의 정신에 끼치는 커다란 영향'이라고 본다. 이 경우 정치 제도 를 판단하는 준거는 "정치제도가 지성, 덕, 실천적 행위 및 능률의 진보를 포함하는 공동체의 일반적인 정신적 진보를 촉진하는 정 도"이다.[136]

---

134) John Stuart Mill, 1910, *Representative Government*, p.254: J. H. Burns, 1957, "J. S. Mill and Democracy" *Political Studies*, Vol. 5(1), pp.158－175 and Vol. 5(2), pp.281－294.
135) John Stuart Mill, 1910, *ibid*, p.195 and p.208.
136) John Stuart Mill, 1910, *ibid*, p.195.

108

- 오직 대중적, 참여적 제도들이 존재하는 상황에서만 공공정신
  이 충만한 능동적 유형의 성격이 자란다고 본다. 여기에서 우
  리는 개인들의 자질 및 심리적 성격과 제도유형 사이의 상호
  관계라는 참여적 민주주의 이론가들의 기본적 주장을 발견할
  수 있다. 그것은 책임 있는 사회적 정치적 행동은 개인들이
  정치적으로 행동하게 되는 제도의 종류에 크게 좌우된다. 밀
  은 참여를 통해 이러한 자질들이 훨씬 더 발전하며 따라서 정
  치체계는 자기 유지적인 성격을 띤다고 본다.[137]

- 사람들을 움직이게 하는 숭고한 행동원칙이 필요한 정부는 **합
  리적인 정부형태가 아니라 일정수준의 정치적 세련화와 공공
  정신의 충만함**이라고 가정한다. "사람들은 집단적 이익이나
  남들과 협력해서 추구해야 할 어떤 대상에 대해서는 생각하지
  않고 오직 남들과의 경쟁관계, 그리고 남들의 상당한 희생 위
  에 서려고 한다."[138]는 것이다.

2) 루소의 가설 이상의 필수적 요구사항으로 추가되는 지방의 정치제도 부분이다.

- 『정치경제학원리』에서 "소규모 하부단위의 민주적 제도들로
  뒷받침되지 않고 중앙정부에만 국한되는 민주적 정체는 정치
  적 자유가 아닐뿐더러 때로는 그것과 정반대의 정신을 낳는
  다."[139]고 한다.

137) Duncan and Lukes, 1963, "The New Democracy." *Political Studies*, Vol. 11(2), p.160.
138) John Stuart Mill, 1910, *op.cit*, p.217.
139) John Stuart Mill, 1965, J. M. Robson eds., *Collected Works V*,

- "지방 수준에서 개인이 토크빌적 참여의 준비가 되어 있지 않으면 보통선거와 중앙정부에 대한 참여는 아무 소용이 없다"고 한다. 참여가 실질적인 교육의 효과를 낳는 곳은 지방 수준이다.[140]

3) 사회생활과 산업이라는 새로운 영역의 참여의 교육적 효과에 가설의 확장이다.

- 산업을 개인이 공적인 일들에 대한 경험을 얻을 수 있는 또 다른 영역으로 본다. "소규모 공동체의 자발적 조직에 의존하며, 오직 그 단위들의 자기증식을 통해서만 그 원칙을 국가적으로 적용하려는" 사회주의적 구상에 찬성한다.[141]

- 협동적 조직은 "모든 사람들에게 유익한 것을 추구하는 데서 오는 우호적인 경쟁과 노동의 권위의 상승, 새로운 의미의 노동자 계급의 안정과 독립성을, 그리고 각 인간의 일상적 직업이 사회적 공감과 실천적 지식의 학교로 전환되는 결과"를 가져올 것이라고 본다.[142]

- 인류가 계속 진보한다면 결국 그때는 결사의 형태가 지배적인 것이 될 것이라고 결론을 내린다.[143] 지방정부에 대한 참여가

University of Toronto Press, Chapter 11 p.944.
140) John Stuart Mill, 1963, G. Himmelfarb eds., *Essays on Politics and Culture*, New York. p.229.
141) John Stuart Mill, 1968, J. M. Robson eds., *ibid*, p.245.
142) John Stuart Mill, 1965, *Collected Works IV*, p.792.
143) John Stuart Mill, 1965, *Collected Works IV*, p.775.

국가수준의 참여를 위한 필수적인 조건인 것과 같이 작업자의 관리에 참여가 지방정부에 참여하는 것과 동일한 효과를 가질 수 있다고 주장한다. 산업민주화는 작업장의 민주화에서 시작하고 이는 지방정치의 민주화에 참여와 같은 의미를 가진다고 본다.

(3) 콜(G. D. H. Cole)의 현대의 산업화 사회

1) 콜의 사회 및 정치이론

- 현대산업사회가 진정한 민주적인 정체를 행할 문을 여는 관건이다. 길드사회주의는 참여적 사회가 조직되고 출현하는 방식에 대한 상세한 구상을 제시하고 있다.
- 콜은 사회 및 정치이론은 **폭력이 아니라 의지가 사회적 정치적 조직의 기초**라는 루소의 논지에서 출발한다.
- 그는 '사람들을 결사체로 묶는 동기들' 및 '고립된 또는 사적인 개인들로서의 그들의 행동을 보완하고 완성하기 위해 결사체를 통해 행동하는 방식'으로 고찰한다.[144]
- 그는 "나의 사회조직의 목적이 단순히 물질적인 효율성에 있는 것이 아니라 본질적으로 모든 구성원들의 '충분한 자기표현'에 있다는 것이다. **충분한 자기표현**'이란 '자기통치를 포함하여 그것은 공동체의 일상사의 공동관리에 인민의 충분한 참여를 허용'해야 함을 의미한다."[145] "개인은 법을 만들 때

---

144) G. D. H. Cole, 1920, *Social Theory*, London: Methuen, p.6.
145) G. D. H. Cole, 1918, *Labour in the Commonwealth*, London: Headley Bros. p.196.

그의 평등한 동료들과 협력하는 곳에서 가장 자유롭다.”146)

2) 콜의 결사체 이론

- “시회는 그 구성원들의 의지에 의해서 결합된 결사체들의 복합
  체”이다.147) 개인은 자기 통치를 위해서 자신이 속해 있는 모든
  결사체의 의사결정에 참여할 수 있어야 할 뿐 아니라 결사체 역
  시 자기 고유의 문제를 통제하는 데 자유로워야 한다. 즉 **국가
  의 간섭이 자기나 결사체의 자기 통치에 위험 요소이다.**
- 결사체 이론은 ‘사회조직의 이면 원리’인 기능의 원리를 통해
  그의 민주주의 이론에 연결시킨다. ‘민주주의가 기능과 목적
  이라는 측면에서 인식될 때’ 또는 ‘결사체의 기능이 결사체가
  형성되는 목적에 부합할 때’만 **민주주의를 실제적**이라고 생각
  한다.148)

3) 콜의 현대대의제 잘못된 이유

1st, 기능의 원리가 간과되고 있다. 개인이 전체로서 그리고 모든
목적에 대해 대표될 수 있다고 가정되는 오류가 저질러지고 있다.

2nd, 현대의 의회제도는 선거인은 그의 대표자에 대한 실질적인
선택권을 가지거나 통제력을 가지지 못한다. 이에 비해 기능적 대
표제도는 “보통사람들이 직접 관심을 가지고 그것을 가장 잘 이해

---

146) G. D. H. Cole, 1919, *Self-government in Industry*, London: G.
   Bell and Sons, p.182.
147) G. D. H. Cole, 1920a, *Guild Socialism Restated*, London: Leonard
   Parsons, p.12.
148) G. D. H. Cole, 1920a, *ibid*, p.31.

할 기회를 갖는 사회구조의 특정 부분들의 행위에 대한 보통사람들의 지속적인 참여"를 가능케 한다.[149]

4) 국가수준의 대의제의 제도적 장치들과 민주주의는 구분된다.

- "민주주의의 원리는 정치적인 문제들뿐 아니라 산업적이고 경제적인 문제들에 대해서도 충분히 적용되어야 한다.'[150] 이러한 원리가 새로운 집단철학을 창출한다.
- '개인과 제도는 분리된 것으로 생각할 수 없다'는 사실을 강조한다.[151] → 『길드사회주의의 재론』
- 그는 '오직 지방수준의 참여를 통해서만 개인이 민주주의를 배울 수 있다'고 주장하는 것은 "국가가 너무 크기 때문이 아니라 더 작은 단위 안에서의 자기통치의 원리를 배울 기회가 주어지지 않기 때문에 개인은 결코 현대정치의 거대한 기제에 대한 통제력을 가질 수 없다."[152]
- 산업이 참여의 교육적 효과가 발생하는 중요한 영역의 전부이다. "정부 밖에서 개인이 상하관계에 깊이 개입하고 보통사람들이 그의 삶의 가운데서 일하는 시간의 대부분을 보내는 곳이 바로 산업이기 때문이다. 이러한 개인은 산업의 노예상태에 빠지게 된다.

루소가 농민적 소유로 구성된 이상사회라고 한 것을 콜은 현대경제에서 실현되는 방법을 제시하고 '투표함의 추상적인 민주주의"를 지적하고 있다.

---

149) G. D. H. Cole, 1920, *op.cit*, p.114.
150) G. D. H. Cole, 1920a, p.12.
151) G. D. H. Cole, 1920a, p.25.
152) G. D. H. Cole, 1919, p.157.

-콜은 이론적 민주주의자들이 "부와 지위의 광범위한 불평등, 그에 따른 교육과 권력, 환경에 대한 통제력의 광범위한 불평등이, 정치나 다른 어떤 영역에서의 진정한 민주주의에 대해 치명적이라는 사실을 무시한다"고 주장한다.[153]

(4) Carole Pateman의 요약

1) 참여민주주의 이론은 개인과 제도가 분리되어 고려될 수 없다는 점에서 출발한다. 참여 민주주의에서 가장 주요한 기능은 교육의 기능, 즉 심리적 측면과 민주적 기술 및 절차의 습득을 포함한 가장 넓은 의미의 교육적 기능이다. 가장 중요한 역할은 산업이다. 작업장은 다른 곳에서 경험할 수 없는 집단적 업무의 관리에 대한 교육의 기회를 제공한다.[154]

2) 산업과 같은 영역이 국가수준이 아닌 다른 수준의 참여의 영역을 제공하는, 그 자체로서 정치체계로 간주되어야 한다.
'산업의 권위구조의 민주화', '관리자들과 부하직원들 사이의 지속적인 차별의 폐지' 등은 이 조건을 충족시키기 위한 큰 걸음을 의미할 것이다.[155]

3) 참여민주주의 이론에서 참여적 체계의 정당화는 무엇보다 참여과정에 따른 인간적 결과들에 따라 이루어진다. 참여민주주의 이론이 자기유지적 모델이라는 사실은, 최근의 사회적 다원주의

---

153) G. D. H. Cole, 1920a. p.14.
154) Carole Pateman, 1970, *op.cit*, p.42.
155) Carole Pateman, 1970, *ibid*, p.43.

114

이론 사이의 유사성이 개인과 국가적 정체를 매개하는 이차적 결사체들이 존재한다고 주장하는 데서 명백하다. 로버트 달은 "정치체계를 상당한 정도의 권력, 지배 또는 권위와 관련된 인간관계의 어떤 지속적인 유형"이라고 정의한 점에서도 결사체들의 권위구조의 정당성을 강조하고 있음을 알 수 있다.[156]

이와 같이 볼 때 참여민주주의의 존폐 여부는 참여의 교육적 기능과 산업의 핵심적 역할이라는 두 개의 가설에 달려 있다. 여기에서 논쟁의 초점은 분명히 산업의 권위구조의 민주화 가능성 여부이다.

---

156) Carole Pateman, 1970, *ibid*, p.43.

|참고문헌|

Barber, B. 1988, *The Conquest of Politics; Liberal Philosophy in Democratic Times*, Princeton: Princeton University Press.

Beeham, D. 2003, "Political Participation, Mass Protest, and Representative Democracy", *Parliamentary Affairs* 56(4), 597 – 609.

Berry, J, K. Portney and K. Thompson, 1993, *The Rebirth of Urban Democracy*, Washington DC: Brooking Institution.

Cochrane, A. 1996, "From Theories to Practices: Looking for Local Democracy in Britain." in King, D. and Stoker, G. eds., *Rethinking Local Democracy.* 197 – 213., London: Macmillan.

Cole, G. D. H. 1918, *Labour in the Commonwealth*, London: Headley Bros.

Cole, G. D. H. 1919, *Self – government in Industry*, London: G. Bell and Sons.

Cole, G. D. H. 1920, *Social Theory*, London: Methuen.

Cole, G. D. H. 1920a, *Guild Socialism Restated*, London: Leonard Parsons.

Cunningham, F. 2002, *Theories of Democracy*, London: Routledge.

Duncan and Lukes, 1963, "The New Democracy", *Political Studies*, Vol. 11(2).

Ellis, R. 2002, *Democratic Delusions: The Initiative Process in America*, Lawrence: University of Kansas Press.

Gross, A. 2004, "The Design of Direct Democracy." in Kaufman, B. and Waters, M., eds., *Direct Democracy in Europe.* 123 – 132, Durham: Carolina Academic.

Haskell, J. 2001, *Direct Democracy or Representative Government?*

Boulder: Westview Press.

Kakabadse, A., N. Kakabadse and A. Kouzmin, 2003, "Reinventing Democratic Governance Project through Information Technology?" *Public Administration Review* 63(1), 44 – 60.

Kramer, D. 1972, *Participatory Democracy*, Cambridge: Schenkman Publishing.

Mattson, K. 1998, *Creating a Democratic Public*, University Park: Pennsylvania State University Press.

Mill, John Stuart, 1910, *Representative Government*: J. H. Burns, 1957, "J. S. Mill and Democracy", *Political Studies*, Vol. 5(1), pp.158 – 175 and Vol. 5(2), 281 – 294.

Mill, John Stuart, 1963, G. Himmelfarb eds., *Essays on Politics and Culture*, New York.

Mill, John Stuart, 1965, J. M. Robson eds., *Collected Works V*, University of Toronto Press, Chapter 11.

Mills, C. 1967, "On Knowledge and Power." in Horowitz, I. eds., *Power, Politics, People: Collected Essays of C. Wright Mills*, Oxford: Oxford University Press.

Pateman, Carole, 1970, *Participation and Democratic Theory*, Cambridge: Cambridge University Press. Chapter 2.

Rimmerman, C., 2001, *The New Citizenship: Unconventional Politics, Activism and Services*, Boulder: Westview Press.

Rousseau, J. J, 1968, *The Social Contract* II Chapter 2, translated by M. Cranston, Penguin Books.

Thompson, 2001, *From Neighborhood to Nation*, Hanover: University Press of New England.

제5장

대안적 민주주의 모색(2)
- 토의민주주의와 결사체민주주의 -

대안적 민주주의의 모색 그 두 번째로서 토의민주주의와 결사체 민주주의에 대해 검토해 보고자 한다.

Ⅰ. 토의민주주의(deliberative democracy)

1. 토의민주주의의 정의

"자유롭고 평등한 시민들 간의 토론을 통한 의사결정"[157]으로 정의한다.

- 자유롭고 평등한 개인들에 의한 공적 의사결정의 형태가 토의만이 있는 것은 아니다. 공적인 합의와 결정에 이르는 방법은 논쟁(arguing), 타협(bargaining), 투표(voting)가 있으며, 논쟁과 타협은 투표와 달리 '의사소통' 또는 '언어의 행위'의 형태들이다.

---

157) Jon Elster eds., 1998, *Deliberative Democracy*, Cambridge: Cambridge University Press.

2. 하버마스 절차적 민주주의 (procedural democracy)

1) 자유주의와 공화주의의 민주주의 한계를 극복하기 위한 대안으로서 제시[158]

- '토의정치'(deliberative politics), '토의민주주의'(deliberative de-mocracy)의 이념과 실천을 토대로 하며, 개방적 참여가 보장되는 의사소통구조의 확보를 통해 사적 자율성과 공적 자율성이 동시에 보장되는 민주주의의 형태이다.
- 체계적 목적 합리성과 생활세계적 합리성 사이의 불균형을 해소하기 위한 적극적 대안의 성격을 갖는다.

2) 자유주의와 공화주의의 차이: 시민과 정치에 대한 개념의 차이

<자유주의적 관점>
- 사적 이익을 추구하는 개인을 논의의 출발점으로 삼는다.
- 시민의 지위는 그들이 국가와 다른 시민에 대하여 갖는 소극적 권리와 자유에 근거해서 규정한다.
- 자유주의적 정치과정은 사회의 다양한 이익의 수렴과 공적인 행정기구를 통한 중재와 관련하여 이해한다.
- 자신의 선호를 표현하는 유권자들의 선택에 의존한다.
- 토론하는 시민들의 자율적인 결정에 기초하는 것이 아니라 개인적인 선호를 중첩시킴으로써 본질적으로 비정치적인 공동선

---

158) Jürgen Habermas, 1996, "Three Normative Models of Democracy", in S. Benhabib eds., *Democracy and Difference*, Princeton: Princeton University Press.

을 보장하는 경제사회의 법적 제도화에 의존한다.

<공화주의적 관점>
- 자율적인 시민들이 공동으로 행하는 이성의 공적 사용을 제도
  화함으로써 민주주의 본연의 의미를 보전한다는 장점을 가지
  고 있다.
- 정치를 중재기능에 국한시키지 않고 전체로서의 사회를 형성
  하고 통합하는 과정에서 중추적 역할을 담당하는 실체적인 윤
  리적 삶의 형식으로 이해한다.
- 시민들이 사적 개인으로서 주장할 수 있는 소극적 자유에 의
  해 규정된다기보다는 정치적 참여와 의사소통의 권리를 포함
  하는 적극적 자유에 의해 규정된다.
- 공론의 장과 의회에서의 정치적 의사형성은 시장의 원리와 구
  조가 아니라 상호이해를 지향하는 공적 의사소통에 내재하는
  원리와 구조를 기반으로 한다.
- 공화주의적 정치 패러다임은 개인의 선호가 아니라 윤리적 가
  치문제가 경쟁하는 대화의 장이며 사회 전체의 정치적 자기조
  직화로 이해한다. 따라서 공론의 장의 토대인 시민사회와 더
  불어 전략적 중요성을 갖는다.

3) 절차적 개념의 구성: 자유주의적 공정성(입헌주의적 원리)와
공화주의적 의사형성(민주주의적 공론장)의 요소들을 수용하여 이
들을 토론 및 의사결정을 위한 이상적 절차라는 개념 속에 통합함
으로써 구성된다. 따라서 궁극적으로 사회를 규율하는 규범의 내
용은 바로 의사소통 행위의 구조에서 도출되고 정당화된다.

3. 하버마스의 토의정치의 비판

하버마스의 토의정치는 의사소통적 권력과 행정적 권력을 분리하고 그 권력 상호 간의 균형을 강조하고 있다. 이 두 가지 차원의 권력개념을 이해하고 그 양자의 관계를 정립하는 데서 토의의 장으로서 공적 영역의 중요성을 강조하고 있다.[159)]

1) 의사소통적 권력과 행정적 권력의 분리와 균형

하버마스에게 있어서 권력은 의사소통적 권력과 행정적 권력으로 분리되고 서로 균형을 이루어야 한다. 그리고 후자는 전자에 기반을 둘 때, 권력은 정당한 권력이 된다. 행정적 권력은 의사소통적 권력을 획득, 유지, 이행하기 위한 전략적, 합목적적인 것으로서 의사소통적 권력의 발생, 순환을 도와주기 위한 것이며, 그것을 억압하는 경우 그것은 다시 폭력으로 전락하게 된다, 이런 점에서, 행정적 권력과 의사소통적 권력은 상호 반대되거나 갈등적인 분리가 아니라 다만 그것들은 권력이 정당성과 실제성을 갖도록 해 주는 권력의 두 측면이다.

의사소통적 권력과 행정적 권력 사이의 경계선을 연결해 주고 그 둘 사이의 균형과 통합성을 유지시켜주는 매개체는 바로 법(law)이다. 법은 "의사소통적 권력이 그것을 통해 행정적 권력으로 번역되는 매개체"이다.[160)] 의사소통적 권력은 의사소통 행위를 통

---

159) 이동수, 2001, "하버마스에 있어서 두 권력", 한국정치사상학회 『정치사상연구』. 제5집, pp. 153-178.

160) Jürgen Habermas, *Between Facts and Norms: Contributions to a Discourse Theory of Law and Democracy*, tr. William Rehg

해 사회의 규범을 만들고 궁극적으로 그 규범들이 사회적 구속력과 비강제적 실행력을 갖기 위해 법을 제정하는 데 그 존재의의가 있다. 반면에 행정적 권력은 의사소통적 권력을 통해 제정된 법에 따라 이행하는 데 자신의 임무가 있다. 따라서 하버마스의 권력개념은 법과 연결지어 이해되어야 한다. 그리고 정당한 법이 제정되고 집행되기 위해서는 의사소통 행위가 잘 이루어지도록 공공 영역[161](public sphere)이 발달하여야 하며, 또한 의사소통 행위가 활성화될 수 있도록 토의민주주의(deliberative democracy)가 성립되어야 한다.

2) 의사소통적 권력의 최종 지향점: 법의 제정과 집행

의사소통적 권력의 최종 지향점은 법의 제정이다. 의사소통 행위는 그것이 권력적 행위가 되기 위해 법을 제정해야 한다. 의사소통적 행위는 서로의 의사표출과 의견교환을 통해 사회적 규범들을 형성한다. 그러나 그 규범들은 개개인에게 도덕적으로 내면화되어야 할 뿐만 아니라 사회적으로 표면화 내지 체제화되어야 (systemized) 한다. 그래야만 그 규범들이 담고 있는 인간의 권리나 도덕적 내용들이 사회적으로 실제적 힘을 가질 수 있게 되는 것이다. 또한 규범들이 가시적으로 체제화되어야만 행정적 권력이 그것에 근거하여 규범적 요소들을 집행할 수 있게 된다.

하버마스는 법의 제정은 단순히 강제적 규율을 정하는 것이 아니라 인간의 주체적 권리(subjective right) 혹은 자연권(natural

---

(Cambridge: The MIT Press, 1996), p.150.
161) 아렌트의 공적 영역과 구별하기 위해 하버마스의 public sphere 개념을 공공 영역으로 번역하기로 한다.

right)을 체제화시키는 작업이라고 본다. 자연권은 일반적으로 주체로서의 개인적 권리만을 지칭한다. 특히 자유주의적 전통에서 자연권은 개인의 의사(will), 권리(right), 이해관계(interest)를 표명하고 보호해 주는 것과 관계된다. 개인의 권리를 앞세우는 자유주의적 사회는 개인의 권리들의 계약 내지 타협관계로 이해된다. 이러한 개인적 권리에 중심을 둘 때 사회적 결정, 정부, 국가의 의미는 부차적인 것이 된다. 그러나 사회적 결정이 자신의 의사나 이해관계와 갈등을 일으킬 때 개인들은 사회에 통합되지 못하고 사회로부터 분리된 존재로 남는다. 이때 주권은 개인적 주권과 사회적인 인민주권(popular sovereignty) 사이에서 갈등을 일으키게 된다. 그 결과 자유주의자들은 개인주권을 더욱 강조하고, 공화주의자들은 인민주권에 우선성을 두게 되는 것이다.

이러한 개인적, 주체적 주권과 인민주권 사이의 갈등을 극복, 통합시키기 위해서는 개인 그 자체가 주체로서의 자연권을 갖는다고 가정할 것이 아니라, 인간은 다른 사람과의 상호주관적 관계 혹은 상호협력적 행위 속에서 자기 자신이 주체로 되어 가고 자신의 권리와 사회적인 인민주권의 갈등 관계를 넘어서서 진정 "평등하게 자유로운 주체"가 될 수 있다는 것이다. 따라서 나의 권리는 단순히 개인적, 주체적 권리의 차원에서만 논하여져서는 안 된다. 인간의 권리는 사회적 차원에서 체제화되어야 하며, 그렇게 될 때에만 개인의 권리와 인민주권의 개념은 상호 갈등 없이 인간의 통합된 권리로 이해될 수 있다. 이처럼 개인적, 주체적 권리들이 체제화되는 것이 바로 법의 제정이다. 우리가 법의 제정에 참여하고, 법 속에 인간의 권리들이 체제화됨으로써 법은 개인과 사회를 도덕적으

124

로 매개할 수 있다. 법은 단순히 법적(legal) 차원을 가질 뿐만 아니라 도덕적(moral) 차원까지 본래적으로 내포하고 있으며, 도덕은 법적인 부호로 번역되어야만 그 효력을 발휘할 수 있는 것이다.162)

법을 제정하는 힘은 시민들의 의사소통적 권력에서 나온다. 의사소통 행위 속에서 시민들은 각자 자기의 의사, 권리, 이해관계를 넘어서서 사회적으로 합의된 의사를 체제화시킨다.163) 따라서 법의 제정은 근본적으로 도덕적 행위이며, 또한 이것이 시민들의 의사소통적 권력에 의해 제정될 때에만 그 법은 정당한 법으로서의 자위를 갖게 된다.

이에 비해, 행정적 권력은 의사소통적 권력에 의해 만들어진 법을 집행하는(execute) 임무를 수행한다. 행정적 권력은 법을 제정하는 대신에 여러 종류의 규제, 법령, 규칙, 가이드라인, 명령을 만

---

162) Habermas. 1996, op. cit, p.110.
163) 이러한 의사(will)에 관해서는 칸트와 루소가 이미 언급한 바 있다. 그러나 하버마스는 자신의 공동의사가 칸트의 "일치하며 통일된 의사(concurring and united will)"나 루소의 "일반의사(general will)"의 경우와 차이가 있다고 주장한다. 칸트의 경우, 일치하며 통일된 의사의 주권이 도덕적으로 근거 지어진 인간의 자연권에 의해 구성된다고 간주함으로써 여전히 자유주의적인 시각에서 사회적 의사를 논하고 있으며, 루소의 경우 공화주의적 전통에 입각하여 일반화될 수 없는(non‑generalizable) 개인들의 특징들은 배제시킨 채 모든 사람들의 동등한 자유를 보장하기 위한 규제들만을 인정하여 결국 공동선(common good)을 논하고 있을 뿐이다. 이들과 달리, 하버마스는 자신이 말하는 정치적, 사회적 의사는 개인들의 특성이 전제된 후 그들의 의사소통 행위를 거쳐 탄생되는 합의된 의사로서 개인적이거나 전체적인 것이 아니라 상호주관적 특성을 갖는다고 주장한다.

들거나 기타 행정적인 일들을 한다. 이때 집행적 일들은 모두 "법에 종속되어(subject to law)" 있다.164) 법은 행정적 권력에 우선한다. 법이 우선성을 갖는다는 것은 행정적 권력이 어떤 결정을 집행하는 데 있어서 규범적인 전제조건들을 자신이 만들거나 그것들에 접근하지 않는다는 것을 의미한다. 즉 행정적 권력은 입법(legislation)과정과 판결(adjudication)의 과정에 개입하거나 그것을 대체해서는 안 된다. 만일 행정적 권력이 법의 집행을 넘어서서 개입하게 되면, 의사소통적 권력이 상호주관적 의사소통을 통해 입법을 하고 규범을 만드는 법적 담론을 수행하는 것을 방해하여 의사소통적 권력의 기능을 침해하게 된다. 이 경우 시민들은 더 이상 그러한 법에 정당성을 부여하지 않을 것이며 시민 상호 간의 의사소통을 통한 이해에도 도달하지 못하게 되어, 결국 행정적 권력은 다시 폭력으로 전락하고 사회는 체제에 의한 "생활세계의 식민화 현상(the colonization of life-world by system)"이 계속될 것이다. 따라서 행정적 권력은 자의적으로 해석하고 행사해서는 안 된다.

두 권력의 분리와 균형은 행정적 권력이 자신의 일을 수행하는 데 있어서 가능한 한 전문적으로(professionally) 행할 것을 요구한다. 이것은 자신의 임의로, 자의적으로 집행하는 것이 아니라 규범적 전제인 법에 따라 수행해야 한다는 것을 의미한다. 행정부의 권한은 법에 따라 자신의 행정적 권력을 전개하도록 제한된다. 이렇게 함으로써 시민들의 의사소통적 권력은 행정적 권력의 정당한 집행과 적용에 따라 사회 전체를 순환할(circulate) 수 있으며, 따라

---

164) Habermas. 1996, op. cit, p.173.

126

서 계속 변하는 생활세계의 다양한 욕구와 요구들에 따라 스스로
변하며 자신들의 규범과 법을 재형성할(rebuild) 수 있게 된다.

그러나 행정부가 법에 묶여 있어야 한다는 것이 권력을 제한하
는 다른 종류의 메커니즘이 필요하다고 제안하는 것은 아니다. 또
한 이것은 권력들 사이의 견제와 균형(check and balance)이라는
원칙을 따르는 것도 아니다. 두 권력의 분리와 균형은 이미 성립
된 권력기관들 사이에서 기능의 다양화로 인한 기능상의 분리로
권력을 분열시키거나(split) 혹은 광범위하게 퍼트리는(spread out)
것이 아니라, 법이 정당성의 규범적 원천이 되어야 하는 만큼 또
한 그것이 단순히 정치권력의 행사를 위한 매개체가 아닌 만큼,
행정적 권력이 의사소통적으로 발생되는 권력에 묶여져 있어야만
한다는 것이다.[165]

따라서 행정적 권력의 규범성은 입법행위나 판결행위에서의 그
것과는 다르다. 입법행위와 판결행위는 직접 규범을 만들고 판단
해야 하는 임무가 주어져 있지만, 집행행위는 구성적으로든지 혹
은 재구성적으로든지 규범적 이성을 다루는 것이 허락되지 않는다.
오히려 집행행위의 규범성은 자기 자신의 사적인 혹은 부분적인
이해관계나 기호에 따르지 않고 의사소통행위에서 구성된 규범과
그 규범의 표면화인 법을 잘 따르는 것이다.

---

[165] *Ibid*, p.188.

3) 공공 영역과 토의민주주의

의사소통적 권력과 행정적 권력의 균형은 새로운 구조하에서만 가능하다. 하버마스는 이 균형이 생활세계의 시민들이 간주관적(intersubjective)으로 의사소통 행위를 하여 합의를 만들어 내는 영역, 즉 공공 영역에서 공공 의견(public opinion)을 만드는 데 참여하는 구조가 형성됨으로써 이루어진다고 본다.

하버마스는 우리의 삶이 영위되는 세계를 세 가지 영역으로 나눈다. 첫째, 한 개인으로서 자신의 개인적인 이해관계와 의사를 갖고 있는 영역, 즉 사적 영역(private sphere)이 있다. 둘째, 각 개인들이 자신의 이해관계와 의사를 넘어서서 다른 사람들과 의사소통을 통해 공공의견을 상호주관적으로 형성하는 지평인 공공 영역(public sphere)이 있다. 셋째, 체제(system)의 차원으로서 경제체제, 행정체제 등이 제도화되어 있는 국가의 영역이 있다. 여기서 하버마스 논의의 특징은 국가와 공공 영역, 즉 사회를 구분하고 있는 점이다.

하버마스는 이것을 "국가와 사회의 분리 원칙"(the principle of separation of state and society)이라 부른다.[166] 이 분리는 우리로 하여금 근대 자유주의자들의 국가와 시민사회(civil society)의 분리를 상기시킨다. 그러나 하버마스의 국가와 사회의 분리는 근대 자유주의자들의 그것과는 다르다. 후자의 경우에는, 개인들이 자기들의 권리와 이익을 보존하고 보호받기 위해 시민사회를 건설하고

---

166) *Ibid*, p.174.

국가는 이러한 개인들의 이해관계와 의사를 보호하는 역할을 하기 때문에 시민사회란 개인적 이해관계와 의사가 모여 있는 영역이라고 할 수 있다. 이에 비해, 하버마스에 있어 사회의 영역은 공공영역으로서 개인의 이해관계와 의사를 뛰어넘어 상호주관적 공공의견이 형성되는 영역이고, 국가는 여기서의 합의 사항을 이행하는 영역이 되어 국가와 사회는 서로 역할을 분담하는 것이다. 따라서 시민들은 공공 영역에 적극적으로 참여하여(participate) 자신의 개인 의사를 넘어서서 공공의견을 형성하는 것이 요구된다. 이 참여는 한편으로, 국가 체제들의 행정적 권력의 규범적 근거를 제시해 주고, 다른 한편 그 권력이 남용되는 것을 막는 역할을 한다.

하버마스는 이러한 공공 영역을 새로운 의미의 시민사회라고 부른다. 근대 자유민주주의자들의 시민사회는 부르주아적 사회로서 헤겔이 말하는 소위 "욕구들의 체제(system of needs)"에 불과하다. 부르주아적 시민사회는 곧 시장(market)을 의미하며, 시장에서의 자유로운 경제활동은 사회를 부르주아와 프롤레타리아로 분리시키고, 결국 사회의 통합을 이루어내는 데에는 실패하고 만다. 그러나 이와 달리, 하버마스적 의미의 공공 영역으로서의 시민사회는 비경제적(noneconomic), 비정부적(nongovernmental), 비형식적(informal), 자발적(voluntary) 모임들(groupings)이다. 이 새로운 시민사회는 의사소통적 구조를 일컫는 것으로서 다양하고 다원적인 개인의 의견들을 토론(debate)과 토의(deliberation)를 통해 공공의견(public opinion)으로 합의해 가는 언어적 구조이다. 이것은 일종의 토론장[167](forum) 혹

---

167) 하버마스는 시민사회의 기능을 시장(market)으로서가 아니라 토론장(forum)으로 이해하려 한다. 그러나 그리스어 agora가 시장의 뜻과

은 경연장(arena)이라 할 수 있다.[168] 이것은 개인들의 다양한 의견과 의사에 열려(open) 있으며, 정치적 공공의견을 형성하기 위해 참여자들(participants)이 상호 협력하는(collaborating) 공간이다.

따라서 하버마스는 시민사회 자체를 부정하는 것이 아니다. 단지 시민사회가 규범적 차원을 갖기 위해 그 성격을 바꾸어야 한다고 제안하는 것이다. 근대 자유주의에서 보이는 것처럼 시장으로서의 시민사회는 개인의 이해와 의사에는 봉사해 주지만 그 구성원들이 국가의 권력행사나 법의 집행이 자신의 이해관계나 의사에 반하였을 때 거기에 정당성을 부여해 주기 힘들기 때문에 시장은 규범적 성격을 가질 수 없다. 이에 비해 시민사회가 개인들의 의견들을 토의, 협의과정을 거쳐 공공의견으로 만들어 내는 토론장의 역할을 수행한다면, 그 공공의견에 입각한 법의 이행은 시민들에게 규범적으로 받아들여질 수 있으며 그럼으로써 결국 사회통합을 이루어낼 수 있다.

이런 점에서, 하버마스는 토의민주주의(deliberative democracy)를 제안한다. 이것은 자유주의자들의 이해관계들 사이의 단순한 타협(compromise)이나 거래(bargaining)가 아니며, 공화주의자들이 주장하는 공동선(common good)에 대한 추구도 아니다. 토의민주

토론장의 뜻을 동시에 갖고 있는 데서 보여주듯이, 고대 그리스적 의미에서 이 두 기능은 사실 분리될 수 없다. 하버마스도 이것을 인식하고는 있는 것 같다. 다만 근대 자유민주주의의 발달과정에서 밀(J. S. Mill), 듀이(John Dewey) 등이 강조했던 토론장으로서의 시민사회적 속성이 쇠퇴하고 있음에 착안하여 시장보다 토론장의 기능을 상대적으로 더욱 강조하고 있는 것처럼 여겨진다.
168) Habermas. 1996, op. cit, p.361.

130

주의는 한편으로, 시민들이 공공 영역에서 자신의 개인 의사를 말하고 서로 논쟁하는 의사소통적 행위를 통해 공공의견을 합의해 내는 데 적극적으로 참여함으로써 그 의사결정의 주재자(author)가 되며, 다른 한편 이 의사소통적 권력에 의해 만들어진 법을 행정적 권력이 이행하려고 할 때 그것을 규범적으로 받아들이는 수신인(addressee)의 역할을 동시에 수행할 것을 요청한다.

이러한 토의민주주의하에서만 근대 이후 이미 세속화된 사회에서, 그리고 다양성과 분화성으로 인해 이미 탈중심화된 사회에서, 낯선 개인들이 공동의 삶을 갈등적이지 않고 협동적으로 살아갈 수 있게 해 주는 규범적인 규칙들이 생길 수 있다.169) 하버마스는 이를 위해 시민들의 적극적인 공공 영역에의 참여를 제안한다. 그리고 이것을 의사소통적 권력이라 명하고 거기에 규범성과 정당성을 부여한다. 그 대신, 이미 존재할 뿐만 아니라 계속 우리의 삶을 영위하는 데 필요한 행정적 권력의 행사를 인정해 주고 그것의 규범적 근거를 의사소통적 권력에서 찾는다. 따라서 이 두 권력은 순환적(circular)이다. 우리의 삶 속에서 사실적 차원과 규범적 차원의 분리를 경험하지 않고 우리의 실제가 규범적 타당성을 가지려면, 규범을 만드는 힘과 현실을 유지시키는 힘이 기능상 분리되어서 다시 그 힘들의 균형으로 두 차원이 통합되어야 하는 것이다.

4) 권력의 정당성의 확보 : 의사소통적 권력의 형성

하버마스의 토의민주주의에서의 의사소통적 권력과 행정적 권력

---

169) *Ibid*, p.308.

의 양자의 권력관계 형성을 간단히 요약해 보면, 첫째, 해방의 가능성은 사회를 통합하는 데 있으며, 권력이 정당한 권력일 때에만 억압적이지 않고 사회통합에 기여한다. 둘째, 권력이 규범적이고 정당한 것으로 간주되려면, 그 권력은 시민들이 상호주관적 의사소통을 통해 공공 영역에서 합리적 방식으로 공공의견을 형성하는 힘, 즉 의사소통적 권력이어야 한다. 셋째, 의사소통적 권력 그 자체는 정당성은 있을지언정 집행력 혹은 구속력을 갖지 않기 때문에 사회에서 직접적으로 우리에게 행사될 수는 없다. 따라서 의사소통적 권력은 입법과정을 거쳐 행정적 권력으로 변형된다. 넷째, 분리된 두 권력을 매개해 주는 실체는 법이다. 그런데 법을 집행하는 주체인 국가는 근대국가의 기능이 확대되면서 행정력의 강화를 초래하고 그럼으로써 행정적 권력이 의사소통적 권력을 반영하기보다는 의사소통적 권력의 발현을 왜곡시키고 억압하여 왔으며 따라서 그 정당성을 잃어왔다. 다섯째, 이에 시민들은 자신들이 원래 생활세계에서 언어적으로 구성해 온 의사소통적 행위를 바탕으로 공공 영역에서의 토의, 토론과정에 적극적으로 참여함으로써 다시금 정당한 법을 만들고 행정적 권력의 남용을 견제하는 의사소통적 권력을 균형적으로 형성함으로써 사회통합과 인간해방에 기여해야 한다는 것이다.

Ⅱ. 결사체민주주의

현대 대의제 민주주의의 대안적 제안으로서 결사체주의는 무엇을 제안하고 있고, 그 개념과 그를 뒷받침하고 있는 이론적 기초와 그리고 결사체주의의 모델을 찾아보기로 한다.

1. 결사체민주주의의 제안

결사체민주주의는 국가에 의해 수행되는 광범위한 기능들을 독립적이며, 자원적인 시민사회단체에게 이양하여 이들이 실질적인 거버넌스에 동참하도록 하여 참여민주주의의 중요한 채널이 되도록 할 것을 제안한다.[170]

1) 결사체민주주의는 시민사회단체들이 정치적 전략으로 저항과 시위 등을 이용하는 사회운동을 부정적으로 본다.

2) 제도권 밖에서 활동하는 일부 단체들이 더욱 소외되고 배제된다. 따라서 일부 단체들은 자유민주주의가 요구하는 이상적인 토의와 비폭력적 저항을 거부하기도 한다.

3) 경제적 불평등문제를 심각하게 제기하며, 이에 대한 처방으로 직장민주주의와 조합주의 경제를 제안한다.

2. 결사체민주주의의 개념

1) 광의: 결사체민주주의에는 사회자본, 공동체주의, 시민사회 이론들에서 부각되는 넓은 의미에서는 집단과 결사체들이 출발점이 되는 많은 정치적 또는 사회적 디자인을 포용한다.

2) 협의: 일정한 민주적 구조를 갖춘 자치적인 이익집단이나 결

---

170) A. Carter & G. Stokes eds., 2002, *Democratic Theory Today*, 1 - 22. Cambridge: Polity Press. :12

사체에서의 개인 참여가 핵심적인 것으로 중시되는 참여민주주의 디자인에만 적용되어야 한다.171)

결국 결사체민주주의는 규제 또는 거버넌스의 보충적 수단이 되기도 하며, 자유민주주의 대안으로 보는 시각보다는 참여민주주의의 하나로 보는 시각이 더 일반적이다.

3. 결사체민주주의의 이론적 기초

이들 이론을 주장하는 허스트(Hirst), 코헨과 로저스(Cohen & Rogers), 그리고 펑(Fung)에게서 공통점과 차이점이 있다. 이들에게서 공통점은 공적 전략이 정부, 결사체, 시민 사이에 공유되고 있다는 것이다. 차이점으로서는 허스트는 '가장 진보적으로 결사체에 대한 공적 전략의 위임'을, 코헨과 로저스에게서는 '정부와 결사체 사이의 공적 전략의 공유'를, 펑에게서는 '시민들의 직접의사결정의 거버넌스'를 각각 제시하는 점이다. 유럽의회는 대의제민주주의의 개혁안의 하나로 결사체를 '준공공기관'으로 제도화하는 것을 회원국에게 권고하고 있다.172)

---

171) P. Perczynski, 2000, "Active Citizenship and Associative Democracy." in M. Saward eds., *Democratic Innovation: Deliberation, Representation and Association*, 161 – 171, London: Routledge, p.163.

172) 주성수, 2006, 『시민참여와 민주주의』, 서울: 아르케, pp.54 – 55.

4. 결사체민주주의의 모델

(1) Hirst 모델: 길드사회주의 모델

1) 대안:

- 영국의 길드사회주의에서 사상적 영향을 받았다. 다원주의와 길드사회주의의 경제적 측면을 수용한다.
- 결사체들이 자발적으로 조직되어 민주적 정당성을 유지하며, 자치적이고 자원적인 특성을 중시한다.
- 정부에 정보를 제공하고 구성원들이 이해를 대표할 뿐 아니라 실제로 거버넌스에 적극적으로 참석한다.[173]

2) 기능: 대의제민주주의를 강화하는 기능

① 공공 서비스가 다양화, 전문화, 개인화되어 있어, 민주적 자원 조직들이 자체의 규모와 또 소비자와의 밀착성 때문에 정부기관보다 더 효과적인 역할을 한다.

② 자유자본주의경제와 다수의 횡포에 취약한 의회, 이들 양자의 약점을 대체가 아니라 보완하는 대안이다.

③ 결사체민주주의가 대의제를 과잉부담으로부터 자유롭게 해방시켜, 오히려 보충해 주는 역할을 한다.

④ 주요 기능에 보다 집중하고, 사회 행위자들은 규제하는 기본법의 틀을 사회에 제시한다.

---

173) P. Hirst, 1997, *From Statism to Pluralism*, London: UCI Press. p.17.

⑤ 공직자의 책무성을 제고시키는 공공 서비스 제공의 유형을 감독하고, 시민들의 권리와 이해를 보호할 수 있도록 해 준다.[174]

(2) Cohen & Rogers 모델: 내부 민주적 조합주의 모델

1) 대안

- 집단의 리더십이 회원들에게 책무성을 가지며, 내부의 민주적 구조를 가진 집단들의 민주주의에 기여하는 것을 긍정적으로 본다.
- 집단들이 무수한 사회적 기능을 수행하며, 평등주의적 민주주의 질서에 기여한다.[175]

2) 기능

① 집단들과 결사체들이 '사회적 거버넌스'에 동참하여 적극적 역할을 할 것을 기대한다.

② 결사체들이 공공정책의 형성과 집행에 참여하여 적극적 역할을 수행한다.

③ 공공정책에 대한 결사체들의 정보제공 역할을 중시한다. 결사체들이 '회원의 선호로 제안된 법안의 효과 또는 기존법의 집행'에 관한 정보제공에서 행정기관보다 더 효과적인 역할을 할 수 있다.

---

174) *Ibid*, p.18.
175) J. Cohen and J. Rogers, 1995, "Secondary Association and Democratic Governance." in F. Wright eds., *Associations and Democracy*, 7 - 98. London: Verso. p.48.

④ 민주주의체제에 대한 가장 직접적인 영향을 미치는 기능은 '대표의 평등화' 기능이다. 이는 다수결에 의한 대의제를 보완하는 기능이다.

⑤ 법률적 기회와 제약, 사회경제의 구조적 특성, 물질적 불평등에 따른 역사성을 갖고 있기 때문에 모든 결사체들이 자유롭게 활동할 수 있도록 장애요인을 제거해 주며, 정책 거버넌스에 참여하도록 자치역량을 제공해 주면 투명성과 책임성도 갖도록 해 줄 필요가 있다.[176]

⑥ 시민권의 의미를 시민교육의 기능에 초점을 둔다. 토크빌의 시민민주주의를 통해 시민의식과 시민행동의 실천을 중요시하며, 결사체들이 '민주주의의 학교'로 인정받는 것이다.

(3) Schmitter 현대적 의미의 이익집단 모델

1) 대안

- 시민들이 어떤 이해가 자신들의 관심사이기 때문에 어떤 결사체들이 자신들의 이해를 가장 잘 대표하는지 결사체를 시민들이 선택하는 정치적 디자인을 제시한다.
- 결사체 바우처(voucher) 제도를 제안한다.

1st, 시민들이 선호하는 결사체에 공공재정지원을 할 수 있도록 시민들이 세금보고서에 투표하도록 하는 제안이다.

2nd, 내부적으로 민주적인 구조를 가진 검증받은 결사체들이 공공재정 자원을 받아 시민들의 이해를 대표하는 새로운 대의제도를

---

176) *Ibid*, p.46.

제시한다.[177]

2) 기능

- 시민들에게 중요한 영향을 미치며, 공공정책 수행이라는 이중적 기능을 한다.
- 국가의 정통성 인정, 정책결정 참여의 기능을 한다.
- 바람직한 민주적 개인 차원에서 '민주주의학교' 기능을 한다.
- 신뢰와 유대 등 사회자본의 생산으로 사회통합 기능을 한다.

3) Weber의 결사체의 비민주적 행태를 경계

- 군주제나 권위주의적 정치가 결사체 활용을 선호하였으며, 결사체가 시민의 민주적 의식을 조장하기보다 결사체에 대한 맹종을 강요하는 신민성을 유도한다고 보았다.

(4) Fung & Wright '자치역량 참여 거버넌스' 모델

1) 대안

- 참여민주주의와 결사체민주주의의 통합형으로 자치역량을 확보한 시민들의 참여에 의한 '직접적 거버넌스', 즉 참여민주주의의 제도적 모델을 제시한다.
- 결사체를 통하지 않고 직접정책결정에 참여하는 자치역량을 가진 주민 모델을 제시한다.[178]

---

177) 주성수, 2006, 권게서. p.56.
178) A. Fung, 2003, "Association and Democracy", *Annual Review of*

138

1st, 시카고 지역학교위원회와 공동체 경찰에 참여하는 시민들
2nd, 브라질의 일부 지방도시의 예산결정에 참여하는 시민들
3rd, 인도 케랄라 지방정부 개혁에 참여하는 주민들

2) 결사체의 주요역할

- 행정개혁 등의 개혁안을 기획하고 제안해서 정부가 정책형성
  과 채택을 하도록 하는 핵심적 역할을 한다.
- 정책이 결정되거나 집행되는 과정에서 제기되는 반개혁적 세
  력들에 대한 방어활동 역할을 한다.

3) Budge의 정당의 역할

- 대의제의 질서에서 결사의 역할은 정당의 역할에 통합될 필요
  가 있다고 보는 시각도 제시하고 정당이 시민과 국가 사이의
  중요한 중개기관 역할을 수행할 것을 강조한다.[179]
- 시민사회는 민주화 이후의 동구, 남미, 아시아 국가들에서 대
  의민주주의의 문제를 보완하는 '준정당적 기능'을 하여,[180] 정
  당이 시민사회를 보완하는 역할을 강조한다.[181]

Sociology 29, 515 – 539. p.528.

179) I. Budge, 2000, "Deliberative Democracy versus Direct Democracy –
Plus Political Parties." in M. Saward eds., *Democratic Innovation:
Deliberation, Representation and Association*, 195 – 209, London:
Routledge.

180) G. Clarke, 1998, "Non – Governmental Organization and Politics
in the Developing World." *Political Studies* 46(1), 36 – 52. pp.40
– 41.

181) I. Doherty, 2002, "Democracy Out of Balance." *Policy Review*
106, pp.25 – 35.

|참고문헌|

이동수, 2001, "하버마스에 있어서 두 권력", 한국정치사상학회 『정치사상연구』. 제5집.
주성수, 2006, 『시민참여와 민주주의』, 서울: 아르케.

Budge, I. 2000, "Deliberative Democracy versus Direct Democracy – Plus Political Parties." in M. Saward eds., *Democratic Innovation: Deliberation, Representation and Association*, 195 – 209, London: Routledge.

Carter, A. & G. Stokes eds., 2002, *Democratic Theory Today*, 1 – 22. Cambridge: Polity Press.

Clarke, G. 1998, "Non – Governmental Organization and Politics in the Developing World." *Political Studies* 46(1), 36 – 52.

Cohen, J. and J. Rogers, 1995, "Secondary Association and Democratic Governance." in F. Wright eds., *Associations and Democracy*, 7 – 98. London: Verso.

Doherty, I. 2002, "Democracy Out of Balance." *Policy Review* 106.

Elster, Jon, eds., 1998, *Deliberative Democracy*, Cambridge: Cambridge University Press.

Fung, A. 2003, "Association and Democracy", *Annual Review of Sociology 29*, 515 – 539.

Habermas, Jürgen. 1996. *Between Facts and Norms: Contributions to a Discourse Theory of Law and Democracy*, tr. William Rehg, Cambridge: The MIT Press.

Habermas, Jürgen. 1996, "Three Normative Models of Democracy", in S. Benhabib eds., *Democracy and Difference*, Princeton: Princeton University Press.

Hirst, P. 1997, *From Statism to Pluralism*, London: UCI Press.

Perczynski, P. 2000, "Active Citizenship and Associative Democracy." in M. Saward eds., *Democratic Innovation: Deliberation, Representation and Association*, 161 – 171, London: Routledge.

제6장

대안적 민주주의 모색(3)
- 공동체주의

142

Ⅰ. 공동체주의(communitarianism)

1. 근대 이후의 정치적 노력

- 긴장과 대립의 요소들을 완화시키려는 이론적 노력

1) 긴장과 대립의 요소들
① 전통과 근대성
② 공동체적 유대와 개인의 자율성
③ 공적 자율성과 사적 자율성
④ 해석과 철학적 정당화
⑤ 행복과 정의
⑥ 특수성과 보편성 등을 매개함으로써 이들 간의 상충성을 완화시키려는 노력

2) 근대 개인주의의 보편화에 따른 윤리적 토대의 상실, 즉 정치적 공동체의 와해와 이기적 개인주의의 팽대에 의한 원자화 등의 현상에 대한 불만의 이론적 표출

3) 정치적, 문화적 공동체를 보다 통합된, 보다 상호 의존적인,

그리고 개인의 삶의 의미를 부여하는, 정서적으로 풍요로운 장으로서 재개념화하고, 이를 이론 및 정치 영역 모두에 복원시키려고 한다.

2. 공동체주의의 가정

1) '강한 공동체'를 우선시

인간의 행복한 삶을 위한 제도적 틀로서 '강한 공동체'라는 개념을 우선시하고, '우애적 감성'과 '자아 정체성의 공동체적 이해'를 강조하여[182] 귀속감이라는 공동체적 삶에 대한 정서적 갈망에 호소함으로써 많은 반향을 불러일으켰다.

2) 윤리적 규범의 사회성과 역사성 강조

전통의 재활성화 또는 제도적 기반의 조성을 촉구한다. 윤리적 논의의 언어를 개인의 자율성, 권리, 중립성, 사회적 정의 등으로부터 전통, 시민의 덕, 공동체적 유대, 사회적 의미, 행복 등으로 바꿀 것을 제안한다.

3. '시민공화주의'(civic republicanism)

1) 기본명제: 진정한 인간의 자기실현과 자유의 확보는 자치적 정치공동체의 '시민'으로서 행동할 때 가능하다는 것이다.

---

182) Michael Sandel, 1982, *Liberalism and its Limits of Justice*, Cambridge: Cambridge University Press, p.150.

144

2) 시민공화주의에서 강조되는 개념: 공공선, 시민의 덕목, 애국
심, 정치참여 등은 자유주의적 개념들과 대비된다.
  - 공동체는 그 구성원들의 관심과 헌신적 기여가 없이는 유지될
    수 없다. 배타적 私利의 추구는 사회적 관계망을 침해하며, 모
    두가 실현하고자 하는 '민주적 자치'에 폐해적인 결과를 초래
    한다.

3) '공화주의적 자유'(republican freedom) 실현을 위한 시민의
덕목[183)
  ① 공공의 일에 대한 지식과 귀속감
  ② 전체에 대한 관심
  ③ 공동체와 도덕적 유대
  - 시민적 덕목을 함양시키려는 '인격 형성의 정치'를 필요로 한다.

4. 공동체주의의 가정과 분류

이렇게 공동체의 덕목과 강한 민주적 요소들을 강조하고 있는
정치공동체주의란 국가에 대한 혹은 시민으로서의 정치적 삶의 공
동체에 대한 개인의 사회적 역할과 의무를 강조하는 것을 그 기본
가정으로 하고 있다. 그 구성원의 자격 요건에서부터 진퇴의 자유
로운 결정이 아니라 집단에의 소속과 그에 따른 사회적 역할과 의
무가 강조되는 것이다. 개인의 사적 자유를 강조하고 있는 개인주
의와 계약에 의한 사적 규율을 설정하고 있는 계약주의와 같은 사

---

183) Michael Sandel, 1996, *Democracy's Discontent*, Cambridge: The
    Belknap Press of HUP, p.5.

고를 비판하는 공동체주의는 '정치사회의 구성원'이나 '시민으로서의 개인'이 정치적 복종의 의무를 갖게 된다고 믿고 있다.

이러한 정치적 복종의 의무를 도출해 내려는 시도에는 두 부류가 있다. 그 하나는 '언어게임'(language game)에 천착하여 정치적 복종의 의무는 정치공동체의 구성원의 역할과 '개념적으로' 혹은 '문법적으로' 연계되어 있다고 생각하는 비트겐스타인 공동체(Wittgensteinian community)이다. 또 다른 하나는 정치공동체를 최고의 공동체로 간주하고, 개인의 잠재적 능력을 실현하는 장으로서 그리고 자율성과 같은 인간의 도덕적 품성을 계발하는 데 필수적이라고 생각하는 아리스토텔레스적인 공동체(Aristotle community)이다.[184] 이제 공동체주의에 대한 이론적 전개로서 바버, 비트겐스타인, 아리스토텔레스의 이론들을 살펴보기로 한다.

II. Benjamin Barber 강한 공동체주의

1) 이는 참여적 공동체주의를 대변하고 살아가는 방식(way of living)으로 이해하며, 사적인 것을 공적인 것으로, 의존성을 상호의존성으로, 갈등을 협력으로, 강제를 자유로 변형시키려 한다.[185]

2) 강한 민주주의의 정치적 조건을 "갈등이 존재하고, 사회적

---

184) 박효종, 2001, 『국가와 권위』, 서울: 박영사, p.467.
185) Benjamin Barber, 1984, *Strong Democracy: Participatory Politics of a New Age*, Berkeley: University of California Press, p.117.

혹은 독립적인 판단의 근거가 없는 상태에서 합리적인 공공선택을 하여야 하는 상황"으로 묘사하고, "독립적인 판단근거가 부재한 상태에서 지속적인 자기입법에의 참여과정과, 의존적이고 사적인 개인들을 자유로운 시민으로, 부분적이고 사적인 이해관계들을 공공선으로 변형시킬 수 있는 정치공동체의 창출을 통하여 갈등이 해결되는 참여적 형태의 정치"로 정의한다.186)

3) '공민'(a public)의 창출

민주주의적 순환과정의 상호의존적 세 축(공동체, 공공선, 시민 정신)을 확립시키기 위해 합리적인 공적 토의와 결정과정에 참여할 수 있는 시민들의 집합, 즉 공민을 창출하려고 한다.187)

Ⅲ. 비트겐스타인의 언어공동체주의

먼저 '언어게임'(language game)에 천착하고 있는 비트겐스타인 (Ludwig Joseph Johann Wittgenstein, 1870~1924)의 전통에 대해서 살펴보자. 이들은 개인의 정치적 의무는 정치공동체의 구성원이라는 사실과 개념적으로 문법적으로 연계되어 있다고 생각한다. 정치공동체 구성원의 자격은 자발적이거나 선택적 사안이 아니며, 어떤 외생적 논리에 의해서 정당화될 수 있는 사항이 아니다. 따라서 정치적 의무가 공동체의 구성원의 자격으로부터 도출되는 것

---

186) *Ibid.* p.132.
187) 유홍림, 2004, "정치사상", 서울대학교 정치학과 공저, 『정치학의 이해』, 서울: 박영사, p.73.

은 당연하다고 보는 부류이다.

이러한 비트겐스타인의 통찰을 국가 영역에 적용해 보면, 정당한 정치적 권위란 언어게임의 관점에서 볼 때 사람들이 마땅히 복종해야 하고 또한 사람들이 동의를 표시해야 할 권위로서 '문법상' 사람들로부터 복종과 동의를 요구할 자격이 있는 권위인 것이다. 정당화의 개념에는 이미 어떤 사실을 그 권위에 대하여 사람들이 복종해야 한다는 의미를 내포하고 있는 것이다.

이러한 관점에서 볼 때, 국가에 대한 정치적 의무는 가족의 의무나 직장동료에 대한 의무와 비유적 방식으로 설명을 할 수 있다. 한 가정에서의 부모와 자녀의 역할, 그리고 한 직장에서의 직장동료의 역할과 의무는 내가 선택하는 것이 아니라 취득적인 것으로서 간주하고 복종해야 할 의무를 가지게 된다는 것이다. 피트킨(H. Pitkin)에 의하면 "내가 왜 회원으로서 클럽의 회칙을 지켜야 하는가?" 하는 질문은 더 이상 할 의미가 없다.[188] 내가 시민으로 국가의 구성원으로서 이미 나에게는 공동체에 대해 나에게 주어지는 역할과 의무에 복종해야 한다는 것이다.

그러나 이와 같은 수동적인 도구적 공동체(instrumental community)에 대한 의문을 제기하고 자기정체성을 찾고자 하는 구성적 공동체(constitutive community)에로 접근하고자 하는 국가의 구성원으로서 시민으로서 그 같은 성원이 되어야 하는지에 대한 의문을 충분히 제기할 수 있다고 보는 입장도 상당히 많은 편이다.[189]

---

188) 박효종, 2001, *op.cit*, p.469.

Ⅳ. 아리스토텔레스적 시민공동체주의

1. 실질적 차원의 정치적 의무

시민들이 자기의 개인적 삶보다는 **공동체적 삶을 위하여 정치적 의무를 강조**하는 사상이다. 문법적 접근이나 개념적 접근에 의한 형식논리보다는 실질적 차원에서 시민이란 용어 그 자체로서 개념적으로 정치적 의무가 자동적으로 파생되는 설득력을 강조한다. 즉 정치공동체 자체가 지니고 있는 고유한 수월성 혹은 탁월성으로 시민들은 정치공동체에 헌신할 이유를 확보하게 된다는 논리가 보다 설득력이 있다는 것이다. 나 자신의 잠재력과 가능성을 실현시킬 수 있다는 차원에서 혹은 자아실현의 장으로서 그 존재의 의미가 부각되는 것이다.

국가공동체란 첫째, '뿌리가 약한 갈대'보다는 '**뿌리가 깊은 나무**'에 비교될 수 있는 것이다. Alvin Toffler에 의하면 '항구적인 삶의 안식처를 정하지 않은 채 편익에 따라 철새처럼 모였다가 흩어지는 우연적인 인간관계에서 나타나는 혹은 친구 사이의 깊은 우정이 교환되기보다는 이해관계에 따라 가벼운 대화와 사귐이 주류를 이루는 일시적인 현상'인 'adhocracy'과는 다른 현상이 우선하는 것이다. 둘째, 아리스토텔레스적 '**시민적 우정**'(philia politike)이 넘쳐흐르는 곳이다. 시민적 유대(solidarity)와 공감(sympathy), 형제애가 충만한 사회를 중요시한다.[190]

---

189) 박효종, 2001, *ibid*, p.466.
190) 박효종, 2001, *ibid*, pp.473 - 4.

2. 공공재의 문제

우리가 정치생활에서 정치공동체가 필요한 이유가 다음의 두 가지 면에서 강조되고 있다.

첫째, 공공재의 과소공급 또는 무공급 사태를 해결하기 위해서 정치공동체가 필요하다. 공공재란 소비의 비경합성과 공급의 공공성, 그리고 혜택의 비배제성을 내포하고 있어 사유재와는 달리 시장에서 불완전하게 공급이 이루어질 경우 이러한 사태를 방지하기 위해 사람들은 국가공동체의 존재 이유와 작동양식에 동의를 보내고 있다. 화장실의 경우 사적 화장실의 청결함과 대비되고 있는 공중화장실의 불결함이야말로 이러한 불완전한 공급의 일례가 될 것이다.

둘째, 공공재의 문제를 해결하기 위해서 정치공동체가 필요하다. 공공재를 해결하기 위해서는 R. Coase(1960)와 H. Demsetz(1967)들은 아예 공공재를 사유재로 전환시켜야 한다고 한다. 재화의 공공성은 개인들에게 '우선승차행위'(first riding)보다는 '무임승차행위'(free riding)의 유혹을 촉발시키는 속성을 유발하고 있어 가능하면 공공성을 없애거나 최소화하는 것이 그 해결방안이 될 것이라고 한다. 공유재(shared goods)는 적어도 두 사람 이상이 더불어 향유하는 그 어떤 가치이기 때문에 책임성이 정확하게 나타나지 않는 점이 있다. 우정이나 남녀 간의 사랑도 그런 의미에서는 공유재일 수밖에 없다.

3. 공유재로서 정치생활

정치생활을 공유재로 간주하는 정치비전을 제시하는 사람들은 고대의 아리스토텔레스를 비롯하여, 아렌트(H. Arendt), 볼린(S. Wolin), 뵈글린(E. Voegelin), 스트라우스(L. Strauss)들이 정치현상의 특성은 그 공적인 성격, 즉 사적이며 개인적인 관심사를 초월하는 데 있다고 힘주어 말하고 있다.

1) S. Wolin

공적(public), 공동의(common), 일반적(general) 등의 개념들은 정치적이라는 개념과 동의어로 사용되어 왔다. 서구의 정치적 전통은 사회의 모든 구성원들이 일정한 관심을 가지고 있는 문제들을 다루기 위하여 만들어진 공동의 질서를 정치적 질서로 간주해 왔다. 폴리스(polis)의 어원은 이와 같은 작은, 자급자족의 도시국가에서 기원하고 있으며, 일반 인간조직이나 집단과는 달리 자유롭고 자율적인 방식으로 이루어지는 공동체로서 그 구성원들이 공적인 업무에 참여하는 조직을 말한다.[191)]

2) H. Arendt

폴리스의 생활은 사람들 사이에서 사람들에 의해 조성된 공적 장소에서 진행되었으며, 시민들 스스로 구성원이 되어 공동체의 공적 사안에 관심을 표명하는 생활의 연속이었다. 따라서 정치는 더불어 행동하는 과정에서 일어나는 행위의 영역이었다. 즉 행위

---

191) 박효종, 2001, *ibid*, p.476.

(action)이란 물건을 만드는 장인이 물리적 대상을 만드는 현상, 즉 fabrication과 결코 같지 않다. 오히려 행위는 사물로 끝나지 않고 이벤트나 관계 및 제도의 구축 등으로 가시화된다. 또한 인간에게서만 가능한 것이 행위이다. 이러한 '개인적 삶'을 넘어서 '정치적 삶'(bios politicos)을 받아들이는 제2의 삶 때문에 부족사회에서 도시국가와 같은 정부의 특별한 형태를 형성하게 된다는 것이다.[192] 인간생활의 두 가지 형태의 존재양식을 지적하고 있다. 먼저, 자기 자신의 생활, 즉 이디온(idion)이다. 이는 인간생활에 필요한 생물학적 의미의 필수품으로서 가사의 범주(oikonnos)에 속하는 의식주와 같은 것이다. 둘째는 공동적인 생활, 즉 코이논(koion)이다. 이는 정치생활은 자유의 영역으로서 물질적 필요의 문제가 다른 영역에서 충족되었기 때문에 비로소 가능한 생활, 즉 여가를 전제로 하는 행위이다.[193]

여기에서 볼린이나 아렌트의 이상적인 정치비전에는 정치공동체는 단순한 사익추구나 권력추구의 범주를 넘어서 공공의 장과 공적 영역을 부각시키고 있다. 이러한 점에서 전통적인 이스톤(D. Easton)의 '가치의 권위적 배분'이나 달(R. Dahl)의 '권력과 통치, 권위를 포함하는 인간관계의 지속적 유형'이라고 보는 개념과는 다른 것으로 본다.[194]

국가공동체에서 시민성과 시민정신의 공유를 강조한 사람들은 일반의지를 주장하는 루소, 참여민주주의를 강조하는 페이트만, 강한

---

192) 박효종, 2001, *ibid*, p.476.
193) 박효종, 2001, *ibid*, pp.476-7.
194) 박효종, 2001, *ibid*, p.477.

152

민주주의를 주장하는 바버 등으로 이어지고 있다. 이들에게서는 시민성과 시민정신을 가족, 동문, 동향인도 아닌 사람들 사이에 상호 낯선 사람들이 유대와 신뢰를 공유하는 것이라고 한다. 이들에게서는 시민성과 시민이 되는 요건을 피트킨(Pitkin)의 문법점과 같은 개념적 문제가 아니라 내면적으로 가치 있는 국가공동체에 대한 정치적 헌신과 복종의 의무를 받아들일 때 시민이 되는 것이다. 이들은 주로 강한 민주주의, 참여민주주의, 공화주의, 유기체론을 주장하는 사람들에 의해 강화되어 왔다. 아리스토텔레스는 '시민적 유대'(philia politike), 루소는 건전한 '자기애'(self-love), 볼린과 아렌트는 '공적 영역'(public sphere)이라고 강조하고 있다. 이렇게 볼 때 정치공동체는 일종의 '시민적 친목계'와 같은 것이다.195)

4. 공동체주의적 공화주의 정치비전

오늘날 대부분의 사람들은 공동체의 일원으로서 정치생활보다는 가족생활, 직장생활, 종교생활 혹은 여가생활 등에서 자기의 '최대행복'(the greatest happiness)을 만끽하고 있다. 여기에서 정치생활과 같은 '공적 영역의 왜소화 현상'을 찾을 수가 있다. 가령 젊은층이 군입대를 기피한다든가, 칼 포퍼(Karl Popper)의 닫힌 사회(closed society)와 같은 현상이 증대되는 것이다. 이에 반해 호동왕자와 낙랑공주나 김유신과 천관녀, 가족의 목숨을 앗아버리고 전쟁터로 향했던 백제의 계백장군은 사적 생활의 풍요보다는 공적 생활의 확대를 위한 좋은 사례라고 할 수 있지 않겠는가?196)

---

195) 박효종, 2001, *ibid*, p.479.
196) 박효종, 2001, *ibid*, p.480.

　퍼트남의 연구에 의하면 공동체적 정치생활에서 국가의 힘을 지방의 시민들 간의 유대의 네트워크라는 사회적 자본이 정치적 성공과 경제적 번영을 가져다준다고 하고 있다. 그는 이탈리아의 중북부 지방의 연구에서 시민적 유대의 네트워크는 보편화된 상호의존의 건전한 규범을 촉진시키고, 조정과 커뮤니케이션을 용이하게 하여 사람들 간의 신뢰성에 관한 정보를 증폭시키며, 협력의 성공적 경험은 미래에 있어서도 협력을 가능하게 하는 문화적 바탕을 제공해 준다고 한다.[197]

---

197) R. Putnam, 1993, *Making Democracy Work: Civic Traditions in Modern Italy*, New Jersey: Princeton University Press.

|참고문헌|

박효종, 2001,『국가와 권위』, 서울: 박영사.

유홍림, 2004, "정치사상", 서울대학교 정치학과 공저,『정치학의 이
해』, 서울: 박영사.

Benjamin Barber, 1984, *Strong Democracy: Participatory Politics of
a New Age*, Berkeley: University of California Press.

Coase, Robert. "The Problem of Social Cost." *Journal of Law and
Economics.*

Demsetz, H. 1967. "Toward a Theory of Property Rights." *American
Economic Review*, 57.

Popper, Karl, 1962, *Open Society and Its Enemies*, London:
Routledge and Kegan Paul.

Putnam, R. 1993, *Making Democracy Work: Civic Traditions in
Modern Italy*, New Jersey: Princeton University Press.

Sandel, Michael. 1982, *Liberalism and its Limits of Justice*,
Cambridge: Cambridge University Press.

Sandel, Michael. 1996, *Democracy's Discontent*, Cambridge: The
Belknap Press of HUP.

제7장

시민사회개념의 변화

Ⅰ. 고전적 시민사회의 개념

고대의 아리스토텔레스에 의해 그 당시의 민주주의 사상을 압축하고 있는 "인간은 정치적 동물이다"라는 명제는 정치를 '경제나 사회'와 대립시킨 개념이다. 경제는 사적 영역이며 정치는 공적 영역으로서 인간이 정치적 동물이라는 것은 인간이 자신의 사적, 경제적 이익을 초월할 수 있는 존재라는 의미이다. 이러한 관점에서 고대사회에서의 국가, 정치사회, 시민사회 등 모두를 공적인 생활 영역으로 간주하고 그 각각의 개념을 구분하지 않았다. 이 시대의 시민사회의 개념은 국가와 동일한 의미를 지닌 것이며 대립되는 개념으로 파악되지 않았다.

Ⅱ. 계몽주의적 시민사회의 개념

근대에 들어와서는 시민사회의 개념은 '질서 있는 또는 교육을 받은' 의미로 확대되어 사용되었다. 그러한 의미를 처음으로 사용한 사상가는 홉스로서 그는 시민사회 이전에는 공포만이 존재하는 자연상태(state of nature)라고 규정하고, 이러한 공포만이 존재하는 자연상태 이후의 '질서 있는 상태'를 시민사회로 보는 입장을 나타냈다.[198] 자연주의자 존 로크와 루소는 시민사회를 질서가 전국가사회(pre - state society)의 인간이 존재하던 자연상태를 지배하는 사회로 규정하였다. 시민사회는 가족과 생산관계를 초월하여 법에 의해 국가 안에서 시민의 재산과 안전이 보장된다는 논리로 국가에 의해 조직되고 지배되는 것으로 규정하고 있다.[199] 전국가사회인 자연상태를 벗어난 이후의 국가와 시민사회를 동일한 것으로 보면서 양자를 구분하지 않고 있다. 이러한 사상은 유럽에서 18세기 전반까지 전통적인 개념으로 받아들여지고 있었다. 그러나 계몽사상가들은 시민사회를 국가와 구분하기 시작하였다. 그들은 시민사회는 입헌국가와 동일한 것으로 보지 않고, 입헌국가는 시민의 시민권, 재산권, 평등권 등을 법에 의해 보장함으로써 시민사회를 보완하는 것이라고 보았다. 이러한 일반적인 계몽사상가들의 시민사회에 대한 인식에서 그들 각각의 주장에서 차이점을 살펴보기로 하자.

1. 토마스 홉스(Thomas Hobbes) 시민사회 이전의 권력의 소재

홉스는 마키아벨리(Machiavelli)가 국가자체의 운용을 더 효과적으로 만들려고 한 군주의 권모술수적 능력을 강조한 것과는 달리, 그리고 인간의 기호나 열정이 군주의 절대적 권력과 같은 외부적 요인에 의해 좌우된다는 중세적 관점에 반대하여, 개별 인민의 행위에 과학적 방법을 적용하려고 했다. 그리고 그는 인간의 '좋아함

---

198) Thomas Hobbes, 한승조 역, 『리바이어던』, 서울: 삼성출판사, p.243.
199) Martin Carnoy, 1984, *The State and Political Theory*, New Jersey: Princeton University Press, pp.66 - 67.

과 싫어함’(appetites and aversions)이 인간의 자발적 행동을 결정한다고 보았다. 인간이 가장 싫어하는 죽음과 같은 것을 회피할 수 있는 유일한 방법은 그들 각자가 힘으로 대항할 수 없는 영구적인 주권을 인식하는 것이라고 한다.[200] 그래서 그는 주권에 대한 인간의 개인적인 권리를 포기할 것을 주장한다. 주권자가 정당하고 공정하며 적어도 그들에게 최선의 이익을 보장해 줄 것으로 믿고 주권자에게 그들의 권리를 위임하고 있는 것으로 본다. 그는 이러한 주권의 존재를 강조함으로써 시민사회의 개념을 정립하기보다는 전시민사회의 개념을 정립하여 권력의 원천이 어디에 소재하고 있는지를 분명하게 밝혀 주고 있다.

2. 존 로크(John Locke)의 시민사회

로크도 홉스처럼 인간의 원래의 정치적 상황은 인간이 다른 사람과 동등한 모든 권리와 자연법의 특권을 향유하는 완전한 개인적 자유의 상태인 아주 비원시적인 자연상태였으며, 이러한 자연상태에서 인간은 재산을 주장하고 보존할 뿐만 아니라 자연법을 집행하고 판단할 수 있었다. 이러한 자연상태는 전쟁의 상태에 빠져들 수 있다. 그는 전쟁상태에서 인간은 그들 자신을 보호하기 위해 그들 자신의 권력관계를 지배할 법을 가지고 함께 모인다고 주장한다. 그 같은 정치사회에서 사람들은 자신의 재산권을 공동체인 국가에 넘겨준다는 것이다. 그래서 모든 사람들은 한 사회의 구성원이 되면 자연법의 집행권을 포기하고 그것을 공중에게 양도하게 되며 그곳에서 정치사회와 시민사회가 성립된다.[201] 로크는

---

200) Martin Carnoy, *ibid*, p.15.

시민사회로부터 재산을 갖지 않은 모든 사람을 제외시키는 무계급성을 구상하여, 정치권리를 가진 사람은 재산소유자이며 동질적인 집단으로 보았다.[202] 국가는 재산과 생명을 보호하려는 이들에 의하여 권력이 주어졌다. 만약에 국가가 그의 직무를 이행하지 못한다면 시민사회 구성원들은 그 국가를 해체할 권리를 갖는다. 입법부와 행정부는 실질적인 정치권력을 소유하고 있는 시민사회의 뜻에 따르는 한 정치권력을 가지게 된다고 본다.

로크에게 시민사회는 인간에게 그들을 규제하는 새로운 수단이었다. 자연상태가 전쟁과 투쟁으로 타락하여 인간은 자연상태에서 생길 수 있는 전쟁의 상태로부터 그들의 재산을 보호하기 위해서 자연히 정당하고 평등한 사회를 형성한다고 보았다. 이와 같이 자연상태의 무질서와 불평등에 반하여 제기된 시민사회는 이성과 이상을 가지고 있다는 것이다.

3. 잔 자크 루소(Jean Jacque Rousseau)의 시민사회

로크와는 달리 루소는 시민사회에 대해서 사회에서 이상적이거나 가상적인 것으로서가 아니라 현실적으로 발견되는 인간모습의 묘사인 것으로 보았다. 따라서 그는 자연과 시민사회의 관계를 자연상태의 인간은 도덕적인 것도 사악한 것도 아니라 재산의 소유와 시민사회 자체의 형성에 의하여 부패한다고 본다. 부패한 것은

---

201) John Locke, 1955, *On Civil Government*, Chicago: Henry Regnery, pp.61－63.
202) Martin Carnoy, op. cit, p.19.

시민사회이며, 자연은 인간 이전의 이상인 것으로 생각한다.203)

〈표 4〉 로크와 루소의 시민사회의 형성과정과 근본원리에 대한 시각의 차이

구분	로크	루소
재산소유	그것을 정당하고 평등한 시민사회의 기초로 본다.	그것을 사악하고 불평등한 원천으로 간주한다.
시민사회 형성과정	인간이 자연상태의 조건으로부터 보호받기 위해 시민사회를 형성했다. 그들은 인간이 재산과 생명을 위한 집단적 안전을 위하여 자연상태에서의 자유권을 포기하고, 인간의 합리성과 개선을 이행하기 위한 욕구의 산물이 시민사회라고 본다.	시민사회의 형성을 인간의 탐욕의 산물로 간주한다. 그는 두 사람 분의 충분한 양식을 한 사람이 유리하게 소유하는 순간부터 평등은 소멸되고, 소유가 생겼으며, 노동이 필요하게 되었다. 거기에서 노예와 빈곤이 싹터 농작물과 함께 성장하였다.
시민사회 근본원리	시민사회를 권리와 의무에 대하여 완전한 지식을 갖춘 평등한 자들 간의 합의로 본다.	시민사회란 대중의 이익을 위해서가 아니라 부유하고 권력 있는 자들이 만들어 낸 작품이라고 간주한다.
국가권력	국가권력이란 시민에게 귀속된 것으로 보았다. 그래서 실질적인 정치권력을 소유하고 있는 특정한 계급인 시민사회의 구성원(재산 소유자)의 뜻에 동의하는 경우에만 권력을 가진다.	국가권력이란 인민들이 그들의 자유를 국가에 양도한 것이며, 따라서 국가는 '일반의지'(general will)라는 것이다. 추상적인 시민계급은 있으나 로크의 특정한 사회적 계급은 있을 수 없다.

---

203) Martin Carnoy, *ibid*, p.19.

루소는 당시의 국가를 부유한 자가 지배계급으로서의 위치를 확보하기 위한 장치로서 모든 사람들에게 이로울 것이라고 했지만 불평등을 조장하는 것으로 간주하였다. 루소는 국가가 자유와 평등을 보장할 것이라고 믿었다. 그래서 루소는 인간들이 무지하기 때문에 시민사회를 받아들여서 자유와 평등을 보장받으려고 한다고 하였다. 부당한 불평등을 없애고, 빈부의 격차의 심화를 방지하기 위해 재산권을 제한할 필요가 있다고 본다.[204]

4. 헤겔(Hegel)의 시민사회

헤겔은 시민사회와 국가를 명백하게 구분하였다. 그는 시민사회를 '방종과 비참, 물리적, 윤리적 타락만이 군림'하는 전정치사회로 규정하여 자연주의자들의 견해와는 정반대의 개념을 전개하고 있다.[205] 그는 시민사회를 '국가가 보장하는 법적 테두리 안에서 개인들이 자신의 특수한 이익을 추구하는 영역이며, 시민사회가 국가와 개인 사이에 존재하는 것으로 보았다. 사적 이익을 추구하는 경제인과 그들의 활동 영역인 시장 및 사회적, 종교적, 전문적 이익에 관심을 갖는 계급들과 기업들, 그리고 정의, 교육, 복지 등에 관심을 갖는 공식적인 기구들의 모든 것들이 포함되어 있다. 그에게서의 시민사회란 욕구의 체계이며, 사적 이익의 각축장으로서 그 속에는 대립상태가 지속된다는 것이다. 국가가 인류의 이상을 구현하는 존재로서 시민사회의 상위에 위치하여 시민사회의 그와 같은 대립을 제도화해야 한다는 것이다. 이와 같이 국가에 주

---

204) Martin Carnoy, *ibid*, p.21.
205) Martin Carnoy, *ibid*, p.67.

목한 헤겔에게 있어서 시민사회는 과도기적 중요성으로만 간주된 개념이다.

Ⅲ. 마르크스적 시민사회 개념

마르크스(Karl Marx)는 헤겔의 시민사회의 개념을 수용하여 국가와 시민사회의 분리를 주장하였다. 마르크스에 의하면 프랑스혁명은 공공 영역으로서 국가를 수립시키는 동시에 시민사회를 완전히 정치에서 분리시켰다. 시민사회에서 개인은 공동체 구성원으로서 지위를 상실하고 극단적 이기적 존재가 되었다. 이와 같은 상태에서 국가는 형식적인 공동체로 구성되었을 뿐 시민의식상의 공동체는 완전히 붕괴되었기 때문에 국가는 사적 이익을 위한 도구로 전락되고 말았다. 그는 이와 같이 국가를 시민사회의 아래에 포함시키고 있다.206) 이렇게 시민사회와 국가의 분리로 인해서 시민사회의 대표자들은 유권자들과 연계되지 못하고, 대표자는 공적인 업무를 수행하는 경우에만 권위를 보유할 뿐 일반적으로 사적인 이익을 대변하고 있을 뿐이다. 이러한 국가와 시민사회를 마르크스는 분열을 극복하고 통합이 이루어져야 한다고 주장한다. 마르크스는 이렇게 통합된 시민사회에서 실질적인 민주주의가 가능하다고 한다. 그래서 그는 민주주의가 시민사회가 불평등한 구조들이 제거된 상태로 간주한다. 그는 시민사회를 정치적 사회적 중요성을 배제하고 경제 사회와 동일시함으로써 시민사회에 대한 부

---

206) Martin Carnoy, *ibid*, p.67.

정적인 입장을 취하고 있다.

한편 오늘날 시민사회가 각광받게 된 것에는 누구보다 안토니오 그람시의 기여가 중요하다. 20세기 최고의 마르크스주의 정치사상가로 꼽히는 그람시는, 감옥에서 쓴 '옥중 수고'(Selections from the Prison Notebooks)를 통해 죽어 있던 시민사회를 새롭게 조명함으로써 시민사회론에 지대한 영향을 미쳤다. 그람시의 문제의식은 헤게모니와 시민사회로 압축된다. 헤게모니란 지배계급이 지적, 도덕적, 정치적 지도력의 행사를 통해 창출하는 피지배 집단들의 동의를 말한다. 그리고 이 헤게모니가 형성, 작용하는 영역이 다름 아닌 시민사회다.207) 그가 강조하려는 바는 자본주의 사회의 지배가 바로 이 시민사회에 뿌리내린 다양한 제도와 실천을 통해 이뤄지고 있다는 데 있다. 그람시의 강조점은 시민사회에 내재된 지배와 피지배의 동학을 해부하는 데 놓여 있다. 저항 헤게모니를 구축하는 것이 그에게서의 시민사회의 일차적인 기획목표이다. 기존의 국가와 시민사회 혹은 정치와 경제라는 2분법적 분석을 비판하면서, 국가와 정치사회와 시민사회라는 3분법적 분석을 제시한다. 그는 시민사회를 정치적 관계에 주목한 자유주의적 개념과 경제적 관계에 집중한 마르크스주의적 개념의 중립적 입장에서 설정한다. 그에게서 시민사회는 마르크스의 전통을 개혁하여 마르크스와 같이 시민사회가 하부구조에 속하는 것이 아니라 지배집단이 사회전반에 행사하는 헤게모니가 작동하는 것으로 보는 정치사회와 같이 상부구조에 속하는 것으로 보고 있다.208)

---

207) Martin Carnoy, *ibid*, p.67.
208) Martin Carnoy, *ibid*, pp.67 - 68.

토의정치와 공적 영역으로 유명한 하버마스는 그람시가 정치사회로 규정하고 있는 것을 공적 영역으로 개념을 대체하고, 시민사회를 공적 영역과 생활세계로 규정함으로써 그람시의 정치사회를 보다 구체화하여 3분법적 모델을 제시하고 있다. 그의 공적 영역은 다양하게 나타나지만 부르주아 공적 영역은 언론, 결사, 집회의 자유의 보장을 그 내용으로 하고 있다. 이러한 자유의 보장은 정치적 자유의 발달을 의미한다.

Ⅳ. 토크빌의 결사적 시민사회

1. 자유주의적 시민사회의 개념을 체계화

그는 "보통선거를 통해서 출발한 국가권력도 민주적인 제도를 억압하고 자유를 박탈하는 새로운 국가전제주의로 변질되고 있다"고 경고하고 있다. 절대군주의 권력이 몰락하면서 정치적인 권력은 모든 시민들에게 주어졌고, 정치권력은 신비함을 잃었기 때문에, 현대민주주의는 끊임없는 사회혁명을 낳을 것이라고 불만을 표시하고 있다.[209)]

민주주의가 가난한 사람들의 평등에 대한 욕구를 정치적으로 표출시킬 수 있는 수단을 제공하기 때문에 민주주의가 사회적, 정치적 평등을 위한 끊임없는 불안정을 낳을 것이라고 보았다. 자유를

---

209) Alexis de Tocqueville, 1981, *Democracy in America*, New York: Freedom Watch.

약화시키는 이러한 반혁명은 인위적인 평등을 실현하려는 중앙집권적인 국가를 낳게 되고, 모든 개인들은 이러한 국가관료에 예속되는 결과가 나타날 것이라고 피력하였다.

그가 구체적으로 두려워한 것은 마르크스가 바람직한 것으로 기대했던 결과, 즉 프롤레타리아 독재에 의한 중앙집권적 국가이었다. 그도 마르크스와 같이 민주주의의 발달이 선거를 통한 노동자계급의 혁명을 가능케 할 수 있다고 보았다. 이렇게 되면 자연스럽게 프롤레타리아가 국가권력을 장악하게 되는 결과가 나타나게 될 것이고, 이는 평등주의를 내세우는 프롤레타리아 독재가 이루어질 수 있는 중앙집권적 국가가 될 것으로 보았다. 이것이 그에게는 두려운 것이었다.

2. 국가가 시민사회를 질식, 통제하는 세 가지 과정

1st, 평등을 달성하기 위하여 국가기구가 민주주의라는 이름하에 교육, 의료, 실업, 빈곤 등과 관련된 문제를 해결하기 위하여 팽창하면서 시민사회를 규제하고 감시하게 된다.

2nd, 자본주의 사회에서 다수의 노동자가 소외되고 소수의 산업자본가들에게 예속되면서 불만세력으로 성장한다. 분업의 발달로 노동자들의 집중이 이루어지고 열악한 주거환경이 기존의 불평등한 사회질서에 도전하게 될 것으로 본다. 이러한 사회질서에 대한 도전을 막기 위해 국가의 감시와 통제가 필요하게 된다. 그 결과 국가가 통제를 위해 팽창 개입하게 된다.

3rd, 자본가들도 국가의 사회간접자본의 투자를 요구하고 있기

때문에 국가 경제에 더욱더 개입하게 된다. 항만시설, 운하, 철도, 도로 등의 투자는 개별적인 자본가들에 의해서 이루어질 수 없는 것이기 때문에 국가의 개입이 필요하며, 그 결과 국가는 대규모의 기술자들과 노동자들을 고용하게 된다. 이러한 과정에서 국가권력은 시민사회를 압도할 정도로 비대해지고, 통제가 불가능할 정도로 권력의 집중이 나타난다.

3. 새로운 전제국가의 등장을 막기 위한 정치권력 분산 방안

1st, 행정부의 권력을 약화시키기 위하여 입법부와 사법부의 독립을 강조하고, 국가조직에 대한 시민의 영향력을 유지시킬 수 있는 제도를 마련하는 것이다. 그는 중앙집권화된 행정제도가 없는 점을 강조한다.[210]

2nd, 전제적인 권력을 막기 위해 국가의 통제를 받지 않는 자율적인 시민단체(civil association)가 발달해야 한다는 것을 제시하고 있다. 그는 과학자협회, 문학단체, 학교, 출판사, 여관, 기업, 종교조직, 지방자치단체가 정치적 전제주의와 사회적 부자유와 불평등을 막는 안전판이라고 보았다.[211]

4. 자유주의적 시민사회개념은 부정적인 국가관에 기초한다.

국가를 전제주의와 관련시키고, 민주주의를 시민사회와 관련시키고 있기 때문에 민주주의를 강화시키기 위해서 국가권력의 집중

---

210) Alexis de Tocqueville, *ibid*, pp.263 – 276.
211) Alexis de Tocqueville, *ibid*, p.510.

을 막고, 시민사회를 강화시키는 것이 필수적이라고 보았다.

그에게서는 절대적인 국가권력에 대한 강한 혐오가 바로 자유주
의적인 조직과 결사체에 대한 강조로 귀결되고 있다.

V. Benjamin R. Barber 강한 시민사회와 민주주의[212]

1. 시민사회란

1st, 자유주의적 관점: 사적 영역과 동의어로서 시민사회
2nd, 공동체주의적 관점: 공동체와 동의어로서 시민사회
3rd, 강건한 민주주의적 관점: 정부와 시장 사이에 존재하는 영
역으로서의 시민사회

2. 노동자가 진정 원하는 것

- 노동운동 지도자 Samuel Gompers "노동자가 진정으로 원하
  는 것이 무엇인가?" 텍사스 주 San Antonio Alamo 근처에
  있는 그의 동상에 새겨진 글
"우리는 무엇을 원하는가?
우리는 보다 많은 학교를 원하며 감옥이 줄어들기를 바란다.

---

212) Benjamin R. Barber, 1998, *A Place for Us: How to Make Society Civil and Democracy Strong.* New York : Hill and Wang. pp. 38 – 68.

책이 늘어날수록 총은 줄어들고,

배움이 커질수록 악은 감소하고,

여가시간이 늘어날수록 탐욕은 줄어들고,

정의가 커질수록 복수는 감소하고.

우리는 인간의 좋은 품성을 길러 더 많은 기회를 원한다.”

여기에서 배움, 여가, 정의, 그리고 좋은 품성, 이것이 그의 대답
이다.

3. 시민사회와 시민의식의 연결 방안

- 강건한 민주적 시민사회를 위한 처방으로서의 자유로운 제도
  와 사회성이 정부에 의해 압도당하지 않고 시민의식에 편안하
  게 의존할 수 있는 사회를 건설하는 것이다.
- 공적 부문과 사적 부문을 정반대의 것으로 보지 않으며 실제
  로 우리의 현실적 사회에 개입을 의미하는 제3의 매개적 영역
  을 상정하여 활기 넘치는 시민적 활동을 원하는 시민을 위한
  규범적 이상을 실현하는 방안이다.
- 단지 혈연이나 경제적 논리로만 규정되는 배타적인 운명보다
  는 다원적 정체성과 다양한 목적을 갖는 존재로서 우리 자신
  을 사고함으로써 개인의 시민의식을 시민사회와 연계시킬 수
  있다.
- 정부와 그 주권을 행사하는 제도로 이루어진 국가 영역, 즉 공
  적 영역과 개인 및 시장에서의 계약에 의한 결사체가 존재하
  는, 즉 사적 영역의 구분과, 그 둘의 가치를 공유하면서 둘을
  매개해 주는 제3의 영역을 설정하여 시민공동체로 규정한다.

4. 다원적 시민공동체 제3의 영역

1) 자발적 참여를 장려하는 개방적이고 평등주의적인 회원들의 결사체로서 여기에는 자발적 시민사회를 위한 이상적 조건과 우리가 본질적으로 시민적이라고 간주하고 싶어 하는 현실집단 사이에는 간극이 있다.

2) 예로서 1909년에 창설된 NAACP(National Association for the Advancement of Colored People)는 본질적으로 아프리카계 미국인의 권익을 옹호하는 시민집단까지 포괄하는 광범위한 규정을 하고 있다. 여기에 회원자격은 모든 사람들에게 개방되어 있고, 명분은 포괄적인 인종적 조화를 의미하고 있다. 그 목적은 자신들의 인종적 공동체의 이익증진에 봉사하는 이상과 현실 간의 간극을 보이고 있다.

5. 시민적 영역의 우월한 특징

1) 개방적인 공적 영역(국가 영역)에서 나타나지만, 자발적이고 비강제적인 속성(사적 영역)도 갖는다.

2) 사적 영역이라고 할지라도 민주적인 공적 영역의 평등주의적인 비배타성을 내재하고 있다.

3) 비록 공적이라고 하더라도 시민 영역이 주권을 행사하거나 강제력을 행사하는 것은 아니며, 사적 영역 고유의 자유와 자발성을 갖추고 있다.

4) 공사의 덕목을 모두 갖추고 있기 때문에 강력하고 든든한 민주적 특질을 보유하는 것이다.

5) 시민사회 안에는 어느 정도의 선택의 자유가 있어 결사체를 선택할 수 있는 자발적 영역으로서의 우월성을 갖는다.

6) 따라서 다원주의가 강건한 민주적 시민사회의 전제조건이 된다. 국부론(An Inquiry into the Nature and Causes of the Wealth of Nations)을 쓴 Adam Smith는 "사회에서 어떤 분파를 제외한 한편만이 허용되거나 아니면 전체 사회가 둘 내지 세 개의 커다란 분파로 분열되어 있는 곳에서는 종교 지도자의 관심과 적극적 열정이 문제를 일으키거나 심각한 위협을 초래할 것이다."라고 하고, 이러한 다원적 사회에서 시민의 자질과 성품을 훌륭하게 길러낼 수 있다고 한다.

6. 강한 시민사회와 민주주의

1) 강한 시민사회 모델:

"시민사회는 민주적 덕목을 보유하고, 민주적 삶의 관습과 관행을 장려하며, 공공성과 자유, 평등주의와 자발주의에 의해 규정되는 사회"가 이상적인 민주적 시민사회의 모델이라고 본다.

2) 강건한 민주적 시민사회 모델의 구체적 내용

1st, "역사적으로 미국에서 존재했었던 공화주의적 시민사회에 관한 Tocqueville의 전통적인 이상을 담고 있을 뿐만 아니라,

2nd, 강력한 규범적 이상도 보여준다." 예를 들어 노예제의 허용, 오랫동안 여성과 아메리카 원주민 등 여러 집단에게 참정권 불허와 같은 강력한 규범들도 보여준다.

3) 강력한 민주적 시민사회에서 맺어지는 사회관계

- "강력한 민주적 시민사회에서의 시민관계는 혈연공동체가 제공하는 것만큼은 뿌리가 단단하지는 않지만 생산과 소비를 통해 이루어지는 경제적 상호작용이나 시장에서 제공하는 시민적 관계보다는 훨씬 더 보상이 크고 굳건하다."
- 즉 **자발적인 공원 청소작업에서 누군가의 이웃이 되는 일**(시민사회의 모델)은 **누군가와 피를 나눈 형제가 되는 일**(혈연공동체 모델)보다야 든든하지 않겠지만, **투표소에서 만난 개별 유권자나 상점에서 부딪치는 익명의 소비자에 대해 느끼는 감정**(사적 영역 모델)보다는 훨씬 더 단단한 것이다.

Ⅵ. Michael Edwards 공공 영역으로서 시민사회[213]

마이클 에드워드는 시민사회를, 민주주의의 대안적 재구성을 통해서 결사적 삶의 토대로서의 시민사회(분석적 모델), 좋은 사회로서의 시민사회(규범적 모델), 그리고 공공 영역으로서의 시민사회(공적 생활 모델)로 구분하고 있다.

---

213) Michael Edwards, 2004, *Is Civil Society A Big Idea?* Cambridge, UK: Polity Press, Ltd.

1. 결사체 삶의 토대로서의 시민사회: 분석적 모델

(1) 교차 문화적 시각에서 본 결사적 삶

1) 제도로서의 이슬람은 자유롭게 가입하거나 탈퇴할 수 없다. Gellner에 의하면, "양을 살해하지 않고는 노동당에 합류할 수 없고, 변절한 대가로 사형선고를 받지 않고는 당을 떠날 수가 없다."214)
- 시대의 변화에 따라 신종결사체들이 이슬람 사회에 출현하기 시작한 것과 때를 같이하여 자발주의의 요소들이 이미 전통 결사체들(길드, 신용기금 및 재단 등) 안에 존재했음을 보여주었다.
- 터키에서 자유로운 회원가입제도를 택하고 있는 도시여성노동자들의 독립적인 결사체들과 다른 신앙의 소유자들에게 닫혀 있는 이슬람 결사체들이 공존하고 있다.

2) 부족이나 종족에 기반을 둔 하나의 집합적 정체성을 표상하고 있는 문화와 종교기관들이 도시화, 교육, 교회, 노동조합, 농민조직, 인권 NGO, 독립미디어를 포함하는 시장경제의 발전에 대한 대응으로 나타났던 보다 새롭고 교차인종적인 결사형태들과 더불어 공존하고 있다. 이러한 공존상태는 아프리카에서도 상황은 마찬가지다.
- 아프리카의 전통적인 결사적 삶은 어떤 진정한 시민사회의 맹아들을 담지하고 있다고 주장한다. 예를 들면 케냐, 나이지리

---

214) E. Gellner, 1994, *Conditions of Liberty: Civil Society and its Rivals*, London: Hamish Hamilton. p.103.

아, 남아프리카와 그 밖의 다른 곳에서 이미 답을 얻고 있는 중인데, 이들 나라들은 위에서 기술한 전통들로부터 나온 사실로 다른 어떤 사회들보다 훨씬 더 풍요로운 결사적 삶의 융단을 짜고 있는 사회들이다.215)

3) 유교기반사회들

– 중국 등의 사회구성원으로서의 자격은 선택적 사안이 아니며, 자격심사에 있어서 우선성은 '총체로서의 사회'의 필요에 따라 주어진다.

– 결사체들은 항상 자신들이 정부의 통제 바깥에 존재하는 것이 어렵다는 점을 인식하고 있었다. GONGOs(Government NGOs)에게 접근성과 잠재적 영향력을 부여한다.216)

– 비서구문화 속에서 결사적 삶의 현실은 "혼합과 경쟁"의 양상을 띤다.

– 이것이 시민사회 감시자들이 이스라엘, 터키, 중국, 이란 등에 많은 관심을 갖게 되는 이유이다.

(2) 조직 및 생태 등의 체계론적 관점

1) 공적, 사적 기관들 사이에 어떤 상호작용이 일어나고 있는지를 고찰하는 모종의 체계론적 관점이라고 본다.

---

215) John Comaroff and Jean Comaroff, eds. 1999, *Civil Society and the Political Imagination in Africa*, Chicago: University of Chicago Press.
216) P. Howell and J. Peace, 2001, *Civil Society and Development: A Critical Explanation*, Boulder: Lynne Rienner.

- 하나의 복합적이고 연약한 생태체계(ecosystem)처럼 시민사회
는 풀뿌리 집단들, 비영리매개조직들과 그것들에 회원으로 등
록한 결사체들이 집합적 목표들, 전 사회적 연대, 서로에 대한
책임 귀속성과 공유된 인식을 통해 함께 연계될 때 더욱 탄력
을 받는다. 시민사회 내에서의 제도적 다원주의는 필수적이다.

2) Robert Putnam의 사회자본 이론적 시각

1st, 집단 내 '결속 다지기'(bonding)

2nd, 집단 간 '다리놓기'(bridging)

3rd, 집단 간 '연계하기'(linking) - 결사체들, 정부, 시장 간의 연결

- 강력한 결속을 자랑하는 결사체들은 투쟁을 다음 단계로 끌어
올릴 수 있으며, 강한 풀뿌리 토대로부터 쌓은 계급, 인종, 종
교를 가로질러 연합할 수 있는 상호 교차되는 네트워크와 수
직적, 수평적으로 함께 연결될 때 훨씬 더 효과적이다.

- 예를 들면, 즉각적 개혁을 위한 공동체 기구연합(ACORN;
association of community organization for reform now) - 더
나은 주거, 학교, 환경, 이웃보호, 작업조건 개선 등의 성과,
미국의 산업지역재단, 라틴아메리카의 농민연합들도 좋은 사
례들이다.[217] 그러나 인도 뭄바이에 있는 한 NGO인 SPARC
는[218] 쉑드웰러즈국제본부(Shack Dwellers International)를 지
원하면서 세계적인 평판을 받았다.[219]

---

217) M. Warren, 2001, *Democracy and Association*, Princeton: Princeton
University Press.
218) SPARC(Separated Parenting Access and Resource Center)는 이혼
가정의 아이들이 양쪽 부모와 의미 있는 관계를 유지하도록 돕는
비영리단체이다.

3) 성공적인 사회운동은 다음 세 가지 공통점을 갖는다.

1st, 강력한 사상, 이상 또는 정책 의제

2nd, 이러한 생각들을 정치, 정부, 미디어에 반영시킬 수 있는 효과적인 소통전략

3rd, 목표대상들이 경험하고 지지자들의 견해가 정확히 대변되도록 만드는 데 필요한 근력을 제공하는 강력한 지지세력이나 사회적 토대가 그것이다.[220]

　－성공사례; 미국 내 시민권리 찾기운동, 브라질의 무 토지농민운동, 전 세계적인 환경 및 여성운동, 미국 내 단체로서는 '약속을 잘 지키는 사람들'(promise keepers), '도덕적 다수'(moral majority) 등 우익 종교결사체들에 닻을 내리고 있는 신보수주의의 부상과 같은 인맥 공유를 통해 폭넓게 연결되어 있다.[221]

4) 생태체계의 특성

1st, 진짜 생태체계에서처럼 사회체계가 효과적으로 작동하려면 모든 부분들이 제자리에 있고 서로 연결되어 있어야 한다.

2nd, 결사체의 건실함, 다양성 혹은 깊이가 약해지면 사회는 권위주의적 지배에 취약하게 된다.

3rd, 생태체계는 외부의 충격을 잘 견디지 못하기 때문이다. 1개

---

219) S. Patel, J. Bolnick and D. Mitlin, 2001, "Squatting on the Global Highway: Community Exchanges for Urban Transformation", M. Edwards and J. Gaventa eds., *Global Citizen Action*. London: Earthscan.

220) Michael Edwards, 2004, *op.cit*, p.80.

221) M. Giugni, 1999, "How Social Movement Matter" in M. Giugni, D. McAdam and C. Tilly eds., *How Social Movement Matter*, Minneapolis: University of Minnesota Press.

의 감시단체뿐인 경우 정부는 쉽게 억압, 30개의 감시단체가 존재
하면 적어도 일부는 살아남을 것이다.[222]

(3) 형식과 규범들로서의 삶

"경제적 성공과 정치적 성공이 결사적 삶의 저력 및 건강과 직
접적으로 연결되어 있다"는 주장이 신 토크빌주의 사유에 공통점
이다.

- 결사체들은 사회적 자본을 낳고 사회적 자본은 성공을 낳는
  다. 동시에 '결사적 삶의 형태들'은 '좋은 사회의 규범들'을
  만들어 낸다.[223]고 한다.
- 결사적 사회생태체계들은 간극과 단절들로 가득 차 있다.

2. 좋은 사회로서의 시민사회 : 규범적 모델

(1) 결사체적 삶과 좋은 사회

1) '좋은 사회를 자유로운 결사체들이 번창하는 장소'로 정의한
다면 좋은 사회는 협동, 신뢰, 관용, 비폭력 등과 같은 태도 및 가
치들을 육성하는 영역, 즉 '서비스의 영역으로 마음의 습관들을 배
양하는 토대'가 되는 사회이다.

- 다니엘 벨과 같은 이는 "좋은 사회는 자발적 결사체들을 강조
  하고 결정은 지역적으로 수립되어야 하며, 정부와 관료제에

---

222) Michael Edwards, 2004, *op.cit*, p.81.
223) Michael Edwards, 2004, *op.cit*, p.84.

의해 통제되어서는 안 된다."224)고 한다.

2) 시민사회 부활론자들의 핵심가설

"공동체들, 네트워크들, 결사체들은 그 속에서 사람들이 기술을 익히고, 가치와 신의를 계발하고, 경쟁과 폭력 대신에 보살핌과 협력을 행동을 위한 합리적인 방식들로 인식하게 되는 '미시환경'(microclimates)"225)이다.

－이 가설들이 참인 이유 세 가지

1st, 이 결사체들은 혹은 작은 공동체 속에서 가능한 면대면 상호작용의 수준과 빈도는 구성원의 태도와 관련하여 신뢰와 협동에 대한 유인요인이 훨씬 더 강하다는 의미이다.

2nd, 집단의 일원으로서 나는 규칙대로 게임을 하기로 동의하거나, 아니면 탈퇴하여 더 마음에 드는 다른 집단에 합류할 것이기 때문에 사회적 규범들은 사람들 사이의 '親疎 관계와 또래 집단의 압력'을 통해 강화될 확률이 크다.

3rd, 규모가 작은 집단의 회원들은 집단 전체의 복지가 각 회원들의 개별 행위에 달려 있음을 알 수 있다. 이것은 민주주의가 상위의 층위들에서도 공적 이익을 증진시키는 방식으로 기능하기 위해서 요구되는 필수적인 태도 유형들을 정착시키게 된다.

공동체들, 네트워크들, 결사체들은 민주주의적 태도를 배양하는 시민교육의 장으로서 중요한 사회적 역할을 담당한다.226)

---

224) Adam Seligman, 1992, *The Idea of Civil Society*, Princeton: Princeton University Press, p.2: M. Walzer, 1998, "The Idea of Civil Society: A Path to Social Reconstruction", in E. J. Dionne eds., *Community Works*. p.132.
225) Michael Edwards, *op.cit*, p.95.

178

3) 시민사회 부활론자들의 일반화된 규범

－민주주의의 효과적인 기능수행을 위한 자양분을 공급하고, 어
떤 순기능을 수행하고 있는 민주주의는 정치적 목표들에 관한
사회적 합의를 만들어 내야 한다는 일반화된 규범을 통해 좋
은 사회의 실현으로 나아간다는 점이다.

－Nancy Rosenblum 민주주의 핵심덕목들227)

1st, 시민성(civility): 딱딱하지 않은 자연스러움을 가지고 사람들
을 똑같이 대하는 일로서, 이는 중첩되고 있는 멤버십집단들과의
규칙적인 상호작용을 높인다.

2nd, 공정성(fairness): 자의적인 비정의에 대항하여 발언을 하는
일로서, 협조에 대한 유인요인이 된다.

(2) 국가, 시장, 문명화된 사회

1) 강한 시민사회가 강한 문명화된 사회를 창조하지 못한다면
그 이유는 특수한 사회적 목표를 겨냥하고 있는 상이한 기관을 가
로지르는 행위 때문이다. 정부, 기업, 가정들은 결사적 삶의 일부
가 아니라 그것들은 공공정책으로 변환되는 사회규범과 정치적 조
정에 영향을 미치게 하려는 문명화된 사회건설 작업의 일부임에
틀림이 없다.

－Jean Cohen "미국시민사회가 직면한 문제들은 도덕적 쇠퇴가
아니라 정치와 경제가 특별한 이익에 발목이 잡혀 필요한 개

---

226) Michael Edwards, *op.cit*, p.96.
227) Nancy Rosenblum, 1998, *Membership and Morals: The Personal Uses of Pluralism in America*, Princeton: Princeton University Press. p.350.

혁이 불가능해졌기 때문에 발생한 것이다.”228)

- 시장이든, 국가이든, 자발적 영역이든 한 섹터에 고착화함으로써 다른 모든 부분들을 배제하는 대신, 사회전반에 걸친 필요한 개혁을 확보하는 제도적 장치를 모색해야 한다.

- 이 과정은 가정이 가치를, 규범을, 개인의 태도 성향들을 형성하는 중심역할을 담당한다는 점을 인정하는 것에서부터 시작해야 한다. Stephen Carter처럼 “가정은 타인에 대한 희생과 보살핌을 특징으로 하는 제1의 시민사회이며 또한 이어야 한다”고 주장한다.229) 신뢰, 협력, 이보다 훨씬 더 구체적으로 여타 정치적 태도들은 모두 가족관계 속에서 형성되기 시작한다.

2) Case Western University, ‘Institute for Research on Unlimited Love’(무한 사랑연구소)

“사랑의 본질은 타인들의 복리에 대한 이타적인 기쁨이며, 마음으로 그것을 확인하는 것이고, 또한 타인을 대신하여 예외를 두지 않고 지속적이며, 항상적인 방식으로 보살핌과 서비스를 제공하는 것이다.”

그러므로 자유롭고 지지를 아끼지 않는 가족관계의 형성과 배양은 문명화된 사회건설을 위해 결정적으로 중요하다.230)

---

228) Jean Cohen, 1999, “American Civil Society Talk”, in R. Fullwinder(ed.), *Civil Society, Democracy and Civic Renewal.* p.79.
229) Stephen Carter, 1999, *Civility*, New York: Harper Perennial Books, p.230.
230) Michael Edwards, *op.cit*, pp.109 - 110.

180

3) "사회적 관습들이 정치에 의해 구조화된다"는 주장과 "정치는 사회적 관습들에 의해 구조화된다."는 주장 간에는 분열이 존재한다.

정부를 공동의 목표와 정체성의 영역으로 보는 것과 시민사회를 무정부주의, 사적인 억압, 집합적 자원들의 사적인 독점의 영역으로 보는 방식은 사적 이익들이 다른 어느 때보다도 정부에 더 많은 영향력을 행사하는 것처럼 보이는 현시점에서는 공상에 지나지 않을 수도 있다.[231]

4) 주요한 사회적 변형이나 정치와 경제상의 체계변경은 오직 결사하는 행위를 통해서만 성취되어 온 것이 아니다. 사회전반에 걸친 일련의 개혁들을 요구하게 되므로 국가들, 시장들, 그리고 매개적 결사체들은 자신들의 상이한 에너지들을 특정한 공동 목적을 위해 사회계약에 의해 조율한다.

사회계약들이 개발과정의 성격을 규정하는 거래들을 둘러싼 최소합의수준을 확보하고 유지해 주었다. 성공적인 개발의 열쇠는 '일반화된 신뢰'가 아니라 상이한 기관들(정부, 비즈니스, 시민사회)이 제시하는 구체적인 도전 항목들과 관련하여 상이한 기관들을 망라하는 행위의 조율을 거쳐 전략적으로 투입되는 사회적, 경제적, 정치적 에너지에 주목해야 한다. 이것이 좋은 사회로 가는 경로이다.[232]

---

231) Michael Edwards, *op.cit*, p.112.
232) Michael Edwards, *op.cit*, p.114.

3. 공공 영역으로서의 시민사회: 공적 생활 모델

(1) 공공 영역으로서의 시민사회의 정의

1) "시민사회를 공적 심의와 합리적 대화 그리고 공익추구의 일환으로 적극적 시민권이 행사되는 하나의 장, 즉 공공 영역"으로 본다.

2) "공공 영역이란 사회적 차이를, 사회문제를, 문화적 정체성, 공공정책, 정부의 결정과 공동체의 업무들이 개발되고 심의되는 비입법적, 초사법적, 공적 공간이다."233)

3) Jürgen Habermas "시민사회를 시민들이 자유, 평등, 비폭력적 상호작용의 조건하에서 공동관심사들을 얘기할 수 있는 '담론적 공공 영역'(discursive sphere)의 존재"로 파악하고, 승자는 제일 큰 목소리가 아니라, 특수한 합리성의 근거가 되는 최고의 생각들이 될 것이라고 본다.234)

4) John Keane "공공 영역을 의사소통의 수단에 의해 연결된 둘 또는 그 이상의 사람들이 주어진 상호작용의 환경 내에서 작용되는 권력관계들에 관하여 비폭력적 논쟁을 분출시키는 어떤 특수한 유형의 공적 관계"라고 한다.235)

---

233) L. McClain and J. Fleming, 2000, "Some Questions for Civil Society Revivalists", *Chicago－Kent Law Review*, 75(2), pp.301－354.

234) Jürgen Habermas, 1996, *Between Facts and Norms: Contributions to a Discourse Theory of Law and Democracy*, Cambridge: MIT Press.

235) John Keane, 1998, *Civil Society: Old Images, New Visions*, Stanford: Stanford University Press. p.169.

(2) 공공 영역의 중요성

1) 공공 영역은 대의민주주의 제도하에서처럼 직접민주주의와 심의민주주의, 참여민주주의 혹은 담론정치(dialogue politics)에 관심이 부활하는 기초가 된다.

2) '이방인들이 서로 만나서 칼을 빼지 않은' 어떤 장소로서, 무례가 비폭력적 방식으로 행해질 수 있도록 허용한 어떤 지정 장소로서, 지속적으로 자기 자신과 싸움을 벌이면서도 평화롭게 갈등을 타개하는 모종의 사회로서의 특성들을 가지고 있다.[236]

Ⅶ. 한국적 시민사회 개념

서구의 시민사회는 '아래에서 위로'(bottom‒up) 성립되어 발전되었지만, 한국의 시민사회는 식민지와 신식민지적 구조와 분단상황으로 인해 기본적으로 외세에 의해서 '바깥에서 안으로' 또는 '위에서 아래로'(top‒down), 즉 외세의존적인 국가의 지도하에서 성립, 발전해 왔다. 1960년대와 1970년대의 경제개발을 통하여 위축되어 있던 시민사회운동이 1980년대 후반에 들면서 서구적인 아래로부터의 위로에로 향하는 시민사회운동이 공간적으로 세력을 확장시키게 되었다. 이러한 초기의 시민들의 개별적인 지역적인 1980년대의 민중운동에서 1987년 6월 민주항쟁을 겪으면서 결정적인 계기가 되어서, 그리고 1990년대에 들면서 지방자치제도를

---

236) John Keane, *ibid*, p.169.

실시하면서 활성화를 띠게 되어 단순한 이해 당사자만의 민중운동에서 시민사회계층으로 운동이 확산되는 시민운동으로 성장하게 되었다.

〈표 5〉 한국시민사회운동의 1980년대와 1990년대 이후의 변화

구분	1980년대 민중운동	1990년대 이후 시민운동
1. 운동주체	이해당사자인 노동자, 농민, 빈민, 지역주민	화이트칼라나 자영업자인 중간층이나 지식인, 학생, 종교인, 주부 등의 주변계층
2. 운동목표	정치, 경제적 구조의 전체적 민주화 추구 정치세력화 시도	점진적 제도 개선을 추구하면서 국가외부에서의 압력행위를 선호
3. 운동방식	파업, 시위, 농성 등 급진적인 방법	캠페인, 국민홍보, 강연회 등 온건하고 합법적 방식
4. 운동쟁점	경제적, 권력적, 계급적 불평등에 중점	경제정의, 부정부패추방, 환경, 여성 등 시민사회의 공공선이라는 광범한 쟁점을 포괄
5. 정치사회, 국가와의 관계	정치사회를 활용하여 국가권력구조의 변혁추구	정치사회와 무관하게 국가의 정책개혁에 영향을 미치려고 압력을 행사

한국의 시민사회를 어떻게 정의할 것인가? 하는 문제에 접하여 우리는 주저하게 된다. 최장집과 임현진 두 교수들에 의하면 『시민사회의 도전』에서 시민사회를 다음과 같이 정의하고 있다.

"국가의 직접적인 통제 바깥에서 개인들과 집단 간에 사적 또는 자발적 협정에 의해 조직되는 사회생활 영역이다. 여기에서의 사회생활 영역은 가정생활, 경제 영역, 문화생활, 정치적 상호작용을 말한다."[237]

---

237) 최장집, 임현진 공편, 『시민사회의 도전』(서울: 나남, 1993), p.79.

따라서 국가와 국가 이외의 모든 영역을 시민사회로 규정한다. 그리고 정치사회는 국가와 시민사회를 연계하여 개인과 집단을 국가에 복귀시킬 수 있는 영역을 말한다. 그러나 일반적으로 우리의 한국시민사회에 대한 개념 규정은 여러 가지로 할 수 있겠으나 21세기 초반의 우리 사회에서 살펴본다면, 국가와 정치 영역, 경제 영역, 그리고 그 외 제3의 영역으로서, 국가와 정치 영역에서의 정부나 국가실패를, 그리고 경제 영역에서 시장실패를 극복할 수 있는 압력단체의 성격을 띠면서 공공선을 추구하는 시민사회 영역으로 정의하는 것이 가장 일반적일 것으로 보인다.

|참고문헌|

최장집, 임현진 공편, 1993, 『시민사회의 도전』, 서울: 나남.

Barber, Benjamin R. 1998, *A Place for Us: How to Make Society Civil and Democracy Strong.* New york : Hill and Wang.

Carnoy, Martin. 1984, *The State and Political Theory,* New Jersey: Princeton University Press.

Carter, Stephen. 1999, *Civility,* New York: Harper Perennial Books.

Cohen, Jean. 1999. "American Civil Society Talk", in R. Fullwinder eds., *Civil Society, Democracy and Civic Renewal.*

Comaroff, John and Jean Comaroff, eds. 1999, *Civil Society and the Political Imagination in Africa,* Chicago: University of Chicago Press.

Edwards, Michael. 2004, *Is Civil Society A Big Idea?* London: Polity Press, Ltd.

Gellner, E. 1994, *Conditions of Liberty: Civil Society and its Rivals,* London: Hamish Hamilton.

Giugni, M. 1999, "How Social Movement Matter" in M. Giugni, D. McAdam and C. Tilly eds., *How Social Movement Matter,* Minneapolis: University of Minnesota Press.

Habermas, Jürgen. 1996, *Between Facts and Norms: Contributions to a Discourse Theory of Law and Democracy,* Cambridge: MIT Press.

Hobbes, Thomas. 한승조 역, 『리바이어던』, 서울: 삼성출판사.

Howell, P. and J. Peace, 2001, *Civil Society and Development: A Critical Explanation,* Boulder: Lynne Rienner.

Keane, John, 1998, *Civil Society: Old Images, New Visions,* Stanford:

Stanford University Press.

Locke, John, 1955, *On Civil Government*, Chicago: Henry Regnery.

McClain, L. and J. Fleming, 2000, "Some Questions for Civil Society Revivalists", *Chicago – Kent Law Review*, 75(2).

Patel, S., J. Bolnick and D. Mitlin, 2001, "Squatting on the Global Highway: Community Exchanges for Urban Transformation", M. Edwards and J. Gaventa eds., *Global Citizen Action*. London: Earthscan.

Rosenblum, Nancy, 1998, *Membership and Morals: The Personal Uses of Pluralism in America*, Princeton: Princeton University Press.

Seligman, Adam, 1992, *The Idea of Civil Society*, Princeton: Princeton University Press.

Smith, Adam. 1990, *An Inquiry into the Nature and Causes of the Wealth of Nations*. Chicago: Encyclopedia Britanica.

Tocqueville, Alexis de. 1981, *Democracy in America*, New York: Freedom Watch.

Walzer, M., 1998, "The Idea of Civil Society: A Path to Social Reconstruction", in E. J. Dionne eds., *Community Works*.

Warren, M. 2001, *Democracy and Association*, Princeton: Princeton University Press.

제8장

그람시와 국가, 시민사회

I. 마르크스주의의 위기와 그람시의 등장

마르크스주의는 자본주의 체제의 견고성과 계급적 변혁운동의 침체로 인하여 문제의식이 고조되기 시작하였다. 이러한 문제의식이 반레닌주의, 반경제주의로 발전하게 되었다. 이와 같이 마르크스주의의 위기의식이 조성되는 과정에서 이탈리아에서 그람시가 급격히 부상하여 등장하게 되었다. 마르크스주의가 르네상스를 겪게 되는 것은 1960년대 말과 1970년대 초 프랑크푸르트학파와 유로코뮤니즘 현상으로 집약되는 반레닌주의의 등장에서이다.[238]

반경제주의는 알튀세(Louis Althusser)의 구조주의적 마르크스주의에 의해 1970년대 중반부터 강력히 제기되기 시작하였다. 포스트 마르크스주의는 라클라우와 무페(Ernesto Laclau & Chantal Mouffe)의 급진적 민주주의 이론의 기본전제인 계급환원론 및 경제주의에 대한 비판에서 출발한다.

그람시의 이론은 실천적으로는 유로코뮤니즘 노선과 정당형태로, 이론적으로는 구조주의적 마르크스주의의 형태로, 정치적으로는 노동운동의 중심성을 전제하지 않는 민주연합에 의한 평등민주주의

---

238) 유팔무, 1991, "유로코뮤니즘의 위상과 전망", 『동향과 전망』, 여름호.

구현을 최종 목표로 삼는다. 이러한 목표하에서 그람시의 이론은 노동운동이 퇴조하고 그 반면에 환경, 여성운동 등 비노동자 계급적 사회운동들이 활기를 띠면서 소위 운동권을 주도해 감에 따라 형성된 마르크스주의에 대한 위기의식이 싹트게 되었다.[239]

Ⅱ. 그람시의 시민사회의 구조

마르크스나 레닌의 이론과 실천적 전략을 20세기 서구에 합당한 방식으로 수정, 적용하기 위해 서구자본주의 변혁전략을 모색하는 과정에서 착안해 낸 것이 시민사회라는 구조와 이를 통한 헤게모니적 지배계급의 메커니즘이었다.[240] 헤게모니란 피지배계급에 대한 부르주아적 가치와 규범의 이데올로기적 지배이다. 시민사회에서 부르주아적 헤게모니라는 개념을 사용하여 국가는 상부구조에서 부르주아적 헤게모니를 내포하고 있다. 이러한 구조와 메커니즘에 대응하기 위해서 국가의 전면공격(the frontal attack of the State)이라는 기동전(war of maneuver)에 대체하는 새로운 전략으로서 진지전(war of position)을 강조하게 되었다.[241]

그렇다면 그람시에게서 시민사회란 의미는 어떤 것일까? 먼저 시민사회라고 하는 말은 로크, 루소, 칸트 등 계몽시대의 사상가들

---

239) 유팔무, 1989, "현대사회 변혁운동의 성격 - 서독의 환경 평화운동을 중심으로", 『문학과 사회』, 가을호.
240) 사쑨(최우길 역), 1984, 『그람시와 혁명전략』, 서울: 녹두. pp.26 - 27.
241) Antonio Gramsci, 1971, *Selections from Prison Notebook*, New York: International Publishers. p.238.

190

에게서 유래하여 헤겔에 이르기까지는 자연상태나 원시상태의 사회에 대비되는 '문명사회'의 의미로 사용되었다. 그 이후 헤겔, 마르크스, 엥겔스 등에 의해서는 물질적 욕구를 해결하는 경제 영역을 의미하는 것으로 이해되었다. 그람시에 이르러서는 시민사회란 마르크스의 부르주아 사회와는 전혀 다른 의미로 사용되었다.

보다 구체적으로 말하자면, 시민사회와 국가라는 개념들을 구분함으로써 그 의미를 뚜렷하게 하고자 한다. 로크와 루소는 시민사회를 전 국가사회(pre‑statal society)에 인간이 존재하던 때에 질서가 자연상태를 지배하는 것으로 간주하였다. 가족, 생산관계 등을 초월하여 법에 의해 통치되는 집단을 형성하는 인간조직이다. 인간은 자신의 자유를 지키기 위해 자유를 포기하면서 이와 같은 집단에 자발적으로 참여를 한다. 집단의 의지, 즉 국가에 의해 조직되고 지배되는 자연상태로 보았다.

그러나 헤겔은 시민사회를 전 정치사회(pre‑political society)로 보고 "방종과 비참, 물리적, 윤리적 타락"만이 군림하는 영역으로서 자연주의적 개념과는 정반대의 영역인 것으로 생각하였다.[242] 시민사회는 더 우월한 지적 능력을 가진 국가에 의해 조절되고 지배되어야 한다. 무페(Chantal Mouffe)에 의하면 헤겔식의 시민사회의 개념은 '前 마르크스주의적' 생산관계와 계급적 구성을 통제하는 행정적 조합적 규율뿐 아니라 생산관계와 계급적 구성 자체도 포함된다는 것이다.

---

242) Hegel, in Chantal Mouffe eds., 1979, *Gramsci and Marxist Theory*, London: Routledge and Kegan Paul. p.28.

마르크스와 엥겔스는 헤겔적 견해를 변화시켜 나갔다. 헤겔이 정치구조와 조직에 선행하는 모든 전 국가적 생활과 그것을 결정하는 경제관계의 발전이라고 시민사회를 정의하고 있다. 이에 비해서 마르크스와 엥겔스는 시민사회와 국가개념이 반대이다. 엥겔스는 국가는 종속적 요소인 반면 시민사회가 결정적 요소라고 한다.243) 경제구조라는 하부구조와 국가와 시민사회라는 상부구조는 마르크스주의의 기본적인 변증법적 반정립(antithesis)을 구성한다. 시민사회가 국가를 지배하고 하부구조가 상부구조를 지배하는 것이다. 이와 같은 생산관계는 사회의 경제구조를 형성하고 이것이 진정한 토대가 되어 그 위에 정치적, 법적 상부구조가 세워지며 거기에 상응하는 특정한 형태의 사회적 의식이 결정된다고 본다.

마르크스는 국가를 시민사회 아래에 포함시키고 있다. 그는 "국가를 결정하고 국가의 조직과 목표를 자본주의 발전의 특정 단계에서의 물질적 생산관계와 일치하도록 맞추는 것이다. 따라서 마르크스의 시민사회는 '역사적으로 특수한 생산형태'라는 뜻으로 '생산관계의 총화' 또는 '물질적 토대'로 파악하고 있는 데 반해, 그람시에게서 시민사회는 하부구조적 요소에 속하는 것이 아니라 상부구조의 한 요소인 것이다. 그리고 그 상부구조 내에서 시민사회라는 구조 위에 정치사회라는 국가가 위치하고 있다. 이른바 마르크스의 '정치적, 법적 상부구조'가 시민사회라는 구조 위에 존재한다. 이와 같은 두 개의 주요한 상부구조적 차원에 **사적, 유기체**

---

243) Norberto Bobbio, 1979, "Gramsci and Conception of Civil Society" in Chantal Mouffe, 1979, *Gramsci and Marxist Theory*, London: Routledge and Kegan Paul. p.28.

적 총체인 시민사회(상부구조의 토대)와 국가(상부구조의 위층)라는 정치사회가 바로 그것이다.244) 이 상부구조의 두 차원은 하나는 지배집단이 사회전반에 행사하는 헤게모니의 작동에 해당하고, 다른 하나는 국가와 사법적 정부를 통해서 행사되는 직접적 지배나 명령에 해당한다. 그는 이러한 시민사회가 '**비권력적 헤게모니가 형성, 작용하는 영역**'이라는 점에서 국가와 구별하고 있다.

Ⅲ. 그람시의 헤게모니와 국가

1. 헤게모니란

1차 세계대전 이후 상대적으로 많은 정치적 자유가 향유되던 상황하에서도 노동계급의 정당들은 보수적인 그들의 경쟁자들보다 상대적으로 정치적 활동이 부진하였다. 이러한 사태를 설명하기 위해서 그람시는 헤게모니 개념을 도입하여 시민사회에서 지배계급이 피지배계급에 대해서 지니는 이데올로기적 우세를 말한다.245) 특히 그람시의 독창적인 문제의식으로서는 체제의 실질적인 경고성은 지배계급의 폭력이나 국가 기구의 탄압 능력에 있는 것이 아니라 지배계급이 가진 '세계에 대한 관념'을 피지배계급이 받아들이는 데 있다. 즉 피지배계급이 어떻게 낡은 질서를 전복하고, 보편적인 자유라는 새로운 질서를 창출시켜야 하는지를 밝히는 문제에 두고 있다.

---

244) Gramsci, 1971, *ibid*, p.12.
245) *Ibid*, p.238.

2. Bobbio 그람시가 전통적인 마르크스주의 이론을 전도시킨 두 가지 우월성

1st, 이데올로기적 상부구조가 경제적 하부구조에 대해 가지는 우위성을 강조한 점이다.

2nd, 시민사회(동의)가 정치사회(무력)에 의해 가지고 우위를 강조한 것이다.

그람시에서 역사발전의 적극적, 긍정적 요소들을 대표하는 것은, 경제구조의 생산관계를 발하는 하부구조가 아니라, 이데올로기적 문화적 관계, 정신적 지적 생활, 그리고 이 관계들의 정치적 표현의 복합체 등인 상부구조이다.[246)

3. 마르크스 엥겔스의 생산수단의 지배사상: 『독일 이데올로기』

"모든 역사시대에서 지배계급의 사상이 지배적 사상이었고, 물질적 힘으로써 사회를 지배하는 계급은 동시에 지적인 힘으로도 사회를 지배하게 된다." "물질적 생산수단을 마음대로 할 수 있는 계급은 동시에 지적 생산수단도 마음대로 지배하고 있다. 따라서 지적 생산수단을 갖지 못한 계급의 사상은 그것에 종속되기 마련이다."[247) 그람시는 이러한 마르크스 엥겔스의 생산수단의 지배사

---

246) Martin Carnoy, 1984, *The State and Political Theory*, New Jersey: Princeton University Press. p.69.

247) Robert C. Tucker eds., 1978, *Marx and Engels Reader*, 2nd edition, New York: W. W. Norton, p.172.

194

상에 추가하여 헤게모니의 개념을 도입하였다. 그에게서는 자본주
의적 생산이 지배하는 무력 혹은 논리로서는 자본주의적 생산이
피지배계급에게서 향유하는 동의가 설명될 수 없었다.

4. Buci - Glucksmann의 적극적 동의를 얻기 위한
   전략의 기초

1st, 시민사회에서 지배계급의 한 분파가 도덕적, 지적 지도성을
통하여 지배계급의 다른 동맹분파를 지배하는 과정
2nd, 지배계급과 피지배계급과의 관계이다. 지배계급이 그들의
정치적, 도덕적, 지적 지배력을 사용하여 자신의 세계관을 포괄적
이며 보편적인 것으로서 확립하고, 피지배계급의 이해와 욕구를
구체화하는 성공적인 시도들을 내포하고 있다.[248]

5. 『옥중수고』에 나타나는 헤게모니와 국가, 시민사회
   위치에 관한 정의[249]

1st, 국가가 시민사회 사이에 반대되는 관계가 존재한다. "헤게모
니(지도)는 시민사회에 속하고, 강압(지배)은 국가에 속한다."는 것
이다.
2nd, 국가에 시민사회가 포함된다. "국가가 시민사회를 둘러싸고

---

248) Henry A. Giroux, 1981, "Hegemony, Resistance, and Education
    Reform." in *Curriculum and Instruction: Alternatives in Edu-
    cation*, ed., Berkley: McCutchan Publishing. p.418.
249) Perry Anderson, 1977, "The Antimonies of Antonio Gramsci."
    New Left Review, No. 100, pp.5 - 78.

있는 것이다." 일반적인 국가개념은 시민사회라는 개념에 돌려져야 할 요소를 포함하고 있다. 즉 국가＝정치사회＋시민사회, 즉 강압 무장한 헤게모니라고 말할 수 있다.

3rd, 국가와 시민사회가 동일하다. 따라서 동의와 강압이 국가에 공존하게 되고, 헤게모니는 국가기구 자체로부터 분리될 수 없다. 국가와 시민사회는 보다 더 큰 통일체로서 부상한다. 국가는 사회구성체 자체와 동일하며, 정부적인 기구와 사적인 기구를 포함한다. 이는 알튀세(Althusser)가 '이데올로기적 국가기구', 즉 모든 이데올로기적 정치적 상부구조로서 가족, 노동조합, 개량주의 정당, 사적인 통신수단 등을 포함하는 헤게모니 국가기구로 정의된다.[250] 이러한 헤게모니적 국가기구는 그에 대항 헤게모니를 탄생, 발전시키는 과정에서 위기에 직면하게 된다. 이 대항 헤게모니는 풀란차스(Poulantzas)가 지적하듯이 좌익이 선거에서의 승리는 국가기구 내에서 대항 헤게모니를 구성하여, 시민사회의 지배적 계급의 헤게모니에 대한 주요한 평형력으로 작용한다.[251]

그람시는 국가를 헤게모니기구가 확장된 것으로 간주한다. 즉 계급투쟁 속에서도 사회에 대한 그들의 지배력을 확장, 영구화시키기 위해 부르주아지가 발전시킨 체계의 일부로 간주한다. 지배계급의 헤게모니 속에 국가가 통합되는 것은 부르주아계급 그 자체의 성격으로부터 유래한다.

---

250) Martin Carnoy, 1984, *op.cit*, p.73.
251) *Ibid*, p.74.

6. 수동적 혁명(passive revolution)

그람시가 정치적, 이데올로기적, 사회적 관계에서의 변화와 경제적 변화를 연결시키는 개념이다. 그는 지배계급이 헤게모니를 유지하고, 대중들이 정치, 경제 제도에 영향력을 발휘하는 것을 배제하기 위해, '**지속적으로 국가권력을 재조직화하는 행위**', 지배계급과 이런 행위와의 관계를 가리키기 위해 이러한 용어를 사용하고 있다.[252] 이와 같은 수동적 혁명이론을 통해서 그람시는 자본주의의 존속 가능성을 헤게모니라는 개념과 연관시킨다. 바로 이러한 점에서 그람시는 후기 마르크스주의의 알튀세로 이어지는 경제주의와 결별을 하게 된다. 그람시는 자신의 이론적 기반을 구성할 때 노동자 계급이 국가권력을 장악한다는 것도 결국 민중 대다수를 통합시킬 수 있는 헤게모니를 확산시킨다고 하는 노동자계급이 가지고 있는 고유한 소명을 달성하는 것이다.[253]

Ⅳ. 급진적 변혁의 과정

1. 헤게모니의 위기

그 사회를 지배하고 있는 지도이념이 위기에 처한다는 것은 그 사회가 크게 동요되어 변화한다는 것을 의미하는 것이다.

---

252) *Ibid*, p.76.
253) 사쑨(최우길 역), *op.cit*, p.219.

1) Buci‑Glucksmann 헤게모니의 위기론

"모든 구조주의적 기능주의 모델로부터 그람시의 혁명적 변증법적 탈출은 그가 통합 모델을 사용할 때 항상 '분해'의 모델을 환상시키는 것처럼 보이게 된다. 요컨대 헤게모니의 위기(유기적 위기)에 관한 이론 없이 헤게모니 이론이 있을 수 없고, 이전에 종속적이던 계급이 헤게모니 계급이 되도록 해 주는 계급 구성, 원자화의 이론 없이 종속적 계급의 지배계급에 대한 통합을 분석할 수 없으며, 새로운 전략적 전망을 재정립함이 없이 국가의 확대를 논할 수가 없다."[254]

그람시는 부시‑굴락스만의 양극적 이론에서 사회계급이 그들의 정치정당으로부터 분리되는 역사적 시대가 존재한다고 주장한다. 이러한 사태가 발생하면 폭력적 해결책이 사용되거나 지배계급의 헤게모니를 유지하기 위하여 국가를 이용하는 전통적 수단이 더 악화되므로 상황은 위험하게 된다. 이 순간 여론과는 독립적인 사회‑관료주의의 요소(교회, 고급 재정, 기타 제도 등)들의 권력과 자율성이 증대된다. 이러한 위기는 어떻게 발생하는가? 그것은 **지배계급의 반민중적 행동 혹은 이전의 수동적 민중들의 정치적 능동성이 성장한 결과**이다. 어느 경우에나 그들은 모두 '**권위의 위기**'를 동반한다. 이것이 바로 그람시가 말하는 '**지배집단의 헤게모니의 위기**' 혹은 '**국가의 전반적 위기**'이다.[255]

---

254) Christine Buci‑Glucksmann, 1979, "State, Transition and Passive Revolution." in Chantal Mouffe, *Gramsci's and Marxist Theory*. p.75.
255) *Ibid*, p.210.

"지배계급이 동의를 상실한다면, 즉 강압적 힘만을 사용하여 지배할 뿐 지도적이지 못한 상태가 된다면, 이것은 틀림없이 대다수의 대중들이 그들의 전통적 이데올로기로부터 분리되어 예전에 믿었던 것을 더 이상 믿지 않게 되는 것을 의미한다. 그 위기는 낡은 것은 죽었으나 새로운 것이 태어날 수 없는 상태로 이루어져 있다."256)

마르크스와 레닌에게서는 부르주아 국가란 **부르주아 권력의 강압수단**이라 해도, 그람시에게서는 국가는 또한 **부르주아 이데올로기의 도구**이기도 했다.

2 새로운 전략으로서 '진지전'

1) 진지전의 개념

- 그람시는 '국가에 대한 전면적 공격', 즉 '기동전'257) (war pf maneuver)에 대체되는 전략으로서 '진지전'258)(war of position)이라는 개념을 발전시킨다.259) 국가를 점령하는 것(국가를 전복, 지배하는 것)은 그 자체로는 사회를 지배하는 것이 되지 못한다. 즉 대체될 수 있는 프롤레타리아 헤게모니가 확립되지 않은 것이기 때문이다.

---

256) *Ibid*, pp.25 - 6.
257) 사쑨(최우길 역), op.cit, p.22. 기동전에 대한 구체적 설명을 잘 해 놓고 있다.
258) *Ibid*, p.26. 역시 진지전에 대해 설명하고 있다.
259) Martin Carnoy, 1984, *op.cit*, p.80.

2) 부르주아 헤게모니와 대결하는 전략, 즉 진지전의 중요한 요소(네 가지)[260]

1st, 개별국가를 정확히 검토하는 것이 필요함을 강조한다. 1848년 '영국혁명'의 공식은 정치과학에서 '시민 헤게모니'의 공식으로 확대되고 지양되어 왔다.

2nd, 진지전은 노동계급의 대중조직과 발전하는 노동계급의 제도와 문화에 의해 만들어진 대항 헤게모니로 국가기구를 포위한다는 개념에 기초해 있다. 부르주아적인 존재의 비전에 대항하기 위해서 새로운 세계관, 새로운 생활양식, 새로운 사고방식, 새로운 도덕성, 새로운 사상들로 무장해야 한다.

3rd, 의식을 변혁과정에서 핵심적 요소로 주목한다.

<노동계의 의식 획득을 위한 싸움>
의식의 제1단계: 직업적 동일시하는 단계
의식의 제2단계: 한 사회계급의 모든 성원 간에 이해관계가 일치하는 단계
의식의 제3단계: 개인들은 자신의 조합주의적 입장을 동일한 경제적 계급의 조합주의적 한계를 뛰어넘어, 모든 종속적 집단으로 확대되는 것을 자각하는 단계

4th, 이데올로기 발전의 지형학을 행동으로 옮긴다.

---

260) *Ibid*, pp.81 - 84.

3. 지식인의 역할

- 그람시는 카우츠키에 대한 레닌의 비판에 근거하고 있다.

1) Karl Kautsky "사회주의 운동에서의 노동자와 지식인의 관계를 지도자와 피지도자의 관계, 즉 지식인들이 이론적 이데올로기적 지도력에서 가장 보다 뛰어난 능력에 기초한 위계적 분업질서로 본다."[261]

2) 그람시는 카우츠키의 위와 같은 개념을 거부한다. 계급과는 무관한 하나의 독특한 사회적 범주로 해석하여 '지식인' 개념을 신화라고 주장한다.

"경제적인 생산관계에서 필수적인 기능을 수행하며 독자적인 영역기반 위에 존재하는 모든 사회집단은, 자기집단과 동질성을 가지며 경제적 영역뿐만 아니라 기능을 자랑하는 하나 이상의 지식인 계급을 자기계급과의 유기적인 관계 속에서 창출시킨다.[262]

3) 지배집단의 대표자들로서 사회적 헤게모니와 정치적 통치에 있어서 부관적인 기능을 수행하는 중요한 역할을 함과 동시에 혁명과정에서도 핵심적인 역할을 한다. 유기적 지식인들이 정치전략에 토대를 제공해 준다.

---

261) *Ibid*, p.85.
262) Antonio Gramsci, 1979, *op.cit*, p.5.

|참고문헌|

유팔무, 1991, "유로코뮤니즘의 위상과 전망", 『동향과 전망』, 여름호.

유팔무, 1989, "현대사회 변혁운동의 성격 – 서독의 환경 평화운동을 중심으로", 『문학과 사회』, 가을호.

사쑨(최우길 역), 1984, 『그람시와 혁명전략』, 서울: 녹두.

Anderson, Perry. 1977, "The Antimonies of Antonio Gramsci." *New Left Review*, No. 100.

Bobbio, Norberto. 1979, "Gramsci and Conception of Civil Society" in Chantal Mouffe, *Gramsci and Marxist Theory*, London: Routledge and Kegan Paul.

Buci – Glucksmann, Christine. 1979, "State, Transition and Passive Revolution." in Chantal Mouffe, *Gramsci and Marxist Theory*. London: Routledge and Kegan Paul.

Carnoy, Martin. 1984, *The State and Political Theory*, New Jersey: Princeton University Press.

Giroux, Henry A. 1981, "Hegemony, Resistance, and Education Reform." in *Curriculum and Instruction: Alternatives in Education*, ed., Berkley: McCutchan Publishing.

Gramsci, Antonio. 1971, *Selections from Prison Notebook*, New York: International Publishers.

Hegel, in Chantal Mouffe eds., 1979, *Gramsci and Marxist Theory*, London: Routledge and Kegan Paul.

Tucker, Robert C. eds., 1978, *Marx and Engels Reader*, 2nd edition, New York: W. W. Norton.

제 9 장

사회적 자본(Social Capital)과 시민사회

Ⅰ. 사회적 자본의 개념

사회적 자본(社會的 資本: Social Capital)은 종전의 인적, 물적 자본에 대응되는 개념으로 '사회구성원들이 공동의 문제를 해결하는 데 적극적으로 참여하는 사회의 조건 또는 특성'을 지칭한다. 이것은 사회구성원들이 힘을 합쳐 공동목표를 효율적으로 추구할 수 있게 하는 사회생활의 특성으로서 공동이익을 위한 상호 조정과 협력을 촉진하는 사회적 조직의 특성이라고도 정의할 수도 있다. 여기서 사회생활 또는 사회적 조직의 특성이란 상호 신뢰, 친 사회적 규범 그리고 협력적 네트워크이다. 이러한 특성들이 사회적 자본의 핵심적 구성요소이다. 사회적 자본의 정의는 연구자의 관점에 따라 매우 다양하다.

퍼트남(Robert Putnam, 1995)은 현대적 고전으로 읽혀지고 있는 그의 『사회적 자본과 민주주의』에서 사회자본을 상호이익을 증진시키기 위한 조정과 협력을 촉진시키는 네트워크, 규범 그리고 사회적 신뢰와 같은 사회조직의 특징들이며, 그리고 사회자본의 원천으로서 사회적 연계망, 규범, 신뢰 등을 제시하고 있다.[263]

제임스 콜먼(James Coleman, 1990)은 합리적 선택 이론에 의해

---

263) Robert D. Putnam, 1994, *Making Democracy Work: Civic Traditions in Modern Italy*, New Jersey: Princeton University Press.

사회자본을 한 개인이 그 안에 참여함으로써 특정한 행동을 하는 행위의 동력과 그 동력을 가능하게 만들어 주는 행위의 개인적 차원과 집단적 차원 간의 연결문제를 설명해 주는 행위의 사회구조 혹은 사회적 관계의 측면으로 파악하고 있다.[264]

피에르 부르디외(Pierre Bourdieu, 1986)는 전통적인 경제학의 개념의 울타리를 넘어서 사회적 자본의 개념을 사회와 문화라는 포괄적인 사회과학의 영역으로까지 확장시키면서 그는 사회적 자본을 현실적 또는 잠재적 자원의 결합으로써 상호 면식과 인식이 제도화되고 지속화된 관계망을 소유하는 것으로 본다. 그러한 제도화된 관계망은 집단적으로 소유된 자본의 후원, 즉 신용을 부여해 주는 보증을 소속원에게 제공하는 것이다.[265]

프란시스 후쿠야마(Francis Fukuyama, 1997)는 사회자본을 그룹과 조직에서 공통의 목적을 위해서 함께 일하도록 하는 사람들의 능력이며, 이러한 사람들 사이의 협력을 가능케 하는 한 집단의 회원들 사이에 공유된 어떤 일단의 비공식적인 가치 또는 규범 내지는 신뢰의 존재로서 정의하고 있다.[266]

브렘과 랜(Brehm & Rahn, 1977)은 사회자본을 집단행동 문제들에 대한 해결을 촉진하는 시민들 사이의 협동적 관계망(사회적 연계망)이라고 하였으며,

페나(Pennar, 1997)는 사회자본을 개인적 행태에 영향을 주고,

---

264) James Coleman, 1990, *Foundations of Social Theory*. Cambridge: Harvard University Press.
265) Pierre Bourdieu, 1986, "The Forms of Capital." *Handbook of Theory and Research for the Sociology of Education*, edited by J. G. Richardson. Westport, CT: Greenwood Press. pp.241－258.
266) Francis Fukuyama, 1997. *Trust: the social virtues and the creation of prosperity*. New York: Free Press.

따라서 경제적 성장에 영향을 주는 사회적 관계망이라고 하였다.

Ⅱ. 사회적 자본의 종류

1) 후쿠야마는 사회자본이 사회 내에 존재하는 신뢰로부터 나오는 것으로 종교, 전통 또는 역사적 관습 등과 같은 문화적 메커니즘에 의해 생겨나고 전파되기 때문에 다른 형태의 자본과는 다르다고 주장한다.

2) 사회자본은 시민들 사이의 협력 관계망이며(Brehm & Rahn, 1977), 사회적 관계에서만 존재한다. 현대 및 전통사회, 권위주의 및 민주사회, 봉건 및 자본주의 사회 등 어떠한 사회도 공식, 비공식의 사람들 사이의 커뮤니케이션 및 상호교환이라는 네트워크에 의하여 특징지어진다고 볼 수 있다.

3) 상호호혜의 규범은 구성원들이 공유하고 있는 규범에 근거를 두는 입장(Adler & Kwon, 2000)을 취한다.

4) 믿음(Beliefs)은 사회 자본 형성에서 중요한 역할을 하고 있다(Nahapiet & Ghoshal, 1998). 공통적인 전략적 생각(vision), 해석(interpretations), 그리고 의미의 체계(systems of meaning)의 형태를 갖는다.

5) 규율은 공식적인 제도와 사회적 연계망, 규범, 믿음 등에 대한 영향을 통해서 사회자본에 매우 강력한 직, 간접적인 영향을 줄 수 있다.

Ⅲ. 사회적 자본의 주요 속성과 기능

1) 자발적 네트워크: 개인 간 또는 집단 간의 관계를 이어주는 네트워크가 있다. 그러한 네트워크는 자발적이며 수평적으로 형성되는 것이다.

2) 호혜주의: 사회적 관계는 호혜주의적(互惠主義的) 특성을 지닌다. 구성원들은 자기에게 필요할 때 언젠가는 보답을 받을 것이라는 일반적 기대를 가지고 다른 사람들 그리고 공동체를 위해 봉사한다. 이러한 행태를 '친 사회적 행태'(pro-social behavior)라 한다.

3) 상호 신뢰: 구성월들 사이에 상호 신뢰가 있어야 한다.

4) 친사회적 사회규범: 친사회적 행태를 강화하는 사회적 규범이 있다. 사회적 규범은 비공식적, 사회적 통제력을 지닌 것이며 공식적, 법적 제재와 구별된다.

5) 공동체주의: 사회관계는 공동체주의적 지향성을 지닌다. 공동체가 핵심적 위치를 차지한다.

6) 정치, 경제발전의 윤리적 기반: 사회적 자본은 정치, 경제의 발전을 지지해 주는 윤리적 기반(ethical infrastructure)이 된다.

7) 국력과 국가경쟁력의 실체: 1990년대 들어서는 인적, 물적 자본보다 사회적 자본이 국가경쟁력이나 국력의 실체로서 작용하며 심지어는 경제발전에도 중요한 영향을 미친다.

위에서 본 것처럼 사회적 자본에 대한 기본 개념을 갖추고서, 다음에 사회적 자본에 대한 퍼트남의 논문 한 편을 소개한다. 이

논문에서는 사회적 자본이라는 개념이 경제학이나 경영학의 범위를 넘어서 문화적, 정치적인 영역에까지 개념의 확장이라는 측면의 중요성을 강조한다. 특히 퍼트남은 정치사회적 측면에서 사회자본의 개념을 더욱 구체화시켜 주면서 이론적 범위를 넘어서 적용의 논의를 강조하고 있다.

Ⅳ. 퍼트남의 사회적 자본과 제도적 성공

1. 집단행동의 딜레마(dilemma of collective action)

(1) 게임이론의 다양한 논리들

1) David Hume(18세기 영국의 철학자)의 단순한 우화: 합리적 공익정신을 혼란시키는 기본적 딜레마

"당신의 옥수수가 오늘 익고 나의 옥수수가 내일 익는다. 우리 둘의 이익을 위해서는 오늘 내가 당신과 추수하고 내일은 당신이 나를 도우면 될 것이다. 내가 당신을 위해 친절을 발휘할 아무런 이유가 없고 당신 또한 나를 위해 그럴 이유가 없다. 나는 당신의 수지 타산에 아무런 신경을 쓰지 않을 것이다. 내가 당신이 노동으로 갚을 것이라는 기대하에 오늘 당신을 돕는다면, 반드시 나는 내일 당신에 대해 실망하게 될 것이고, 당신의 친절함에 의존해야 하는 허망한 경험을 하게 될 것이다. 그 결과 나는 당신이 혼자 추수하도록 내버려 둘 것이고, 당신도 나와 똑같은 방식으로 행동할 것

이다. 계절이 바뀌고 상호 신뢰와 믿음의 부족으로 인해 우리 둘 모두 수확의 상당한 부분을 잃어버리게 될 것이다.”267)

2) 공유지의 비극(tragedy of the commons): 무제한한 방목으로 인해 모든 이의 생존이 걸린 공유자원은 파괴되고 말 것이다. 배반에 대한 신뢰할 처벌이 없다는 사실이 중요하다.

“어떠한 목동도 다른 목동이 방목하는 가축으로 인해 자신이 방목하는 가축을 제한할 수 없다. 만약 자신만이 공유지에서 방목을 줄인다면, 혼자서 손해를 보아야 하기 때문이다. 하지만 무제한적인 방목으로 인해 모든 사람의 생존이 걸린 공유자원은 파괴되고 말 것이다.”268)

3) 공공재(public goods): 공급에 무심하고 사용에는 무임승차하려 한다.

“깨끗한 공기, 안전한 이웃 등과 같이 생산에 공헌 여부와 관계없이 누구나 누릴 수 있는 재화이다. 따라서 정상적인 환경에서도 아무도 이러한 공공재를 생산, 공급할 유인체계를 갖지 못하게 되고, 아주 적은 양의 공공재만이 생산, 공급된다. 그 결과 모든 사람이 고통을 받게 된다.”269)

4) 집합행동의 논리(logic of collective action): 무임승차 이론

“만약 모든 노동자가 동시에 파업한다면 목적을 달성할 수 있을 것이다. 그러나 파업에서 주동자는 다른 혜택을 추구하는 배신자

---

267) Robert Putnam, 1994, *op.cit*, p.163.
268) *Ibid*, p.163.
269) *Ibid*, p.163.

210

에 의해 착취당할 수 있기 때문에 모든 사람들이 다른 사람의 강경한 노선에 무임승차하려고 파업에의 참여 여부를 유보하고 관망하게 된다."270)

5) 죄수의 딜레마(prisoner's dilemma)

"모든 당사자가 서로 협력할 수 있다면 보다 나은 결과를 가져올 것이다. 하지만 상호 신뢰가 부재한 상황에서는 개인을 배신하고 무임승차하려는 유인체계를 가지게 된다. 여기에서는 합리적인 개인들을 전제로 한다."271)

6) Diego Gambetta 신뢰받고 있다고 믿는 것(Can we trust in trust?: making and breaking cooperative relations)

"협력적인 행동을 하기 전에 자신이 상대방을 신뢰하는 것만이 중요한 것이 아니라 자신이 상대방으로부터 신뢰를 받고 있다고 믿는 것 또한 중요하다."272)

(2) 집합행동의 딜레마에 대한 해결책

1) Thomas Hobbes 고전적 해결책: "제3자 개입"third-party enforcement)

"자신들의 약속을 강제할 권한을 양도한다면 그들은 질서 있는 삶(civil life)을 영위하는 데 필요한 상호 신뢰를 보상물로 얻게 될

---

270) *Ibid*, pp.163-4.
271) *Ibid*, p.164.
272) Diego Gambetta, 1988, *Trust: Making and Breaking Cooperative Relations*, Oxford: Blackwell, p.216.

것이다.”273)

2) Douglas North의 “국가개입” 해결책: 제삼자 해결책의 속성
－현실에서 거의 존재하지 않는 중립적 존재를 상정한다.

“계약의 내용을 비용 없이 측정할 수 있는 능력을 지니고 있어
야 하고, 계약을 파기하는 당사자가 계약의 파기로 인해 피해를
보게 되는 상대방에게 보상을 해 주도록 만들 수 있는 강제력이
있어야 하며, 그 보상의 양이 충분히 커서 계약을 파기할 유인체
계를 제공하지 않도록 만들 수 있는 능력이 있어야 한다. 그리고
기본적으로 이러한 능력과 강제력을 갖추는 데 비용이 들지 않아
야 한다.”274)

3) Diego Gambetta: 불편부당한 강제 그 자체가 그것이 해결하
고자 하는 기본적인 딜레마와 성격을 같이하는 ‘공공재’라는 사실
에 있다.

“폭력과 강제에 의존하는 정도가 큰 사회는 그렇지 않은 다른
수단에 의해 신뢰가 유지되는 사회에 비해 덜 효율적이고 유지비
용도 많이 들며, 삶의 질도 떨어진다.”275)

4) Robert Bates 공동체와 신뢰와 같은 유연한 해결책
“죄수의 딜레마 상황이 존재하는 세계에서는 협력적인 공동체의

---

273) Putnam, 1994, *op.cit*, p.165.
274) Douglas North, 1990, *Institutions, Institutional Change and Economic Performance*, New York: Cambridge University Press, p.58.
275) Diego Gambetta, 1988, *ibid*, p.221.

존재가 합리적인 개인으로 하여금 집합적인 딜레마를 극복할 수 있도록 만들어 줄 수 있을 것이다."276)

2. 사회적 자본, 신뢰, 그리고 계

(1) 사회적 자본이란

"협력적 행위를 촉진시켜 사회적 효율성을 향상시킬 수 있는 예를 들어 신뢰, 규범, 네트워크 등과 같은 사회조직의 속성"277)

(2) 사회적 자본의 사례들

1) James Coleman: 농부의 상부상조의 사례
- 구성원들이 상호 신뢰하고 타인에 대한 믿음을 보이는 집단은 그렇지 않은 집단보다 많은 것을 성취해 낼 수 있을 것이다. 농부들이 서로 상부상조하고 농기구의 사용을 서로 공유하는 농촌사회에서는 훨씬 더 적은 물적 자본(physical capital)을 가지고도 자신의 일을 해 낼 수 있는 것이다.278)

---

276) Robert H. Bates, 1988, "Contra Contractarianism: Some Reflections on the New Institutionalism", *Politics and Society* 16(387 - 401), p.395.
277) Putnam, 1994, *op.cit*, p.167.
278) James S. Coleman, 1990, *Foundation of Social Theory*, Cambridge, Mass.: Harvard University Press. 300 - 321.

2) Clifford Geertz의 계 조직에 관한 자바 사례연구

- Arisan이라고 불리는 협력적 노력, 상부상조가 협력적 정신이라는 속성을 보여준다기보다는 노동력과 자본 그리고 삶과 관련된 모든 종류의 소비재의 교환을 관장하는 일련의 명시적이고 구체적인 관례를 반영하고 있다. 협력에 참여하는 구성원들이 지니는 상호이익에 기초하고 있다.[279]

3) Velez-Ibanetz's Confianza(보편화된 호혜성과 상호부조)란 계 조직을 통해 본 멕시코의 사회적 네트워크

- 콘피엔자에 기초한 유대는 직접적이면서도 간접적이기도 하다. 또한 그 질과 밀도에 있어서 다양하게 나타난다. 많은 경우 구성원들은 다른 구성원들이 신뢰할 것이라는 것을 신뢰하여야만 자신의 의무를 다하게 되고 따라서 계 조직이 유지될 수 있다. 그것은 서로가 서로에 대해서 아는 것이 많지 않기 때문이다. 상호 신뢰는 서로가 만들어 가는 것이기 때문이다.[280]

4) Albert Hirschman's "moral resources": 사회적 자본의 속성

- 도덕적 자원은 사용하면 할수록 그 공급이 많아지고 사용되지 않으면 고갈되는 속성을 지닌다. 두 사람이 서로에 대하여 믿음을 보이면 보일수록 상호 신뢰는 더 두터워진다. 이와는 반

---

279) Clifford Geertz, 1962, "The Rotating Credit Association; A Middle Rung in Development", *Economic Development and Cultural Change* 10, 241-263. p.244.

280) Carlos G. Velez- Ibanez, 1983, *Bonds of Mutual trust: The Cultural Systems of Rotating Credit Associations among Urban Mexicans and Chicanos*, New Brunswick, New Jersey: Rutgers University Press, p.33.

214

대로 상호불신이 생기게 되면 신뢰가 올바르다는 것을 알게 되기가 힘들게 된다. 왜냐하면 신뢰는 자기충족적인 성격을 가지고 있기 때문이다.281)

5) Antonio Genovesi's "insight": 야만의 상태(condition of salvages)
－신뢰가 부족한 곳에서는 계약에 대한 확실성이 존재할 수 없고 따라서 법도 힘을 발휘하지 못한다. 그러한 상태에 처한 사회는 실질적으로 반야만적인 상태로 회귀하게 될 것이다.282)

6) Bernard Williams's "thick trust" 깊은 신뢰
－이 사람과는 정말 친하다는 것에 기반을 둔 믿음을 의미한다. 그러나 크고 복잡한 상황에서는 보다 비대면적이거나 간접적인 신뢰의 형태가 요구된다.283)(a belief that rests on intimate familiarity with this individual)

3. 호혜성의 규범과 시민적 참여의 네트워크

(1) 제임스 콜만의 외부성(externalities)의 효과

－사회적 규범은 행동을 통제할 수 있는 권한을 가진 사람이 다른 행위자에게 그 권한을 이전한다. 행동은 외부성을 가지기 때문에 긍정적이든 부정적이든 타인에게 영향을 미치기 마련

---

281) Gambetta, 1988, *op.cit*, p.234.
282) Putnam, 1994, *op.cit*, p.170.
283) Gambetta, 1988, *op.cit*, p.8.

이다.

- 규범이 발생하게 되는 상황

1) 행동이 다른 사람에게 유사한 외부성을 발생시키지만 행동을 통제할 수 있는 권리에 관한 시장이 쉽게 형성될 수 없고

2) 어떤 개별행위자도 통제할 수 있는 권리를 획득하기 위한 교환에 참여할 유인체계가 없는 경우이다.[284]

- 규범은 교육을 포함하는 사회화, 상호작용의 모델, 처벌에 의해 유지, 강화된다.

- 규범에 가장 중요한 요소인 호혜성의 두 가지[285]

a. 구체적 호혜성(balanced or specific reciprocity): 등가의 항목을 동시에 교환하는 것

b. 포괄적 호혜성(generalized or diffuse reciprocity): 개별이익과 연계성의 갈등을 해소한다.

(2) Cicero의 포괄적 호혜성[286]

- 친절을 갚는 것보다 더 불가결한 의무는 없다. 자신이 받은 혜택을 쉽게 잊는 사람을 모든 사람들은 불신하게 된다.

---

284) Coleman, 1990, *op.cit*, p.251.
285) Marshall Sahlins, 1972, *Stone Age Economics*, Chicago: Aldine – Atherton에서 균형 잡힌(balanced) 것과 일반적인(generalized) 것으로 분류하고 있다. Robert Keohane, 1986, "Reciprocity in International Relations." International Organization 40, 1 – 27. p.21 에서 구체적인(specific) 것과 포괄적인(diffuse) 것으로 구분한다.
286) Putnam, 1994, *op.cit*, p.172.

(3) Mark Granovetter의 집단행동 딜레마의 해결책

- 특정한 형태의 사회적 네트워크는 집단행동의 딜레마를 해결
하는 데 도움을 준다. 합의가 개인적인 관계와 사회적인 네트
워크의 거대한 구조 속에 내재되어 있을 때 신뢰가 발생하고
이탈행위가 제어된다.[287](Trust is generated and malfeasance
discouraged when agreements are embedded within a larger
structure of personal relations and social networks.)
- 개인적 접촉으로부터 다른 행위자의 신뢰도에 대한 정보가 지
속적인 사회관계로부터 신뢰도에 대한 유인체계를 발생시킨다.

(4) 네트워크의 종류[288]

1) 수평적(혹은 거미줄 같은) 네트워크: 동등한 지위나 권력을 가진 행위자들을 결정

<시민적 참여의 네트워크>
a. 거래비용의 배신자가 지불하여야 하는 잠재적 비용을 증가시
킨다. 반복적 요소와 게임 간의 상호연계성을 증가시킨다.
b. 호혜성과 관련된 강력한 규범을 만들어 낸다. 약속을 지키고
행위를 관장하는 지역공동체의 규범을 받아들인다는 평판을
쌓아야만 하는 관계의 네트워크에 의해 강화된다.

---

287) Mark Granovetter, 1985, "Economic Action and Social Structure:
The Problem of Imbeddedness", *American Journal of Sociology*
91, p.489.
288) Putnam, 1994, *op.cit*, p.173.

c. 의사소통이 원활해지고 개인의 신뢰도에 관한 정보의 흐름도 향상된다. 참여자들 사이에 의사소통이 활발하면 상호 신뢰가 증가하게 되고, 협력하기 쉬워지게 된다.

d. 과거의 성공적 협력을 구체화하고 있으며 이를 기초로 미래에서의 협력을 가능하게 하는 문화적으로 규정된 지형이 형성될 수 있다.[289]

2) 수직적(혹은 기둥 같은) 네트워크: 동등하지 않은 행위자를 위계질서와 종속의 비대칭적 관계로 연결

<수직적 네트워크의 특징>

a. Patron - client relations(후견 - 피후견 관계) - 개인 간의 교환과 호혜적인 의무를 동반하지만 교환은 수직적이고 비대칭적이다.

- Pitt - Rivers는 후견주의를 '불균형적 우정관계'라고 한다. 그들은 포괄적 호혜성의 규범을 발전시킬 기반이 없으며, 상호 협력의 역사 또한 가지고 있지 못하다.[290]

b. 집합적 행동의 딜레마를 해결하는 데 수직적인 네트워크가 수평적인 네트워크보다 도움이 되지 못하는 이유를 가지고, 자본주의가 봉건주의보다, 그리고 민주주의가 전제주의보다 효율적임을 설명할 수 있다.(Capitalism is more efficient than feudalism in the 18 century, and democracy more effective than autocracy in 20 century.)

---

289) *Ibid*, pp.173 - 4.

290) Julian Pitt - Rivers, 1954, *The People of the Sierra*, London: Weidenfeld and Nocolson, p.40.

218

3) Mark Granovetter 집단행동 딜레마 해소

- 강력한 개인 간의 유대(친족이나 친밀한 우정관계)보다 약한
 유대(2차 집단에서 멤버십이나 면식)가 공동체의 응집력을 유
 지하고 집단적 행동을 지속시키는 데 훨씬 더 중요하다.[291]
 이것이 시민적 참여의 네트워크가 공동체의 사회적 자본형성
 에 있어서 중요한 이유 중 하나이다.

4. 역사와 제도의 성과: 두 가지의 사회적 균형[292]

(1) 집합행동의 딜레마가 방해요소

- 상호이익을 위해 협력하는 데 집합행동의 딜레마가 방해요소
 로 등장한다.
- 제3자에 의한 강제는 부적절한 해결책이다. 계와 같은 자발적
 협력은 사회적 자본의 변수이다.
- 포괄적 호혜성의 규범과 시민적 참여의 네트워크는 사회적 신
 뢰와 협력을 촉진시킨다.
- 배반유인체계를 감소시키고, 불확실성을 감소시키며, 미래의
 협력을 위한 모델을 제공하기 때문이다.

---

291) Mark S. Granovetter, 1973, "The Strength of Weak Ties",
 American Journal of Sociology 78, p.1376.
292) Putnam, 1994, *op.cit*, pp.177-9.

(2) 두 가지의 사회적 균형

- 사회적 자본(신뢰, 규범, 네트워크 등)은 자기 강화적이고 축
  적적이다.
- 선순환은 높은 수준의 협력, 신뢰, 호혜성, 시민적 참여와 집
  단적 복지라는 사회적 균형을 가져온다.

1) '절대 협력하지 않는' 전략('never cooperate' strategy)
- Edward Banfield '비도덕적 가족주의가 비합리적인 것이 아니
  라 이러한 상황에서 생존을 위한 유일한 합리적 전략이 되는
  것이다.' 이러한 상황에서는 집단행동의 딜레마 해결을 위해
  홉스적인 위계적 해결책(강제, 착취, 종속)이 지배적인 양식이
  된다.[293]
- Douglas North '기회주의, 사기, 배반에 의존하는 정도가 복
  잡한 사회에서 더욱 증가한다.'[294]

2) '과감한 호혜성' 전략('brave reciprocity' strategy)
- Robert Sugden '당신과 협력하는 사람과 협력하고, 먼저 배신
  하지는 말아라.' 상호부조 게임(상호부조 모임, 협동조합, 계, 그
  리고 흄의 농부 등)에서는 협력이 무한정 지속될 수 있다는 것
  을 보여준다.[295](cooperate with people who cooperate with

---

293) Edward Banfield, 1958, *The Moral Basis of a Backward Society*,
Chicago: the Free Press, p.85.
294) North, *op.cit*, p.35.
295) Robert Sugden, 1986, *Economics of rights, Co-operation and
welfare*, Oxford: Basil Blackwell, p.162.

you, and don't be the first to defeat.)

3) 항상 배반하는 전략과 서로 돕는 전략은 사회유지에 유효하다. 하지만 그 효율성과 제도적 성과는 차이가 날 것이다.

(3) 경로의존성(path dependency)

- 경로의존성에 의해 공식적 제도, 자원, 상대적 가격, 그리고 개인의 선호체계가 유사한 두 사회의 성과에 지속적인 차이가 발생할 수도 있다.
- Douglas North '미국은 지방분권적이고 의회주의적인 영국의 유산에서 혜택을 본 반면, 남미제국은 중앙집권적 권위주의, 가족주의와 후진주의라는 중세 스페인의 유산을 받았다. 즉 북미는 시민적 전통을 상속하였던 반면, 남미는 수직적 종속과 착취의 전통을 물려받은 것이다. 북미와 남미의 개인적 선호도와 취향이 달랐다는 것이 아니라 역사적으로 도출된 사회적 상황이 다른 종류의 기회구조와 유인체계를 만들었다는 점이다.'[296)
- Robert D. Putnam '북부 이태리는 북미와 유사하고, 남부 이태리는 남미와 유사한 기회구조와 유인체계를 가지고 있다.'

---

296) Putnam, 1994, *op.cit*, p.179.

5. 퍼트남의 결론

(1) 지방정부의 성공과 실패의 차이의 요인

- 지역 정부조직이 너무 흡사하기 때문에 정부조직의 차이, 정당정치, 정치적 이데올로기, 자원과 경제적 풍요, 사회적 안정과 정치부문의 조화 등으로는 직접적인 설명을 해 주지 못한다고 본다.
- 그는 시민적 유대의 전통으로서 투표율, 신문구독자 수, 합창단과 문학서클, 라이온스클럽, 축구모임의 멤버십 등 시민참여와 시민사회 활동으로 보았다.

(2) 이 성공요인이 이태리의 남부 지방과 북부 지방에 특징적으로 나타난다고 한다

- 북부의 에밀리아, 로마그나, 투스카나에서 정부가 효율적으로 운영된 지방의 공통점은 왕성한 공익활동을 벌이는 많은 공동체 조직들이 존재한다고 한다. 예) 공동관심사, 사회적 정치적 수평적 네트워크 등이 단결과 시민참여, 통합을 소중히 여기는 풍토를 가진다고 한다.
- 남부의 칼라브리아, 시실리 지역의 공통점은 비시민성의 문제로 사회, 문화 관련 조직 참여율저조, 준법정신 미약, 그에 엄격한 제도에 대한 의존성이 상대적으로 강하다고 본다.

(3) 사회적 자본인 시민적 유대의 네트워크가 이 정치적 성공과 경제적 번영을 가져오게 하는 요인

1st, 보편화된 상호의존의 건전한 규범을 촉진한다.

2nd, 조정과 커뮤니케이션을 용이하게 하고, 남과의 신뢰성에 관한 정보를 증폭시킨다.

3rd, 협력의 성공적 경험은 미래의 협력을 가능하게 하는 문화적 바탕이 된다.

(4) 결론

- 역사적 전통이 플로렌스, 볼로그, 제노아 등지에서 자치공화국들이 건립, 이들이 오늘날의 높은 시민참여와 성공적인 정부를 가진 바로 그 공화국들이다.
- 시민적 전통의 핵심부에는 중세의 길드, 종교단체들, 자력방위를 위한 요새공동체, 20세기의 노동조합, 상조회, 주민단체 등의 조직화된 상호연계와 시민적 유대를 이루는 풍요한 네트워크가 있었다고 한다.
- 시민성의 풍요로 경제적 풍요를 누린다고 결론을 내린다.

V. 퍼트남의 사회적 자본 비판

1. 비판의 제기

퍼트남의 사회적 자본에 대한 연구를 비판적으로 연구한 학자들도 있다. 비판적 논지를 전개하는 학자들은 사회경제적 성공과 정치적 성공의 등식을 파괴하여야 한다는 것이다. 퍼트남은 주로 콜만으로부터 빌려 온 사회적 자본의 개념을 토크빌의 자치규범에 관한 논의와 연결시키고 있다. 그리고 난 이후에 이를 이탈리아 지방자치제도의 경과에 대입시켰다. 이 연구는 이후 사회적 자본 개념의 확산에 큰 영향을 미쳤다. 비판적 입장을 취하는 이들은 주로 퍼트남의 방법론 문제에 집중하고 있다. 그의 가장 큰 과오는 논리가 자기반증적이라는 점이다.[297]

1) 신뢰와 네트워크의 조합형

퍼트남은 사회적 자본을 "협력된 행동을 촉진함으로써 사회의 효율을 개선시켜 주는 신뢰, 규범, 네트워크와 같은 사회적 조직의 요소들"이라 정의하고 있다.[298] 그는 사회적 자본의 구성 요인인 신뢰와 네트워크를 각각 구체적 신뢰(balanced, specific trust)와 포괄적 신뢰(generalized, diffuse trust) 그리고 수직적 네트워크와 수평적 네트워크로 나눔으로써, 사회적 자본의 성격이 조합적임을

---

297) 김상준, 2004, "부르디외, 콜만, 퍼트남의 사회적 자본 개념 비판", 『한국사회학』 제38집, 6호(2004.12.), pp.80-88.
298) Putnam , 1993, *op.cit*, p.167.

224

보여주고 있다.299) 그의 글에서는 포괄적 신뢰와 수평적 네트워크의 선택적 결합이 그가 말하는 사회적 자본을 형성하게 되는 것으로 보고 있다. 레비와 포르테스가 지적하였듯이 구체적 신뢰와 수직적 네트워크 역시 상호성(reciprocity)과 협동(cooperation)을 낳으며 특정 집단의 효율적이고 합리적인 작동과 친화성을 가질 수 있다.300) 이러한 구체적 신뢰와 수직적 네트워크의 관계 규범이 그가 정의한 사회적 자본의 개념 틀 내에 왜 포함될 수 없는 것인지 퍼트남은 해명하지 않고 있다는 것이다.

2) 국가와 정치 영역의 탈각

퍼트남의 사회적 자본 개념은 국가와 정치 영역을 시민사회의 수동적 반영으로 환원시켜 정치활동의 고유성과 국가 영역의 주도성을 탈각시키고 있다는 것이다. 이러한 경향은 그가 기반을 두고 있는, 토크빌에서부터 아몬드와 버바(Almond and Verba)로 이어지는 자유주의 정치문화 전통의 이념적 한계에 기인한다는 비판도 제기되고 있다.301) 이러한 비판은 사회적 자본 개념이 초국적 자

---

299) Putnam , 1993, *ibid*, pp.172-73.
300) Margaret Levi, 1996, "Social and Unsocial Capital: A Review Essay of Robert Putnam's Making Democracy Work", *Politics and Society* 23(1), 45-55: Alejandro Portes, 1998, "Social Capital: Its Origins and Applications in Modern Sociology", *Annual Review of Sociology* 24, pp.1-24.
301) Sidney Tarrow, 1996, "Making Social Science Work Across Space and Time: A Critical Reflection on Robert Putnam's Making Democracy Work", *American Political Science Review* 90(2), pp.389-397; Theda Skocpol, 1996, "Unravelling From Above", *American Prospect* 25, pp.20-25; Theda Skocpol and Morris Fiorina ets. 1999, *Civic Engagement in American Democracy,*

본이 주도하는 세계화의 이념적, 문화적 도구가 되고 있는 것이 아니냐는 의혹과도 연관된다.302) 퍼트남에 의한 이 개념의 대중화는 이 개념을 이데올로기화하는 데에 결정적인 공헌을 한 것으로 보는 이도 있다.

3) 비영리적 공공적 측면의 불명료함과 미진함

이러한 비판들에도 불구하고 사회적 자본 개념을 공적, 정치적 영역과 연결시켰다는 점에서 퍼트남은 중요한 이론적 기여를 했다. 그 결과 부르디외와 콜만의 사회적 자본에서 제대로 설명되지 못했던 비영리적, 공공적 측면이 퍼트남의 이론에서는 어느 정도 포착된다. 그러나 이 진전에는 아직 많은 불명료함과 미진함이 남아 있다. 이 불명료함과 미진함의 근원에는 질적으로 전혀 다른 두 철학적 전통의 애매한 동거가 있다.303) 첫째, 방법론적 개인주의 전통이다. 이는 합리적 선택론, 게임이론, 신제도주의 이론이다. 둘째, 정체(polity) 우선적 전통이다. 이는 민주적 관습과 같은 시민적 덕성은 좋은 정체에서 유래한다는 공화주의적 전통이다. 퍼트남은 이를 토크빌을 경유해서 자유주의적 형태로 받아들였다. 이

Brooking Institution Press; Bob Edwards, Michael Foley and Mario Diani, 2001, *Beyond Tocqueville: Civil Society and the Social Capital Debate in Comparative Perspective*, Hanover and London: Tufts University; L. Scott, et al., 2002, *Social Capital-Critical Perspectives in Community and 'Bowling Alone'*, New York: New York University Press.

302) Ben Fine, 2001, *Social Capital versus Social Theory: Political Economy and Social Science at the Turn of the Millennium*, London and New York: Routledge.

303) 김상준, 2004, 전게서. pp.81-82.

두 이론적 전통은 상극적이다. 이런 상극을 개념적 정리 작업 없이 뒤섞어 놓았으니 여러 문제제기와 비판과 혼란이 야기된 것은 당연한 일이다.

2. 방법론적 개인주의

1) 포르테스의 비판: 정치문화 영역으로의 확대

퍼트남이 사회적 자본을 공적 영역으로 확장한 사실을 비판하는 견해이다.[304] 포르테스는 사회적 자본은 개인적 차원의 속성(attributes of individuals)일 뿐인데, 퍼트남은 이를 집단적 차원의 속성(attributes of collectives), 즉 시민적 정치문화(civic political culture)로 확장하고 있으며 이러한 집단적 차원의 사회적 자본이란 그 인과적 근거가 통계적으로 의심스럽다(spurious)고 지적한다.[305]

포르테스는 부르디외의 사회적 자본이론을 충실하게 받아들였다. 그 결과 직접적인 자기이해의 추구가 명확히 드러나지 않는 사회관계를 사회적 자본으로 받아들이기 어려운 것이다. 이는 사회적 자본을 부르디외적 시각으로만 보기 때문에 필연적으로 발생한 현상일 뿐이다. 시민적인 것(the civil)은 집단적 속성을 가지면서 동시에 구체적인 개개인 간의 관계 속에서 표현된다. 이 점에서 개인적 속성과 집단적 속성의 구분은 기계적이고 분절적이다. 포르테스는 퍼트남이 사회적 자본을 정치문화 영역으로 확장한 것을

---

304) Alejandro Portes, 2000, "The Two Meanings of Social Capital", *Sociological Forum* 15(1), pp.1-12.
305) *Ibid.*

문제 삼을 것이 아니라 사회적 자본에는 다양한 유형이 존재하지만 다양한 사회자본을 측정할 퍼트남의 척도(measure)에 문제가 있다고 지적했어야 할 것으로 보인다.[306)]

2) 사회적 자본의 측정척도

퍼트남은 사회적 자본을 측정할 척도를 먼저 제시했다는 데서도 선구적이다. 그러나 이 척도에는 문제가 있다. 퍼트남에서는 이 척도가 정치적, 경제적 성취로 제시된다. 그러나 성공적 결과가 사회적 자본의 척도가 된다면 이는 포르테스가 지적한 것처럼 동어반복에 불과하다. 정치적, 경제적으로 성공한 나라의 사회적 관계는 모두 사회적 자본이 되는 셈이고, 반대로 낙후된 나라에는 사회적 자본이 미약하거나 부재하다는 이런 아무런 분석적 의미가 없는 결론에 이르게 된다. 이렇듯 결과론적 입장을 취하는 데서는 종교와 자본주의 간의 관계에 대한 '베버 테제'의 운명이 보여주는 바와 같은 이론적 파산을 면할 수가 없다.[307)] 이 문제를 해결하기 위해 퍼트남은 신문구독률, 타인 및 제도에 대한 신뢰도 조사, 자

---

306) 김상준, 2004, 전게서, p.82.
307) '베버 테제'란 특정 종교, 즉 프로테스탄트적 윤리와 자본주의 발전을 직접적인 인과관계로 연결하는 입장을 말한다. 이러한 것을 아시아의 경제발전과 유교에 적용하고자 했던 입장이 처했던 난점을 보면 동아시아 경제가 침체했던 것도 유교 탓이고, 네 마리 용 이래 약진했던 것도 유교 탓이며, IMF를 맞아 다시 수렁에 빠진 것도 유교 탓이고, 이제 앞으로 회복하여 다시 성장 가도를 달리면 또다시 유교 탓일 것이다. 이러한 논란이 유교만의 운명은 아닐 것이다. 가톨릭이 이미 그런 논란에 휩싸였었고, 앞으로 불교, 이슬람, 힌두교도 동일한 경로를 밟지 말라는 법은 없을 것이다. 베버의 문제의식을 종교나 문화가 경제나 자본주의 발전의 인과관계로 좁혀 보는 것은 너무 협소해 보인다.

228

발적 결사체에의 참여 정도를 대안적 척도로 제시했다.[308] 그러나 여전히 정치경제적 성공을 종속변수로 놓음으로써 그 인과관계가 의심스럽다는 포르테스의 비판을 초래하였다. 정치경제적 성공을 설명하는 요인은 매우 다양할 것이기 때문에, 퍼트남이 제시한 몇 가지 척도가 반드시 정치경제적 성공을 유도했을 것이라고 말할 수 없다는 것이다.[309]

결국 퍼트남의 사회자본론의 대중적 성공의 비결인 '사회적 자본=정치경제 성공'이라는 등식구조 자체가 폐기되어야 한다. 이런 틀은 이데올로기를 만들 수는 있지만, 과학적 이론으로는 산출되지 못한다. 독립변수로서의 정치경제적 성공을 설명하기 위한 수단으로서 사회적 자본을 설정한 후 그 목적에 맞추어 측정기준을 조작(operation)하는 순서는 옳지 못하기 때문이다. 먼저 그 개념이 정확히 무엇을 의미하는지를 이론적으로 정리하여야 하며 그 후에 경험적 측정기준을 찾는 것이 바른 순서일 것이다.

3) 국내 적용 사례연구

이렇듯 근본적인 문제를 내포하고 있기 때문에 퍼트남의 사회적 자본 개념과 척도를 적용했을 때 많은 문제가 발생한다. 그 일례로 국내 상황에 그의 틀을 적용한 최근의 장수찬과 이선미의 연구가 있다. 이들은 한국의 참여민주주의적 시민단체 회원들의 '타인 및 제도에 대한 신뢰도'가 동창회, 계모임 참여자들의 그것보다 오히려 낮거나 또는 큰 차이 없다는 사실을 보여주었다.[310] 이러한

---

308) Robert Putnam, 1996, "Turning In, Turning Out: The Strange Disappearance of Civil America", *American Prospect* 24, pp.34-48.
309) Portes, 2000, *op.cit*, pp.1-12.

경험적 조사결과는 연구자들을 당황시키는 것이었고, 이러한 예상 불일치의 결과를 이들 연구자들은 서구의 기준이 한국적 특수성에 부합하지 않기 때문에 발생한 것으로 풀이하였다. 그러나 문제의 근원은 퍼트남의 사회적 자본의 개념과 그 측정 척도 자체에 있었던 것이고, 이 문제는 서구든 한국이든 적용할 때 동일하게 드러날 수밖에 없다. 특수성이 아니라 이론이 문제였던 것이다. 좋은 이론은 특수성을 충분히 담아 주면서 보편으로 접근하는 것이다.

4) 사회적 자본은 사회적 관계 속에서 측정되어야 한다

가장 기본적인 문제는 퍼트남이 말하고자 하는 사회적 자본은 사회적 자본 일반이 아니라 어떤 특정한 사회자본을 지칭하고 있다는 것이다. 퍼트남은 이 점을 분명히 하지 못했다. 또 하나 중요한 문제는 사회적 자본은 개인의 의식이 아닌, 사회적 관계 속에서 측정해야 한다[311]는 것을 퍼트남은 인식하지 못하고 있다. 이 점은 모든 유형의 사회적 자본에서 동일하다.

먼저 그가 말하고 있는 사회적 자본이란 시민적, 정치 참여적

---

310) 장수찬, 2002, "한국사회에 나타난 악순환 사이클: 결사체참여, 사회자본, 그리고 정부신뢰", 『한국정치학회보』 36(1), pp.87-112: 이선미, 2004, "지원결사체, 신뢰, 시민사회의 분절", 2003년 한국 NGO학회, 한국 비영리학회 춘계학술대회 발표논문.

311) Toshio Yamagishi, 1988, "The Provision of a Sanctioning System in the US and Japan", *Social Psychology Quarterly* 51, pp.265-271. 이 연구의 한계는 이론모델을 최대수익을 얻기 위한 게임이론에 근거하고 있다는 점이다. 따라서 공공적인 시민행동의 신뢰도를 측정하기에는 적절하지 않다. 사회적 자본과 마찬가지로 신뢰 역시 어떠한 성격의 신뢰냐에 따라 측정대상과 척도가 달라질 것이다(김용학, 손재석, 1998, 참조).

사회자본이라고 할 수 있는 어떤 특정한 사회자본이다. 그가 이러한 특정 사회자본의 척도로 제시한 신문구독률이나 신뢰도는 그 특정한 유형의 사회자본뿐 아니라 다른 어떠한 사회자본을 측정하는 데도 정확한 척도가 되지 못한다. 왜냐하면 이들은 그 자체로 어떤 사회적 관계도 나타내고 있지 않기 때문이다. 많은 종류의 신문, 잡지를 구독하면서 외톨박이로 지내는 사람도 있겠고, 자기 사회의 '타인 및 제도에 대한 신뢰'가 낮기 때문에 적극적으로 개혁적 시민행동에 나서는 사람도 적지 않다.312) 이렇게 본다면 퍼트남이 제시한 사회적 자본의 척도 중에서 그나마 유일하게 의미 있게 남는 것은 자발적 결사체에의 참여 정도일 것이다. 시민사회 내의 자발적 결사체나 시민행동에의 적극적 참여는 사회적 관계 속에서 유통되고 있는 신뢰를 표현해 주기 때문에 사회적 자본의 척도로서의 의미가 있다. 그러나 이 차원에서도 여전히 남는 문제는 어떤 성격의 결사체인지, 어떤 성격의 시민행동인지가 밝혀져야 한다는 것이다. 사회적 자본 자체가 유형 분류되어야 한다면, 그러한 서로 다른 사회적 자본의 성격에 따라 활동하는 결사체의 성격도 달라질 것이기 때문이다.313) 결국 사회적 자본의 측정을 위한 척도는 지금보다 훨씬 분화된 수준에서 정밀하게 재고안될

---

312) David Snow, et al., 1986, "Frame Alignment Processes, Micromobilization and Movement Participation", *American Sociological Review* 51, pp.464-481.

313) Skocpol, 1996, *op.cit*, pp.20-25. 이들이 지속적으로 제기해 온 문제의 핵심이 바로 이 점이다. 시민사회 내의 결사체에는 풀뿌리 차원의 참여에 기반을 두고 민주주의의 확장에 기여하는 것도 있지만, 상층 엘리트 간의 대표성 없는 권익주창 단체도 있고, 극우적인 인종주의나 근본주의적 종파주의 단체도 존재하기 때문에 단순히 결사체의 활동 양적 빈도만을 가지고 사회적 자본을 측정하고 이를 민주주의 성취와 연결시키는 것은 문제가 있다는 것이다.

필요가 있다.

3. 정체 우선적 시각: 공화주의

1) 퍼트남의 연구체계와 논리

퍼트남의 핵심 주장은 '시민적 전통=사회적 자본'이라는 등식과 이 '시민적 전통=사회적 자본'이 '민주 제도의 성공'을 결과했다는 인과론, 이 두 가지이다. 그의 Making Democracy Work는, 앞 1-4장에서 이탈리아 지자체의 제도성취를 양적 지표를 통해 북은 성공, 남은 실패로 갈라놓고, 5장에서 그 원인을 거의 1000년 전으로 소급되는 공동체적 공화제 전통 또는 시민적 전통, 즉 르네상스 시대의 도시국가의 역사에서 찾고 있다. 6장 결론에 이르러 이 시민적 전통을 사회적 자본의 개념으로 설명하려고 시도한다. 그의 사회적 자본의 개념이 결론 이전에는 한 번도 등장하지 않는다는 사실은 한편으로는 논증구조의 부자연스러움을 말해 주지만, 다른 한편으로는 논증 방식에 대한 필자의 고심을 읽을 수 있게 한다. 그의 사회적 자본 개념이 제도적 성공의 원인으로 미리 설정되었다는 데 대한 문제보다도 더 근본적인 문제는 그의 사회적 자본 개념의 논리적 상충성, 불완전성에 있다. 이러한 결함은 그가 20세기 후반의 사회현상의 원인을 거의 1000년 전의 역사적 사실에서 찾는다는 증명방식의 무리함과 그러한 역사적 전통을 합리적 선택이론의 논리로 결국 설명하지 못한다는 사실이다.

2) 수직적/구체적 관계 VS. 수평적/포괄적 관계

르네상스 공화제 전통을 현대 정치문화의 기원으로 직접 연계시키는 것은 대단히 시대착오적일 뿐 아니라, 역사적 사실을 그 역사가 놓인 구체성의 풍부한 맥락으로부터 탈각시키는 또 하나의 환원론이라는 점에서 이중의 오류를 범하고 있다. 퍼트남의 북부 이탈리아 중세 도시국가에 대한 묘사는 현대 민주주의 사회의 시민적 정치문화를 강력하게 연상시킨다. 이러한 묘사와 암시는 시대착오적이다. 중세 이탈리아의 도시국가가 르네상스의 터전이었음은 사실이지만, 당시의 시민적 전통이 오늘날 말하는 시민적 정치문화와는 크게 다른 것이었다. 중세 이탈리아의 도시국가 정치체제는 순수한 근대적 공화제라기보다는 오히려 군주정적 귀족제에 가까운 것이었다. 시민들 간의 사회적 관계는 신분적인 후견인주의(patron-clientenlism)에 의해 강력하게 지배되고 있었다. 수직적 네트워크와 구체적 신뢰의 관계가 수평적 네트워크와 포괄적 신뢰의 관계를 압도하고 있던 사회였다. 즉 현대적 의미의 수평적 네트워크와 포괄적 신뢰의 사회관계는 전혀 존재하지 않았다. 이는 시민적 관계뿐 아니라, 가족관계에서도 마찬가지였다.[314] 퍼트남의 이 시기에 대한 묘사가 크게 의존하고 있는 하이드와 웨일리의 저작들이 70년대에 이루어진 비교적 오래된 연구라는 한계도 있지만, 중세 도시국가 연구는 아직 많은 점에서 밝혀지지 않고 있다는 이들 저자들의 신중한 경고를 퍼트남이 너무 쉽게 뛰어넘고 있다는 문제가 더 큰 것 같다. 그들이 참고하고 있는 트렉슬러

---

314) Richard Trexler, 1991, *Public Life in Renaissance Florence*, Ithaca: Cornell University Press: Ronald Weissman, 1982, *Ritual Brotherhood in Renaissance Florence*, New York: Academic Press.

와 와이즈먼의 저작들은 당시 시민들 간에 교환된 서신들에 기초
한 것으로 당시의 사회적 관계의 성격을 미시적 차원에서 소상하
게 밝혀 주고 있다. 이 글은 우리의 관심사에 대해 훨씬 정확한
정보를 제공해 주고 있다.

3) 신제도주의에 대한 설명의 부족

이러한 특정한 제도의 제정, 출범을 자기이해의 동기만으로 설
명하기 어렵다는 것은 퍼트남 자신도 인정하고 있다. 그는 신제도
주의(new institutionalism)가 그러한 시도를 했다고 보면서도 어떻
게 그리고 왜 집합행동의 문제를 극복하게 하는 공식적인 제도가
실제로 제공될 수 있었는가라는 의문에 결국 답하지 못하고 있다.
왜냐하면 신제도주의의 시각에서 보면 그런 제도를 최초로 필요하
게 되는 바로 그 이유들이 그런 제도의 창출을 불가능하게 하기
때문이고, 따라서 이 입장에서는 공평무사한 입법자란 공평무사한
홉스적 주권(sovereign)만큼이나 문젯거리이기 때문이다.[315] 아쉽
게도 퍼트남은 이러한 문제제기에서 그쳤을 뿐, 이러한 문제의식
을 이 글에서 지적하는 '자기이해의 단일동기'에 대한 보다 근원
적인 문제의식으로 발전시키지 못했다. 그 대신 그는 자신이 빌려
온 사회적 자본 개념 자체야말로 자기이해의 단일동기론에 근거하
고 있음을 의식하지 못한 채 사회학자들에 의해 제기되어 온 사회
적 자본 개념을 끌어들이면서 신제도주의가 설명하지 못한 문제를
설명하겠다고 하였다. 그 결과는 그가 지적했던 신제도주의의 한
계를 그 자신이 되풀이하고 있는 것이다.

---

315) Putnam, 1993, p.166.

4) 일반적 호혜성의 규범의 문제

그는 자기이해(self-interest)와는 다른 사회적 관계자원으로 연대를 지적하고 이 양자 간에는 갈등이 존재하는데 이 갈등을 해소할 수 있는 개념적 매개는 일반적 호혜성(generalized reciprocity)의 규범이고, 이 일반적 호혜성의 규범은 일정한 기간 동안 반복되는 교환(repeated exchange over a period of time)에 의해 발달하게 된다고 하였다.[316) 그렇다면 이렇듯 자기이해를 넘어서는 호혜적 행위를 일정한 시간을 통해 가능하게 하여 주는 그 제도적 장치는 어떻게 시발되었는가? 그는 여기에 대해 5장에서 살펴보았듯이 북부이탈리아의 시민적 전통이 협력의 다양한 형태의 역사적 저수지를 제공했다고 대답한다.[317) 결국 거의 1000년 전으로 소급되는 역사적 시원에 의지한다. 결국 6장에서 그가 말하는 사회적 자본을 자기이해만으로 완전히 설명할 수 없었기에, 그는 다시 5장으로 되돌아가는 것이다. 그러나 앞서 말했듯이 5장의 논리 자체도 오류다.

5) 자기이해 단일동기의 함정

우선 연대를 자기이해와 갈등관계에 있다고 본 것은 정확했다. 그러나 이를 매개한다는 '일반적 호혜성'을 간단히 "단기적 이타주의(short-term altruism)와 장기적 자기이해(long-term self-interest)의 조합"으로 정리해 버림으로써, 그는 결국 궁극적으로 '자기이해의 단일동기'라는 이론적 함정에 빠지고 말았다.[318) 갈등의 심층을

---

316) Putnam, 1993, p.172.
317) Putnam, 1993, p.174.

해부해 보기보다는 갈등을 쉽게 봉합하는 데 너무 바빴던 것이다. 자기이해의 동기와 이를 넘어서는 연대의 문화와 제도, 그는 이 문제를 정확성 없이 역사와 제도 또는 문화와 구조 간의 관계 문제라고 부르는데, 몇 쪽에 걸쳐 설명을 시도하다가 결국 이 둘 간의 관계를 엄밀히 규명하는 것은 닭과 달걀의 논쟁처럼 생산적이지 못하다고 하면서 슬그머니 덮어 버린다.[319] 그는 그의 사회적 자본 개념이 한쪽으로는 자기이해의 단일동기론과 다른 한쪽으로는 '협력적 전통의 역사적 저수지를 제공해 준 역사적 기원'이라는 두 가지 근거에 의지하고 있고, 이 양자가 닭과 달걀의 논쟁처럼 공회전하고 있음을 느끼고 있지만, 그 자신의 이론적 수단으로는 이 문제를 도저히 해결할 수 없었던 것이다.[320]

퍼트남의 이런 문제는 환원론의 확대에 근원한다. 사회과학적 설명이 역사적 사실에 근거한다는 사실 자체는 약점이라기보다는 강점이 될 수도 있다. 그러나 퍼트남의 '전통'은 시대착오적, 탈맥락적이며, '자기이해의 단일동기론'과 꼭 같은 이론적 구조, 즉 환원론에 기초하고 있다. 부르디외와 콜만이 인간 행위동기의 심연으로 들어가 자기이해라는 궁극적인 제1동기를 추출해 냈던 것처럼, 퍼트남은 역사를 거슬러 올라가 어떤 제1결정인적 역사시점을 추출했던 것이다.[321]

동기의 환원론은 비구체적이고, 역사적 환원론은 탈맥락적이다. 행위 동기에서 환원론이 실제의 인간 행위동기를 단순화시키는 왜곡을 범했다면, 역사적 환원론은 특정한 역사 시기를 환원론의 입

---

318) Putnam, 1993, p.172.
319) Putnam, 1993, pp.177-181.
320) 김상준, 2004, 전게서, p.87.
321) 상게서.

맛에 맞게 단순화, 왜곡시킨다. 원래 환원론에서 제1인은 하나일 수밖에 없다. 두 개의 제1인이란 형용모순이다. 두 환원론 자체가 오류일 뿐 아니라, 그 양자는 결코 화합될 수 없다. 이 화합될 수 없는 것을 퍼트남은 그의 사회적 자본 개념 속에 애매하게 병렬시켜 놓고 그 사이를 왔다 갔다 한다.[322]

---

322) 상게서.

|참고문헌|

김상준. 2004. "부르디외, 콜만, 퍼트남의 사회적 자본 개념 비판", 『한국사회학』 제38집 6호: 63-95.

김용학·손재석. 1998. "미시적 신뢰와 거시적 위험", 『계간사상』 가을호: 115-131.

이선미. 2004. "자원결사체, 신뢰, 시민사회의 분절", 2004년 한국 NGO학회, 한국비영리학회 춘계학술대회 발표논문.

장수찬. 2002. "한국사회에 나타난 악순환 사이클 - 결사체참여(civic engagement), 사회자본(social capital), 그리고 정부신뢰(confidence in political institutions)", 『한국정치학회보』36(1): 87-112.

Banfield, Edward. 1958, *The Moral Basis of a Backward Society*, Chicago: the Free Press.

Bates, Robert H. 1988, "Contra Contractarianism: Some Reflections on the New Institutionalism", *Politics and Society* 16: 387-401.

Bourdieu, Pierre. 1986. "The Forms of Capital", *Handbook of Theory and Research for the Sociology of Education* edited by J.G. Richardson. Westport, CT: Greenwood Press.

Coleman, James. 1990. *Foundations of Social Theory*. Cambridge: Harvard University Press.

Edwards, Bob. Michael Foley and Mario Diani. 2001. *Beyond Tocqueville: Civil Society and the Social Capital Debate in Comparative Perspective*, Hanover and London: Tufts University Press.

Fine, Ben. 2001. *Social Capital versus Social Theory: Political*

238

Economy and Social Science at the Turn of the Millennium, London and New York: Routldge.

Fukuyama, Francis. 1995. *Trust: the social virtues and the creation of prosperity*. New York: Free Press.

Gambetta, Diego. 1988, *Trust: Making and Breaking Cooperative Relations*, Oxford: Blackwell.

Geertz, Clifford. 1962, "The Rotating Credit Association; A Middle Rung in Development", *Economic Development and Cultural Change* 10: 241-263.

Granovetter, Mark S. 1973, "The Strength of Weak Ties", *American Journal of Sociology* 78: 1360-1380.

Granovetter, Mark S. 1985, "Economic Action and Social Structure: The Problem of Imbeddedness", *American Journal of Sociology* 91: 481-510.

Keohane, Robert. 1986. "Reciprocity in International Relations", *International Organization* 40.

Levi, Margaret. 1996. "Social and Unsocial Capital: A Review Essay of Robert Putnam's Making Democracy Work", *Politics and Society* 24(1): 45-55.

North, Douglas. 1990, *Institutions, Institutional Change and Economic Performance*, New York: Cambridge University Press.

Pitt-Rivers, Julian. 1954, *The People of the Sierra*, London: Weidenfeld and Nocolson.

Portes, Alejandro. 1998. "Social Capital: Its Origins and Applications in Modern Sociology", *Annual Review of Sociology* 24: 1-24.

Portes, Alejandro. 2000. "The Two Meanings of Social Capital", *Sociological Forum* 15(1): 1-12.

Putnam, Robert D. 1993, *Making Democracy Work: Civic Traditions in Modern Italy*, New Jersey: Princeton University Press.

Putnam, Robert D. 1996. "Turning In, Turning Out: The Strange Disappearance of Civic America", *American Prospect* 24: 34-48.

Sahlins, Marshall. 1972, *Stone Age Economics*, Chicago: Aldine-Atherton.

Scott, L. et al. ed. 2002. *Social Capital-Critical Perspectives on Community and 'Bowling Alone'*. New York: New York University Press.

Skocpol, Theda. 1996. "Unravelling From Above", *The American Prospect* 25: 20-25.

Skocpol, T. & Morris Fiorina eds., 1999. *Civic Engagement in American Democracy*. Brookings Institution Press.

Snow, David, Burke Rochford, Steven Worden, and Robert Benford. 1986. "Frame Alignment Processes, Micromobilization and Movement Participation", *American Sociological Review* 51: 464-481.

Sugden, Robert. 1986, *Economics of rights, Co-operation and welfare*, Oxford: Basil Blackwell.

Tarrow, Sidney. 1996. "Making Social Science Work Across Space and Time: A Critical Reflection on Robert Putnam's Making Democracy Work", *American Political Science Review* 90(2): 389-397.

Trexler, Richard. 1991. *Public Life in Renaissance Florence*. Ithaca: Cornell University Press.

Velez-Ibanez, Carlos G. 1983, *Bonds of Mutual trust: The Cultural Systems of Rotating Credit Associations among Urban Mexicans and Chicanos*, New Brunswick, New Jersey: Rutgers University Press.

Weissman, Ronald. 1982. *Ritual Brotherhood in Renaissance*

Florence. New York: Academic Press.

Yamagishi, Toshio. 1988. "The Provision of a Sanctioning System in the U.S. and Japan", *Social Psychology Quarterly* 51: 265-271.

제10장

한국 민주주의의 발달

Ⅰ. 전통적 유교민주주의

1. 유교민주주의란

유교 민주주의란 서구식 민주주의를 부정하기보다는 동양적 가치를 유교주의에 의해 서구식 자유민주주의가 가져오는 사회적 병패와 도덕적 해이 — 과도한 개인주의, 가족해체, 사회윤리붕괴 — 를 지적하고 보다 공동체적이고 비서구적인 제3의 민주주의를 건설목표로 하는 정치제도이다.323)

건설적이고 긍정적인 의미에서 동양적 가치론은 그것을 가장 강력하게 주장하는 싱가포르, 말레이시아, 중국 등에서 정치적 기본권과 인권이 많은 제한을 받고 있는 것은 사실이다. 동양적 가치들이 권위주의에 대한 변명에 불과하다는 우려도 전혀 근거가 없는 것은 아니다. 그러나 그보다도 이미 나름대로 서구식 민주주의를 실현하고 있는 한국, 대만, 일본 등에서 과도한 개인주의, 가족해체, 사회윤리의 붕괴 등의 현상이 상대적으로 적은 점이 있다.

---

323) 함재봉, 2000, 『유교, 자본주의, 민주주의』, 서울: 전통과 현재, pp.118－145.

아시아적 권위주의가 관심을 끄는 이유로서는

첫째, 동양의 국가들이 권위주의 체제하에 급속한 경제발전에 성공하면서 높은 생활수준과 안정된 사회를 구가하기 시작하였고,

둘째, 아시아의 일부 정치인과 학자들이 자국의 근대화 경험을 바탕으로 서구식 자유민주주의를 정면으로 비판하기 시작하고 있기 때문이기도 하다.

2. 서구적 자유주의와 동양의 유교주의의 차이

1) 인간관의 차이

구분	서구적 자유주의	동양의 유교주의
1. 형성	- 중세 기독교적 세계관을 부정하는 중세 말의 종교전쟁과 내전경험을 통해 형성 - 종교개혁은 유럽의 근본적인 분열을 초래	- 인간을 도덕적으로 완성될 수 있는 존재로 간주하고, 인간이 이성을 통해 객관적이고 도덕적인 것을 알고 실천할 수 있다고 가정한다.
2. 주장과 이론	- 인간을 타락한 교회나 자신의 부귀만을 추구하는 군주로부터 해방시켜야 하며, 자유민주주의는 철저하게 인간을 독립적, 자족적 존재로 인식	- 인간관계 갈등해소방안으로 수신을 제시하고 이 수신을 통하면 인간이 사사로운 이해관계로 인한 마찰과 갈등은 일지 않을 것이라고 본다.

구분	서구적 자유주의	동양의 유교주의
3. 최고의 미덕	- 인간은 자신의 권리를 명확히 하고 자신의 이해를 정확히 계산해 낼 줄 아는 존재로 인식 → 합리적 선택이 가능 - 국가나 정부의 권력을 경계하고 개인의 권리를 절대적으로 여기며 사회의 역할에 회의적임	- 仁孝의 실천, 즉 인의 예지와 같은 도덕성의 실현이다. 도덕성이야말로 인간이 인간답기 위해 갖추어야 할 조건이며, 도덕적 완성을 위해 계속 노력해야 한다.
4. 대인관계	- 부모, 가족, 선생, 친구, 국가, 사회로부터 궁극적으로는 독립적이고 자유로운 존재로 인식 → 개인주의 사고 - 인권을 '억압으로부터 자유'(free from oppression)로 간주	- 간주관적 (inter-subjective)이고 도덕적인 인간은 타인과의 관계 속에서 비로소 존재의 가치와 의미를 갖게 된다.
5. 인권의 존엄성	- I. Kant "인간이 국가나 사회와 같은 공동체 자체의 목적을 위한 수단이나 도구가 되거나 희생되어서는 안 된다." - John Rawls "인간자체가 그 목적에 우선한다. 즉, 존재가 목적에 우선한다."	- 개인, 가정, 국가, 천하(修身齊家 治國 平天下)와 같은 사회공동체를 개인의 심리, 즉 마음을 다스리는 장으로 간주하고, 이와 같은 대의, 즉 '仁과 義'를 위해 인권은 개인적인 차원의 것이 아니라 대의와 명분을 위할 때 존엄한 존재로 본다.

2) 정치론의 차이

구분	서구적 자유주의	동양의 유교주의
1. 인식론	− 인간은 자유의 사유와 행위에 대한 절대적인 인식론적 권위를 획득 → 근대정치사상 발생 − 인간의 모든 행위의 근본 동인은 생존욕, 소유욕, 성욕과 같은 욕구이다. 이들 욕구를 극대화시키는 과정에서 생겨난 마찰을 합리적으로 조절하고자 사회와 정부를 수립한다.	− 사단칠정론, 인간에게는 喜怒哀懼愛惡欲의 七情이 있고 이것을 仁義禮智의 四端으로 다스릴 수 있어야 한다고 인식한다. − 퇴계 이황과 고봉 기대승의 사단칠정 논쟁이 갈등의 근원인 칠정을 다스리는 방법의 심리적 인식론이 정치 사상적 논쟁의 근본이다.
2. 정치론	− 자신이 원하는 것과 필요로 하는 것이 무엇인지를 알 수 있는 유일한 존재인 개인의 동의가 바탕이다. − 정치는 사회공동체적 이상향에 의해서가 아니라 오로지 구성원 개인이 동의해 주는 원칙과 규칙에 따라 운영되어야 한다.	− 유교정치사상의 핵심은 '修己治人'이며, 대학의 명제인 '修身齊家治國平天下'의 실현이 정치이다. − 사적인 이해를 초월하여 공공선을 위하여 일할 수 있는 기본 덕목을 가진 사람(현량)이 정치를 수행해야 한다.
3. 정부론	− 사회계약론, "인간은 비록 자유롭게 태어났으나 자연 상태에서 자유는 매우 불안할 수밖에 없다." 모든 사람이 오직 자신만의 이익을 추구한다면 그것은 곧 '만인의 만인에 대한 투쟁의 상태'로 전락할 수밖에 없다. → 기초질서 유지방법 모색(공공선)	− 유교의 인간은 간주관적 존재로서 자신을 철저하게 타인과의 관계 속에서 규정한다. 군신공치이론 − 존재론적으로 三綱五倫, 즉 군신, 부자, 부부, 붕우, 장유의 단계로 간주하고, 仁義禮智는 타인과의 관계 속에서만 구현되는 가치규범이다. − 德과 仁은 禮를 통해 달성되어야 하는 유교적 최고의 덕목이며, 국가나 사회를 도덕적 계도의 주체로 인식
4. 이성론 (rationality)	− 인간은 자신의 이해관계를 정확히 계산해 내고, 그것을 합리적으로 관철시킬 수 있는 도구로 간주	− 인간의 내면에 잠재하고 있는 도덕적 본능과 본질을 자각하고, 그것을 함양할 수 있는 능력
5. 정치원리	− 合理性, 法治, 私有財産, 市場, 利益團體와 같이 국가와 정부에 대한 유신과 견제 목적의 기제를 중요시	− 德治, 人治, 內聖外王, 修身齊家治國平天下

3) 가족관의 차이

구분	서구적 자유주의	동양의 유교주의
1. 객관적 인식	개인을 속박할 수 없는 기제로 본다. 개인의 자유와 권리를 가장 크게 위협하는 곳이 가족이라고 보고 존 로크와 루소는 가족 해체를 주장한다.	수신제가치국평천하의 실현은 가장 기초적인 단위인 자기수양(修己)을 통해 자신이 칠정을 제어하고 사단을 터득, 습득하여 이를 실천에 옮기는 가장 중요한 공동체가 바로 가족이다.
2. 가족제도	－ 핵가족 제도 자식에 대한 부모의 권위를 해체시키고 '근대적인' 가족을 붕괴, 가부장적 권위는 원초적으로 위험한 형태이다. 핵가족제도를 옹호한다.	－ 대가족제도 가족을 修身이 된 사람은 四端(仁義禮智)을 터득하고 이를 먼저 가족에게 실현하고, 치국평천하하는 公共領域(忠孝)에 나아가기 위한 발판으로 본다.
3. 가족에 대한 인식	가족이란 감정의 장이며 개인의 정서적 안정을 추구하는 곳이다.	삼강오륜의 시작 장소로 인식한다. 오륜 중 세 가지(부자, 부부, 장유)가 가족에 관한 것이다.

3. 아시아적 공동체

1) 그 의미란?

'아시아적 가치와 질서에 의해 형성된 대안적 민주주의의 한 형태'

2) Daniel A. Bell의 아시아적 가치의 실천을 위한 새로운 처방

1st, 만일 효도가 싱가포르, 홍콩, 한국에서와 같이 대다수 국민들에 의해 지지될 수 있다면, 이는 국가가 나이든 부모를 모시는

자녀들에게 세금감면혜택과 주택편의를 제공함으로써 효도를 장려하는 정당한 이유가 될 수 있을 것이다. 한국의 경우는 효도특별법 제정과 같은 방안 모색이 지지될 수도 있을 것이다.

2nd, 만일 능력주의(meritocracy)의 가치가 여전히 널리 받아들여진다면, 우리는 유교민주주의(Confucian democracy)의 한 형태를 상상해 볼 수 있다. 예를 들어 입법부는 '민주적으로 선출되는 하원'과 경쟁적인 시험에 기초하여 선출되는 대표들이 그 성원이 되는 상원격의 '한림원'(House of Scholar)으로 구성할 수 있다. 이러한 색다른 배합은 능력 있는 정치적 정책입안자들을 충원하려는 전통적인 관심(traditional concerns)과 정부의 투명성과 책임성을 유지하려는 현대적 관심(modern concerns) 모두를 충족시킬 수 있는 것이다. 사실 이러한 제안은 17세기 유학자 황종희가 제안한 바 있으며, 오늘날에도 중국의 많은 지식인들 사이에서 진지하게 논의되고 있다.324)

---

324) Daniel A. Bell, 2000, "Asian Communitarianism", Harm Jae Bong, et. als. *Confucian Democracy, Why & How* 서울: 전통과 현재.

Ⅱ. 개화기의 민주주의 사상

1. 개화사상

(1) 동학사상과 동학운동

동학사상은 한국의 근대사에서 민주주의 정신을 가장 잘 표현하고 있는 것이다. 동학의 기본사상은 侍天主와 人乃天이다. 사람이 곧 하늘이라는 것이다. 인간이 만물의 기본으로서 최고의 존재 가치를 가진다는 것이다. 侍天主란 모든 인간은 마음속에 천주를 모신 평등한 인간이라는 반봉건적 평등주의를 표방하는 동학의 중심사상이다. 따라서 사람을 대하기를 하늘을 섬기는 것과 같이 하라(事人如事天)는 동학의 교리는 당시의 봉건적 신분질서를 중요시하는 유교적 세계관을 부정하는 것이다. 신분에 따른 인간을 억압하는 계급제도를 부정하고, 인간의 평등을 강조하는 점에서 중요하다.

이러한 동학사상을 바탕으로 하여 전개된 운동이 동학운동이다. 이러한 동학의 교세가 발전하자 조정에서는 교주 최제우를 잡아 처형하였다. 그러나 동학의 평등주의와 혁명정신은 전국적으로 더욱 확산되어 나갔다. 이러한 동학의 교세확장운동은 1893년의 교조신원운동으로 제기되어 광화문 앞 연좌 상소로 확대되었다. 2대 교주 최시형은 전국의 동학교도들에게 동원령을 내려 그해 4월 전국에서 2만에 달하는 교도들이 충청도 보은에 집결하여, 종교적인 문제뿐만 아니라 斥倭洋과 輔國安民의 기치를 내걸고, 외세에 대항하는 민족적 저항운동으로 전개되었다. 이러한 보은집회를 조정에서는 무력으로 해산시켰다. 이에 반발하는 무장봉기를 주장하는 동학도들의 남접과 무력 신중론을 주장하는 북접이 의견의 일치를 보지 못하다가, 무장봉기함으로써 봉건적 보수세력을 타파하고, 외세를 불리치고, 보국안민을 이룰 수 있다는 신념이 남접을 중심으로 퍼지게 되었다.

(2) 갑오농민전쟁

이러한 남접을 중심으로 하는 무력봉기의 확대를 전개하게 되었다. 동학도들이 봉건적 억압 속에서 만민평등을 주장하는 동학사상은 신분적 억압과 경제적 착취에 신음하는 농민대중이 결합된 반봉건 반외세운동으로 번져 나갔다. 특히 갑오농민전쟁은 한편으로는 봉건체제 개혁을 통해 사회경제적 혁명을 일으키고자 한 것이며, 다른 한편으로는 일본을 비롯한 외세의 침략을 저지하고, 국권수호를 위한 민족자주운동이었다. 이러한 정신은 대한제국시대에 각종 '반봉건 반외세 민중운동'으로 발전해 왔다.

2. 자주적 근대화 운동

동학운동이 지배계급의 권력에 의해 억압받아 온 일반민중들의 혁명운동이었다면, 개화운동은 관리층 내부에서 자각한 지식인들의 개혁운동이었다. 개화운동의 주도세력은 일본, 미국 등지에서 선진 근대문물을 접할 수 있었던 지배계층 출신의 젊은 청년층이었다.

(1) 갑신정변

갑신정변은 1884년 정치제도의 개혁을 위해 시도된 운동으로서 심화된 민족적 위기에 대한 자각을 기반으로 내정개혁을 단행하여 근대국가를 형성하려는 개화운동이다. 김옥균, 서광범, 서재필, 박영효 등 소장파는 사대주의적 수구파를 처단하고 신정부수립을 선포하였다. 이들은 문벌의 타파, 사민평등, 정부기구 간소화, 지조법의 개조 등 내정개혁을 꾀하였다. 그러나 일본이라는 외세를 등에 업고 쿠데타 형태로 정권을 장악하였으나 청국군대가 투입되면서 정변은 결국 3일 천하로 끝나고 실패로 돌아갔다. 그러나 정변의 주된 정책들이 봉건적 신분질서를 타파하고 인간의 평등권을 보장하려던 근대적인 정신을 담고 있어 역사적 의미가 중요하다. 정치적으로는 청국과의 종속관계를 청산하고, 조선왕조의 전제주의적 정치체제를 입헌군주제로 바꾸려는 정치개혁이었다. 사회적으로는 문벌을 폐지하고 인민평등권을 제정하여 봉건적 신분질서를 청산하려고 하였다는 점을 중요시할 수 있다.

(2) 갑오경장

1894년 개화당이 정권을 잡으면서 갑신정변에서 시도하였던 정치개혁의 구체적 내용을 실현하였다. 갑오경장은 갑신정변의 실패로 정계에서 밀려난 인사들을 중심으로 정권을 잡고, 한편으로 일본의 내정 개혁을 강요받아 단행되었다. 갑오경장은 갑오농민군의 개혁내용을 일부 수용하여, 정치적으로 전제군주제를 약화시키고, 문벌과 반상신분제 타파, 과거제 폐지와 능력에 의한 인제등용, 공사노비법 폐지 등 사회개혁을 담고 있다. 이러한 개혁의 내용이 근대민주정치의 근간인 인간의 자유와 평등을 제도상으로 실현하려고 한 점에서 근대적 민주화 운동으로 평가되고 있다. 그러나 갑오경장은 민중의 지지와 참여가 없이 친일적인 개화세력에 의해 단행되었기 때문에 그 과정에서 침략의 야욕을 가진 일본의 의도로 조선은 근대적 민족국가의 형성에 실패하고, 일본이 청일전쟁에서 승리하자 한반도 침략을 본격화하고 말았다.[325]

Ⅲ. 해방민족운동과 한국 민주주의

1. 민족해방운동

1910년 대한제국이 일제에 합방된 이후에도 민족적 독립과 자유의 회복을 위한 민중의 저항운동은 그칠 줄을 몰랐다. 한편으로는 갑오농민전쟁을 비롯하여 의병전쟁으로 이어져 우리 민족의 근대사가 피로 물들고 있었다. 이와 같이 지식인들에 의한 계몽운동은 3·1 독립운동과 의병활동에 이르기까지 광범위하게 진행되고 있었다. 독립선언문에 나타나 있는 바와 같이 우리 민족의 자유와 평등에 대한 숭고한 정신은 인간으로서의 기본적인 불가양도의 권리를 강조하고 있다.[326] 이것은 프랑스의 인권선언, 미국 독립선언에 나타나 있는 것과 같은 인간의 기본적 권리의 보편적 원칙을 선언하고 있다. 따라서 3·1운동은 단순한 의병운동이나 애국계

---

325) 강만길, 1994, 『고쳐 쓴 한국근대사』, 서울: 창작과 비평사, p.196.
326) 차기벽, 1980, 『민주주의의 이념과 역사』, 서울: 한길사, p.210.

몽운동의 차원을 넘어서는 최초의 우리민족의 공화주의적 저항운동이었다고 할 수 있다. 이러한 정신에 따라 수립된 상해 임시정부가 민족 최초의 민주공화국 정부로 출범하였다. 따라서 3 · 1운동은 최초의 민족적 해방운동으로 이어지게 되었다.

2. 한국정부수립과 친일세력

제2차 세계대전의 종전으로 1945년 8월 15일 우리 민족이 일제의 속박에서부터 36년 만에 다시 독립을 하게 되었다. 이에 따라 형성된 정부는 서구자유민주주의를 모델로 하여 남한만의 자유민주공화국으로 1948년 8월 15일 탄생하였다. 이때에 미군의 진주와 미군에 의한 군정이 일본의 잔재를 그대로 받아들여서 우리만의 독립이 아니라 미국의 지배에 들어가게 된 정부는 독립된 구정치세력의 정리가 없이 구세력의 바탕 위에서 출범함으로써 친일세력의 청산문제는 오늘날에 이르기까지 미결의 민족사적 문제로 남아 있다.

Ⅳ. 해방정국: 외부적 공백기에 발현된 민족내부의 힘

1. 건국준비위원회 선포(1945. 8. 16)

- 1945. 8. **초순** 일본전쟁지도부 태평양전쟁의 대세를 감지하고 종전 후 조선 내에 있는 일본인들의 안정적 귀환대책

- **1945. 8. 15.** 조선총독부 정무총감 遠藤柳作(엔도) 8월 초부터 치안유지 교섭을 여운형, 송진우, 안재홍 등에게 제의. 송진우는 거절하고 실질적 정권이양을 여운형과 안재홍에게 함.
* 몽량의 정권이양을 요구한 5개 조항327): ① 정치범의 석방, ② 3개월간 식량의 확보, ③ 치안유지(무기 1천만 엔－2천만 엔 자금)와 건설사업에 대한 구속과 간섭금지, ④ 학생훈련과 청년조직에 대한 불간섭, ⑤ 노동자의 건설사업 참여에 대한 불간섭.

- **1945. 8. 16.** 건국준비위원회(건준) 조직. 공산주의자들 포함, 여운형, 안재홍, 정백 세력주축, 9. 6 조선인민공화국(인공)의 출범 시까지 정부역할을 함.

2. 植民支配當局의 政權移讓撤回

1945. 8. 15 새벽 엔도 정무총감이 "이제부터 우리의 생명보전은 그대들에게 달렸다."

8. 17. 건준이 전국조직, 지방지부 결성, 식민지배당국은 치안유지에 제한을 요구

8. 18. 조선군관구 보도부장 나가야(長屋正作) 소장은 "일본군은 엄연히 건재한다."

조선군 사령관 행정권 이양 취소발표로 신문사, 학교가 다시 일본 측에 접수

---

327) 매일신보, 1945. 8. 17: 이만규, 『여운형투쟁사』, 서울: 민주문화사, p.188.

8. 20. 일제경찰은 건준을 비롯한 모든 단체를 해산할 것을 경고.(나가야 보도부장의 담화문과 엔도 총감의 호소문)

8. 24. 일본 군부의 경고문발표.(조선의 주권은 일본과 연합국 간 회의에서 결정되므로 그때까지의 주권은 일본에게 있다.)

한편 건준은

1945. 8. 22. 2차 조직개편으로 12부 1국제. 안재홍이 추천한 우익인사(함상훈, 김준연, 김양수)까지 포용.

8. 23. 해방과 독립의 분위기에 취해 있는 조선인의 열망을 저지하지 못했다. 이에 건준은 힘을 얻었다. 건준 총무부장 최근우는 건준 존속에 성공.

이로써 중앙기관은 일본인이 장악하고 조선인의 위기의식은 상존하게 됨으로써 총체적 해방이 아닌 기형적 상황이 되었다.

3. 美日 秘密接觸: 日本에서 美國으로

1945. 8. 20. 일본은 마닐라에 있는 미국 태평양 사령부와 접촉을 시도. Douglas MacArthur으로부터 "일반명령 1호"를 교부받았다.

8. 22. 조선총독부 정무총감에게 38선으로 무장해제 담당 구역이 나뉜다는 예고전을 보냈다.(분할점령)

8. 24. 每日新報 "한반도는 미국과 소련의 분할점령하에 두고 각각 군정이 시행된다"는 추측보도

1945. 8. 28. 아베 총독은 MacArthur에게 전문을 보내 "공산주
의자와 선동가들이 질서를 교란하고 있으므로……"
치안유지권을 일본 측에 줄 것을 요구하여 맥아더로
부터 다음과 같은 회답을 받았다.
"우리군대가 떠맡을 때까지 38선 이남의 질서유지권
한을 귀측에 부여한다."328)

1945. 8. 29. 일본정부는 미군의 한반도 진주확정과 이에 대한
대비를 총독부에 훈령.

8. 30. 연합군 사령관의 훈령이 총독부에 전달
"9월 7일 미육군 24군단이 경성지구를 점령함으로
38선 이남의 일본육군사령관은 오키나와에 있는 24
군단 사령관에게 무선 연락할 것"

1945. 9. 1. 조선관구 사령관 조오츠키요시오(上月良夫)(17방면
군 사령관) 중장이 미군 사령관에게 의도적 보고.
① "조선안에는 법질서 파괴로 덕을 보려는 공산당과
독립운동가들이 많고 그 때문에 태업이나 나아가서
폭동이 있을 것이 예상된다." 의도적 보고.
② "자신은 자신의 지위를 유지하는 것에 어려움을 느
끼며 미국인들의 상륙을 기다린다." 미군 John R.
Hodge 준장에게 직접보고. 미군기가 경성지구에
미국이 조선반도를 점령하게 될 것을 예고하는 포
고문을 살포.

1945. 9. 3. 조선관구 사령부 미군과 통신내용 인용포고문

---

328) Joyce & Gabriel Kolko, 1972, *The Limit of Power*, New York:
Harper, p.280.

"일본군은 미군이 책임을 인수할 때까지 북위 38도 이남에서 조선의 치안을 유지하고 동시에 행정기관을 존치한다."
① 일본인은 한국인을 정권이양과정에 배제시키는 데에 성공
② 해방을 맞은 한국인은 일본군이 미군에게 정권을 이양하는 모순을 감내해야만 했다.(일장기가 성조기로 바뀐다)
③ 건준은 20여 일간 일본군의 훼방에 의해 '이중권력의 시기'로 왜곡됨.

4. 美軍 進駐說과 建準 內 左右聯合의 瓦解

1945. 8. 22. 2차 건준 조직개편 때 안재홍이 추천한 우익인사의 거부와 박헌영의 재건과 공산당 계열의 조직 정비. 건준에 공산당 침투
－미군 진주와 안재홍 부위원장 세력 위축(임정봉대예견)
"건준은 독자로서의 정강을 가진 정당도 아니요, ……혁명전사들의 지도적 집결체인 해외정권에 대립되는 존재도 아닌 것이므로 건준에 더 이상 머물러 있을 수 없다."[329] (1945.9.10.)

1945. 9. 4. 건준 3차 조직개편으로 박헌영 계열 인사 강화. 좌

---

329) 安在鴻, 1983, "朝鮮建國準備委員會와 余의 處地", 『民世安在鴻選集』2, 지식산업사, 13쪽.

우연합세력 약화, 건준의 중도파(여운형) 세력이 약화
되고 공산계(박헌영) 세력의 부상

<해방정국을 바라보는 시각>
1. 우리민족의 독립운동에 의한 자율적 해방론
2. 연합국의 승리에 의한 타율적 해방론
3. 자율적 해방론과 타율적 해방론의 절충론, 즉 '해방에 자주적
   기여론' 혹은 '해방준비론'

<건준의 재빠른 조직확장의 요인>
1. 해방 직후의 정국에서 건준은 사실상 유일한 정치단체였다.
2. 소련군이 서울에 진주할 것이라는 풍문으로 좌익세력에 의한
   통치권 장악을 막기 위해
3. 당시 좌익세력은 노동자, 농민층을 대상으로 상대적으로 높은
   대중 침투력을 확보하고
4. 일제억압에서 해방된 민중의 정치참여 욕구의 분출

<건준의 성격>: 여러 정파와 세력으로 구성된 연합체적 성격
1. 여운형의 건국 동맹을 중심으로 하는 사회주의 세력
2. 안재홍을 중심으로 하는 우익세력
3. 이영, 최익한, 정백 등을 중심으로 하는 장안파 공산주의 세력
4. 박헌영, 이강국, 최용달 등을 중심으로 하는 재건파 공산주의 세력

<건준에 대한 각 세력들 간의 평가>
1. 공산주의자들은 '소부르주아적인 기회주의 집단'

2. 중도파들은 '자주적인 사실상의 정부'

3. 우파들은 비상시에 경거망동하여 '좌파에 놀아난 집단'

<건준의 분열과 내분의 원인>(1945. 9. 7 - 20여 일간)

1. 연합체적 성격: 사회주의, 우익세력, 장안파, 재건파 연합체

2. 우익민주주의 세력의 저항: 여운형을 일제의 괴뢰로 봄

3. 조선 총독부의 태도변화: 정권이양철회, 8. 17일 미 측 요청

   으로 건준의 정치활동제한

5. 朝鮮人民共和國(人共)의 誕生

(1) 1945. 9. 6. 박헌영을 중심으로 하는 공산주의자들이 경기여고 강당에서 1300여 명의 인민대표자가 참여한 전국인민대표자 대회개최

(2) 내각명단 발표: 주석 이승만, 부주석 여운형, 국무총리 허헌, 내무부장 김구, 외무부장 김규식, 군사부장 김원봉 등

(3) 전국인민대표자대회는 주권이 국민에게 있음을 선언하고 임시정부 조직법을 가결, 중앙인민위원회를 구성

<인공이 급속히 조직된 배경>

1st, 미국에 의한 군정실시가 거의 확실해지자 여운형, 박헌영을 비롯한 정치지도자들은 해방정국에서 주도권을 장악하기 위한 전략적 차원에서 정부수립의 필요성을 느꼈다.

2nd, 좌파는 중경의 임시정부와 맞설 수 있는 정치조직을 만들 필요가 있었다.

<인공의 해산요인>

1. 인공은 당시 국내외 정치지도자들과 사전에 충분한 협의를 거쳐 조직된 것이 아니었다.

   : 조만식, 김병로, 김성수 등은 사전에 본인들과 협의나 동의 없이 재정, 사법, 문교 부장에 선임

   : 이승만은 미국, 김구는 중경, 김규식, 신익희 등은 해외에 체재하고 있었다. 본인들의 의사와 다른 조직

2. 이승만 등 우익인사들은 인공참여를 거부

3. 인공은 좌익조직이라는 인상을 불식시키지 못했다.

   : 형식상 좌우, 중도세력 안배, 실질적 인공하부조직은 공산주의계열이 장악

4. 미군정은 어느 세력도 기득권을 인정하지 않았다.

* 후일 김일성은 인공을 '소수 특권계급을 위한 반인민적 부르주아 정권'이라 매도

〈표 9〉 解放政局의 主要政治勢力들의 政治的 立場

항목	한민당	독립촉성 중앙협의회	한독당	조선인민당	조선공산당
1. 인적구성	김성수 (범보수연합)	이승만 (범민족세력)	김구(임정 및 민족주의자)	여운형 (진보민주와 온건사회주의세력)	박헌영 (공산주의세력)
2. 정치노선	건준과 인공 타도 및 미군정에 협력	반공 범민주연합	임정의 정통성	좌우합작	프롤레타리아 혁명
3. 토지개혁	유상몰수 유상분배	유상몰수 유상분배	무상몰수 국유화	무상몰수 무상분배	무상몰수 무상분배
4. 과거청산 (친일파)	처단반대	처리반대	즉시처단	즉시처단	즉시처단
5. 신탁통치	반대	반대	반대	지지	지지
6. 정부수립	남한단독 정부수립	남한단독 정부수립	통일 정부수립	진정한 민주주의 국가건설	인민정권수립

V. 한국민주혁신정당의 전개[330]

1. 革新政黨의 展開模型

(1) 한국혁신정당의 기원

- 1917년 신규식의 조선사회당(약 90년의 역사)
- 1956. 11. 10. 진보당 창당을 제외하면 국민의 관심 밖이었다.
- 한국에서의 정당의 대중기반이론은 현실적 의미를 부여하지
  못하고 있다.

<Max Weber의 정당론>
1) 명사정당: 보수지지정당
2) 대중정당: 사회주의정당

(2) 한국에서 혁신정당이 정착하지 못하는 이유

1st, 국제환경
2nd, 국내환경
3rd, 한국정치체제의 성격
4th, 한국인의 정치적 의식구조의 행동양태

1) 국제정치환경이 자유, 공산진영 사이에 극도의 냉전체제에

---

330) 김영래 외, 2006, 『한국정치 어떻게 볼 것인가?』, 서울: 박영사.

이르면 남북관계는 가일층 긴장과 적대관계로 고조

  2) 이러한 상황에서 적의 것과 다소 유사한 이념노선, 정치적, 경제적 주장, 문화예술 활동, 언어사용 등을 이적행위로 간주

  3) 일반유권자의 좌우익 양분의식과 좌익일괄기피현상

  4) 이러한 국민의 기피현상이 한국의 혁신 정당이 공산당과 달리 대한민국의 주권을 존중하고 헌정질서를 존중하여 의회정치에 동참하고자 하나 한결같이 국민의 따돌림을 받게 되는 중요한 원인이 되고 있다.

(3) 이승만 정권의 부정부패

  1) 대내적 요인: 정통성의 위기초래 원인으로서 반공 및 반소봉쇄, 미국의 대외정책을 국민 앞에 크게 부각시키는 일

  2) 대외적 요인: 국내상황을 급박한 위기상황으로 인식케 하여 군사원조확보 및 군사장비로 무장하여 북진통일의 논리

  3) 따라서 안보와 반공을 모든 정책적 판단과 시책의 기준으로 이용하여 권력 장기화와 전제화를 정당화하려는 구실로 삼음

(4) 국제정치와 국내정치의 연계현상의 반복

  1) 한국의 혁신정당은 정치체제의 성격과 권력의 속성에 종속되어 그 운명의 기복을 전개해 온다.

  2) 민중의 힘을 업고 정치지표면을 뚫고 올라오는 자생적 분출고의 전개라기보다는 권력의 필요에 의해 출현과 침잠을 되풀이해 왔다.

2. 革新政黨의 歷史的 展開

- 혁신정당의 불연속성: 정치권력과 혁신정당의 기복은 밀접한
관련성을 갖고 있다.

제1기: 해방 이전 태동기, 좌절기

(1) 조선사회당(1917. 8. 신규식 결성)
1) 러시아 혁명 직후 민주혁명해방운동의 일환으로 태동
2) 항일비밀독립단체인 동제사(1912)를 모체로 출발
3) 스웨덴의 스톡홀름에서 개최예정이었던 국제사회주의자 대회
   (제2 인터내셔널)에 한국지원요청을 위해 결성[331]

(2) 한인사회당(1918. 6. 이동휘 결성)
1) 露領 하바로스크에서 한인사회당조직
2) 후에 상해파 고려공산당으로 연결
3) 이와는 별도로 소련에서 귀환한 한국인들은 이르쿠츠파 고려
   공산당을 결성하여 공산주의 운동을 전개. 조국광복차원의
   민족혁명운동 전개

(3) 민족대동단결운동: 1920년대 중반 이후 좌우 이념대립극복
과 민족해방운동을 위하여 모든 역량을 총집결하자는 운동
1) 유일당촉성운동: 중국 임시정부의 국무령 홍진 중심
   1926. 9. 유일대회의 결성주장

---

331) 이상두, 1987, "민주사회주의" 『민족지성』, p.176.

1926. 10. '대독입당조직 북경촉성회' 창립으로 진행

2) 신간회: 민족주의자＋공산주의자의 협동전선
① 신간회의 결성(1927.1.20) '조선사정연구회' '조선민흥회', 좌익의 '정우회' 등을 통합하여 결성
 - 통일적, 지도적 민족해방운동의 대표기관으로서 국내여론과 공산주의운동의 성공적인 전개를 위하여 국내고유의 토착잠재세력과 결합할 것을 지시한 국제공산당의 움직임이 결합하여 좌우익의 지도급 인사 34인이 발기한 민족공동전선이 중심이 되어 결성
 - 일제에 항거하여 정치, 경제, 사회, 문화, 교육, 노동, 언론 및 인권 등의 제 문제에 걸쳐 항일개혁 주장

② 신간회의 해체(1931. 5. 16)
 - 외부적 사정: 일제의 탄압(광주학생사건의 진상보고 및 탄압에 대한 성토대회를 개최한 것을 계기로 일제의 대검거 선동)과 1929년 세계대공황을 이용하여 세계의 공산화 운동을 꾀하던 코민테른이 민족주의자와의 연합전선을 파기하고 해산하라는 지령
 - 내부적 사정: 내부의 좌우익의 극한대립과 간부진의 체포로 인한 혼란의 연속

〈신간회의 혁신주의를 상징하는 대표적 주장〉: 동경지회의 24개항
1) 민족주의 주장: 조선민족을 억압하는 일제법령의 철폐(2항)
2) 혁신주의 주장: 단결권, 태업권, 단체계약권(8항)

(4) 건국동맹(1944. 8. 10. 여운형)의 혁신운동
- 국내민족좌파와 사회주의자들이 제2차 세계대전의 종말을 예
  견하고 일본 패망 후의 조국건설에 대한 논의

<강령>: 신간회에 비해 근본문제제기와 진일보한 혁신적 이념표방
① 각인각파의 대동단결을 통한 일본제국주의의 축출
② 조선독립을 저해하는 반동세력의 박멸
③ 민주주의 원칙에 입각한 노동대중의 해방

제2기: 이념정당 편성기, 해방정국과 미군정
: 이데올로기 간의 교체성과 미분화

- 해방 직후 정치세력은 민족주의 우파, 혁신세력으로서 민족주
  의 좌파, 사회민주주의, 그리고 공산주의로 구분,[332] 혁신의
  대표적 정당 또는 정치단체는 건국준비위원회, 조선인민당, 민
  족자주연맹 등이다.

(1) 건국준비위원회

<구성>: 제 세력의 연합 정치단체
1) 여운형의 건국동맹을 중심으로 하는 사회주의 세력
2) 안재홍 중심의 우익세력
3) 이영, 정백 중심의 장안파 공산주의 세력
4) 박헌영 중심의 재건파 공산주의 세력

---

332) 이동화, 1961, "한국적 사회주의의 길(중)" 『사상계』, p.135.

<선언>

"모든 진보적, 민주주의적, 제 세력을 결집하기 위하여 중도파를 중심으로 하는 좌우 연합세력으로 구성되었다."

- 안재홍 부위원장 사퇴를 전후하여 주도권 싸움. 후임 부위원장 허헌을 중심으로 한 공산주의 세력의 득세로 좌경화

(2) 여운형의 조선인민당

<창당>: 1945. 11. 12.

고려민족동맹, 인민동지회, 일요회 등 군소정당을 흡수 여운형을 위원장으로 창당.

<선언>

"조선의 현실적 과제인 완전독립, 민주주의 국가의 급속한 실현을 그 당면 임무로 자임함과 동시에 우리의 기본이념인 전 근로대중의 완전한 해방까지 혁명적 추진을 결의하는 바이다."

<강령>

1) '계획경제제도와 진보적 민족문화' 건설추구. 좌우 중간당으로서 중간좌파적 성향

2) 공산당과 동일한 보조를 취함으로써 우익에 의해 공산당의 외곽단체라는 지탄. 모스크바 삼상회의 결정, 민주주의민족전선, 제1차 미소공동위원회 등에서 공산당과 보조를 같이함.

<조선인민당의 개편>: 비여운형 계파가 신민당, 공산당과 함께
합동 남노당 결성

1947. 5. '근로인민당으로 개편'

1947. 7. 여운형의 피살 이후 당내 좌우분열로 와해됨.

***〈초기 한국정당의 인물예속적 특성〉**

1) 조선민주당 조만식 상실

2) 한독당 김구 피살

3) 국민당 안재홍 민정장관 취임

4) 자유당 이승만 하야

5) 공화당 박정희의 피살

(3) 김규식의 민족주의연맹

<결성> 좌우합작운동이 실패하고 한국문제의 유엔 이관으로 단
정채택으로 결성

<성격> 김규식의 영도력을 추종하는 진보적 정당, 사회단체들의
연합체

<선언> 독점자본주의 사회와 무산계급사회 모두 부인한 민주사
회주의 노선을 지향

***〈미군정기 혁신정당운동의 특징〉**

1) 혁신정당과 공산주의를 명확히 구별하지 못하고 필요에 따라
이합집산함으로 친 공산세력이라는 오해 자초

2) 여운형(조선인민당, 근로인민당), 김규식의 민족자결연맹 등

특정인물에 예속됨으로써 개인적 색채가 당의 이데올로기적 색채를 압도하여 정당의 제도화의 가능성을 저해함.

　3) 우익보수세력과 공산주의세력 간의 좌우익이 양분되면서 순수민족주의세력은 보수우파에서 분리되고, 사회민주주의세력은 혁명좌파에서 분리되어 정국은 좌우의 두 축 사이에 표류함.

(4) 조소앙의 사회당

<창당성격>: 6. 25 이전 혁신정당, 1948. 12. 1 결성.

<결당대회선언>

"농민과 노동자를 포함한 모든 국민에게 균등사회의 이념을 고취하며 조국의 자주독립과 남북통일을 완성하고 정치, 경제, 교육에 있어서 완전 평등한 균등사회건설을 지향한다."

　- 제2대 국회의원 선거에서 2명의 국회의원을 당선시켜 원내에 진출

제3기: 제1침체기

　- 한국전쟁(1950. 6. 25 - 1953. 7. 27) 기간 제한적인 이데올로기 상황
　1) 한국전쟁이 남한의 혁신세력에게는 치명적 타격
　2) 전쟁 기간 중 진보주의 지도자들은 대부분 월북, 납치, 피살
　3) 남한은 엄격한 친미, 반공 보수사회로 굳히는 결정적 계기
　4) 국민의 사고경향도 냉전의식이 강하게 주입되어 혁신진보주

의를 공산주의와 동일시하는 결과 초래

5) 국가안보제일주의의 강권적 위협으로 혁신세력은 기약 없는 침잠기에 빠져들었다.

– 제3기의 이러한 상황에서도 1950년대 중반 혁신세력이 재정 비하여 진보당을 출현시켰다.

제4기: 진보당 창당으로 세력 확장기

(1) 조봉암의 진보당 창당: 혁신세력의 재등장

1954. 11. 자유당 이승만 3선 허용을 위한 四捨五入改憲 강행 에 대응하여

1955. 초 신당조직촉진위원회가 구성 조봉암의 가입문제가 대두, 반대하는 보수파(자유민주파)와 찬성하는 혁신파(민주대동파)로 대립, 보수파중심으로 민주당 결성하고, 민주당에 가입하지 않은 인사들이 진보당 추진위원회 결성

1956. 11. 10. 진보당추진위원회가 진보당(조봉암 위원장) 창당. 서구 민주사회주의 영향

　　* 1951년 프랑크푸르트 회의에서 개최한 사회주의 인터내셔널(SI)의 민주사회주의 목적과 임무를 밝힌 채택결의문에서 공산주의와 사회주의를 엄격히 구분하여 비판을 받자, 한국에서 혁신정당운동은 정신적 지원과 원군을 얻게 된 셈이었다.

1956. 5. 15. 대통령선거결과

조봉암은 2,163,809표(이승만 혐오표와 신익희 추모표)를 얻어 보수세력 이승만(5,046,347)을 위협하였다. 이는 정권확보보다 혁신세력의 거점을 확보하는 의미가 컸다.

(2) 민주혁신당

* 진보당의 경우 주목해야 할 점: 혁신세력 내부의 파쟁
1) 1956. 대통령선거 이후 진보당추진위원회로 서상일과 조봉암의 대립
2) 정부통령 후보 지명전에서 감정의 토양이 배양되었다.
 - 서상일 일파가 비혁신계 정치인들과의 광범위한 제휴를 주장한 반면 조봉암 일파는 순수 혁신계 인사들만의 정당결성을 주장
3) 1957. 10. 15. 서상일파가 진보당추진위원회를 탈퇴하고 민주혁신당을 창당
 - 조봉암과 서상일의 이념적 차이가 아니라 당내 권력투쟁에서 혁신계 내부의 주도권 갈등이 빚은 양상임.
4) 따라서 진보당과 민주혁신당의 정강이 동일
 - 정치는 혁신정치과 의원내각제 확립
 - 경제는 계획경제
 - 통일은 남북총선거
 - 이념은 민족사회주의로 계급정당이 아니라 국민대중정당을 지향

(3) 노동당

1955. 2. 노동자농민, 지식층. 소시민을 기반으로 창당
　　　 －근로기준법을 엄격히 적용하여 노동자의 최저생활보장
1959. 11. 명칭을 민족주의민주사회당으로 변경

제5기: 제2침체기, 진보당 사건

1958. 1. 13. 창당 2개월 만에 위원장 조봉암 등 당 고위인사
　　　　　 17명이 국가보안법에 의해 간첩죄로 구속 그중 조봉
　　　　　 암은 처형
1958. 2. 15. 정부의 오재경 공보실장은 "대한민국의 관계법령
　　　　　 에 의하여 진보당의 등록을 취소한다."고 발표
　　 <이유>－용공적 통일정책 추구
　　　　 －간첩과의 접선
　　　　 －대한민국 파양기도
1959. 7. 30. 대법원은 조봉암의 재심청구에 대하여 "이유 없
　　　　　 다."고 기각

－이 사건 이후로 민혁당과 노동당을 비롯한 당시의 혁신계 세
　력의 정치활동은 거의 깊은 늪에 가라앉고 말았다.

*〈진보당 사건의 발생요인〉

(1) 이념적 차원: 진보당의 혁신적 이념에 대한 보수세력들의 우려를 반영

1) 진보당의 강령(8) "광범한 근로대중의 정치적 집결체이며 국민대중의 이익실현을 위하여 투쟁한다."
2) 경제정책 "피해 대중의 수탈 없는 경제정책의 실현"
3) 우익정당은 진보당 강령과 경제정책을 일종의 무산계급정당으로서의 좌파사회주의 내지 용공정당으로 매도. 이는 국민의식 속에 진보당을 공산당과 동일한 것으로 인식주입작용

(2) 현실정치적 차원

1) 진보당과 동일한 정강정책을 표방했던 민혁당은 어떠한 규제도 받지 않았다.
2) 1956. 5. 15. 대통령선거결과에서 이승만 장기집권에 대한 위협을 느낀 집권 자유당에 의해 야기된 사건이다.

제6기: 분출기, 허정 과도정부 기간(1960. 4. 19 - 1961. 5. 16) 민주당 시기

- 권위주의적 이승만 정권의 몰락은 진보당 사건 이후 침체되었던 혁신 정치세력들의 부상에 계기를 마련해 주었다.

(1) 혁신정치세력들은 총선거에서 다수의석 확보가 당면 목표

1) 사회대중당: 혁신정당은 과거 진보당 인사들과 민주혁신당의 서상일, 이동화 등이 참여한 사회대중준비위원회을 설치
2) 한국사회당결성: 전진한과 일부 민주혁신당 간부들의 집합체로서 결성
3) 혁신동지총연맹: 장건상을 비롯한 혁신계 원로들의 모임

(2) 구정치인의 완전 퇴진과 공산주의 활동의 합법화

1) 고정근을 중심으로 한 사회혁신당은 선거승리보다 기존정치구조의 즉각적 개혁
2) 과도정부는 1960. 7. 고정근을 구속, 제동 여기서 한국혁신운동의 한계를 보임.

(3) 당시의 정치상황

1) 1960. 7. 29. 총선은 혁신정당에게 결정적 참패를 안겨주었다.
2) 선거결과

(단위: 의석)

	민의원	참의원	합계
보수세력인 민주당	175	31	206
혁신정당	5	2	7

3) 1960. 7. 29. 혁신정당의 참패원인

① 이념의 불일치로 인한 무원칙한 영합

② 종파성의 우세에 따른 극단적인 이합집산

③ 각 파벌 간의 헤게모니 쟁탈전으로 국민의 불신과 지탄의 대상

④ 유권자의 정치문화와 선거제도의 메커니즘이 소선거구제인 단순다수 1차 투표제가 다수의 대중정당에게 유리

(4) 이 시기의 한국사회의 지배가치체제

1) 안보제일주의와 민주주의로 양분된 시기, 즉 사회적, 이념적 양극화 현상

2) 보수집권세력(상존하는 국제환경위협에 대처하는 정치체제)은 신진개혁세력(국내정치를 독립변수로 보고 체제의 민주화와 경제건설을 통하여 체제의 정통성을 구하려는 노력) 간의 이념대결은 5 · 16 군사혁명으로 끝을 맺었다.

제7기: 제3침잠기

1961. 5. 16. 기존의 모든 정치활동 일시 정지

- 혁명주체 세력은 진보주의 운동을 용공적이며 국가안보를 위태롭게 하는 것으로 파악하고, 혁신운동 주도 지도자는 혁명재판에서 소급입법인 '특수범죄 처벌에 관한 특별법' 제6조에 반국가 행위에 의해 사형, 중형을 선고

(1) 통일사회당

1965. 7. 20. 5 · 16 이후 최초 혁신정당은 '통일사회당' 창당준비위원회를 결성
 - 1967년 1971년 제7대, 제8대 두 차례의 국회의원 총선거에서 입후보자 전원 낙선

(2) 대중당

1965. 5. 한일협정비준 반대하여 서민호 국회의원직 사퇴
1967. 3. 대중당 창당
1967. 5. 제7대 국회의원선거에서 당선 원내 유일한 제3당

 - 통일사회당과 대중당은 72년 10월 유신으로 정당활동중지를 당해 또다시 단명

1973. 7. 12. 통일사회당 창당준비위원회 재차 결성(김철 대표위원) 안필수를 위원장으로
1980. 10 해체될 때까지 재야세력과 연계하여 반정부 운동과 개헌운동을 전개

〈이 시기의 혁신운동을 위축시킨 사건들〉
1) 1964. 8월 '인민혁명당사건'
2) 1966년 서민호의 구속과 반공법 시비
 * 대중당 전신인 민주사회당 발기 취지문

① 남북한의 서신교환 및 체육인, 언론인의 교류

② 김일성과 면담용의

③ 한일협정의 폐기

④ 주월 국군철수 등을 주장

3) 1967년 동베를린 사건

제8기: 체제 수용기

1979. 10. 26사건으로 유신체제 붕괴.

1980. 5. 17 전두환 세력의 대두

(1) 제5공화국의 혁신정당

1) 고정근 중심의 민주사회당

2) 김철 중심의 사회당

3) 제11대 국회의원 총선결과 민주당 2석, 사회당은 의석확보에 실패

(2) 혁신정당의 특징

1) 집권세력을 비롯한 보수세력들이 혁신정당에 대해 전진적인 관심을 보이고, 그것을 보호, 육성할 뿐만 아니라 대내외적으로 활용했다.

2) 민사당이 1982년 3월 신정당과 합당하여 신정사회당이 되어 의석 3석 확보

3) 제5공화국 주체세력으로부터 제도적인 지원을 받아 혁신정당
의 성격이 불투명하다는 비난을 받기도 함.

4) 혁신정당이 체제에 의해 보호, 육성, 이용되는 현상은 제5공
화국의 다당제 논리, 비동맹권 및 대공산권 외교, 대내외 명분에
기인함.

5) 1980년대에 정치문제화되기 시작한 노동자, 농민, 도시빈민
등의 근로대중의 소외문제를 체제 내에 수용함으로써 체제의 안정
을 도모할 수 있다는 긍정적인 평가를 하지만 수동성이 강함.

제9기: 1987년 민주화 이후

1987. 6. 29선언 민주주의 공고화
- 민노당이 제도권에 진입
- 열린우리당, 민주당은 진보개혁적 성향(보수정당이지만 혁신당
  의 이념을 수렴함으로써 혁신정당의 독특한 정강정책이 빛을
  잃게 되었다.)
- 참여 정부는 노동운동, 시민사회의 의견 등을 수용

3. 革新政黨과 政治權力

(1) 혁신정당의 역사적 전개 원리

(1) "정치권력의 기복과 혁신정당의 기복 사이에는 매우 밀접한
함수관계가 존재"

(2) 양자(정치권력과 혁신세력)는 두 개의 상위체계(한국사회문

화적 특징과 국제정치체제의 존재양식)의 영향하에 있다.

Ⅵ. 혁신정당의 특성과 전망

1. 革新政黨의 特性

(1) 정당 내적 특성

1) 인물중심적 정당 또는 잠재성 인맥정당
2) 복잡한 인맥과 파벌은 혁신정당의 폐쇄성을 초래
3) 혁신정당의 이념과 운영방식
 - 일제하에 여러 이데올로기 사이에 명백한 한계와 구분이 없이
   해방운동(미분화와 교차성)
 - 프랑크푸르트 선언(1951)이 혁신정당의 이념적 특성을 명확하
   게 주장할 수 있는 명분을 제공

(2) 정당 외적 특성

1) 정치권력과의 관계
2) 역대 선거에서 국민들의 외면
3) 정치적 하부구조의 취약

2. 韓國 革新政黨의 展望

(1) 혁신정당의 제도화의 가능성

(2) 보수, 혁신 공존시대 구현 가능성

(3) 국민의 정치의식이 극단적인 좌우 양분법적 사고방식을 벗어야 한다.

(4) 민주노동당(2002. 6. 13 지방선거)에 의해 제도권 내에 진출

|참고문헌|

강만길, 1994,『고쳐 쓴 한국근대사』, 서울: 창작과 비평사.

김영래 외, 2006,『한국정치 어떻게 볼 것인가?』, 서울: 박영사.

매일신보, 1945. 8. 17: 이만규,『여운형투쟁사』, 서울: 민주문화사.

安在鴻, 1983, "朝鮮建國準備委員會와 余의 處地",『民世安在鴻選
　　　集』2, 지식산업사.

이동화, 1961, "한국적 사회주의의 길(중)"『사상계』.

이상두, 1987, "민주사회주의"『민족지성』.

차기벽, 1980,『민주주의의 이념과 역사』, 서울: 한길사.

함재봉, 2000,『유교, 자본주의, 민주주의』, 서울: 전통과 현재.

Bell, Daniel A. 2000, "Asian Communitarianism", in Harm Jae Bong,
　　　eds., *Confucian Democracy, Why & How* 서울: 전통과 현재.

Joyce & Gabriel Kolko, 1972, *The Limit of Power*, New York: Harper.

제11장

민주화 이후의 한국 시민사회
- 문제점과 바람직한 방향 -

Ⅰ. 문제의 제기

시민사회운동(civil social movement)이란 무엇인가라고 질문을 받으면 선뜻 이것이라고 대답하기가 쉽지 않은 것 같다. 아마도 이러한 망설임 뒤에는 시민사회단체나 시민사회운동이라는 용어에 대한 개념화가 재대로 정립되어 있지 않기 때문일 것이다. 그렇다면 시민사회단체란 무엇이고 그러한 시민사회단체의 운동이란 어떤 목적을 가지고 있는가라는 질문을 설정할 수 있다. 이러한 질문에 해답을 찾는 일은 일반적인 시민사회단체나 시민사회운동에 대한 정의를 필요로 하고 있는 것이다. 이러한 시민사회단체의 개념정의를 해봄으로써 한국 시민사회단체의 운동원리를 설정하는 데에 보탬이 될 것으로 생각한다.

또 다른 한편 앞으로 구체적으로 논의하겠지만 최근 몇 년 사이에 우리 한국의 시민사회단체의 운동경험에서 볼 수 있었던 것은 지역주민이나 시민사회단체와 충분한 사전 협의 없이 추진된 국책사업들, 즉 고속전철 천성산 사건, 외곽순환도로건설의 사패산 터널공사 중단, 새만금 사업의 중단과 재검토 등에서 보는 바와 같이 시행착오로 인해 지지부진해짐으로써 막대한 국고의 손실을 초래한 쓰라린 경험을 겪어야만 하였다. 이와 같은 시행착오를 방지하고 일단 충분한 논의에 의해 계획 입안된 국책사업은 일사 분란하게 추진됨으로써 국고의 손실을 방지하고 정부의 정책이나 추진 사업에 권위를 부여할 수 있어야겠다는 생각이다.

이와 같은 문제제기로 인하여 본 연구에서 설정하는 연구의 목적은, 시민사회단체의 정의를 간단하게 살펴보는 일과, 그리고 난 뒤에 한국의 시민사회운동이 나아가야 할 방향에 대해 의견을 제시하는 두 가지로 집약할 수 있다.

Ⅱ. 이론과 방법

1. 정의

앞의 문제제기에서 설정한 연구목적에 따라 시민사회단체에 대한 간단한 정의를 살펴보기로 한다. 마치 오늘날의 국가의 개념이 근대 민족국가의 개념에서 그 유래를 찾고 있는 것처럼 시민사회의 개념도 고대의 왕권이나 중세의 교황권으로부터 개인의 발견을 의미하는 시민사회의 개념에서 찾는 연구들도 있다. 이와 같은 개념에서의 시민사회의 의의는 근대 초기의 국가와 사회는 교회의 도덕적 명령과는 다른 독자적인 작동의 원리를 가지는 것으로 인식되기 시작하였다는 점이다.

이와 같은 시민사회의 개념은 헤겔과 마르크스의 시민사회론의 출현까지 지속되어 왔던 것으로 생각된다. 헤겔에게서는 국가는 욕망과 필요의 체계로서의 시민사회를 윤리적으로 통합하는 역할을 한다. 시민은 욕망의 주체로서 시민사회를 구성하지만 또한 공민으로서 국가의 일원이다. 시민은 전통적, 봉건적 친족질서로부터 해방된 욕망의 주체이다. 그러나 헤겔에게서는 시민은 아직 윤리적으로 불완전한 미완성의 존재로 본다.333) 마르크스에게서는 시민사회는 욕망과 필요의 체계에서 부르주아 시민사회이다. 이는 역시 헤겔과 같이 부르주아 시민사회가 불완전한 것이기에 지양되어야 하는 것으로 본다. 그는 국가에 의한 윤리적 통합이 아니라 궁극적으로 국가 고사론을 통해서만 시민사회는 지양되어 인간해방의 단계에 이를 수 있다고 보았다. 마르크스는 역사의 종말 이전 단계에서는 국가와 시민사회의 자본주의 사회구성체 안에서 통합성을 강조한다.334)

그런데 오늘날의 1980년대 이후의 시민사회는 이와 같은 전통적 고전적 의미의 자유로운 시민사회, 사회계약으로서의 국가, 본원적 의미의 시민사회론과 다른 것으로 받아들여지고 있다. 오늘날의 그 개념은 시민의 공론의 장으로서 시민사회를 강조한다. 하버마스에 의하면 시민사회의 공론의 장은 개방되어 있고, 수평적이고, 정보와 개인의 의견을 소통하는 네트워크로 묘사될 수 있다.335) 여기에서 우리는 오늘날의 시민사회를 공론의 장에서 개방적이고, 수평적이고, 개인적인 의사에 의한 참여를 바탕으로 하는 대중의 조직임을 알 수 있다. 이렇게 볼 경우 시민사회단체는 정치적 비정치적, 당파적 비당파적, 종교적 비종교적 조직을 전부 망

---

333) W. F. Hegel, 1967, *Hegel's Philosophy of Right*, Oxford: Oxford University Press.

334) Karl Marx and F. Engels, 1972, *The Marx‒Engels Reader*, New York: Norton.

335) J. Habermas, 1989, The Structural Transformation of the Public Sphere, Cambridge MIT Press.

라한 개념으로 본다. 이러한 입장에서 오늘날의 한국의 시민사회단체를 정의하면, 정부나 기업에 속하지 않고, 대중적이고, 인간의 기본적인 삶의 가치를 추구하는, 개인의 자발적인 참여의 정신을 바탕으로 하는 조직이라고 할 수 있다. 시민사회단체를 이렇게 정의하면, 우리나라의 최근 시민사회운동은 1987년 6·29 민주화 선언 이후가 되어서야 비로소 진전이 있어 왔다는 것을 알 수 있다. 그 이전에는 시민사회운동이라기보다는 모든 운동단체가 대부분 국가에 의해 조정되고 운영되어 왔다고 해도 과언이 아닐 정도였었다. 그러나 우리 사회의 사회운동단체들이 그 이전의 전통을 뿌리에 두고 있는 점은 간과할 수 없는 원리이다. 이러한 뿌리에 놓여 있는 특성을 찾아내어 진단하고 이것이 우리 시민사회단체들의 운동의 문제점이 되고 있다면 이를 시정하는 방향으로 우리의 시민사회운동에 대한 운동의 방향과 운동의 원리를 설정해야 하는 것은 당연한 일이다.

2. 이론

이러한 시민사회단체의 정의에 맞는 시민사회운동의 바람직한 방향과 운동의 원리를 위한 이론적 구성을 살펴보기로 한다. 앞에서 문제의 제기에서 언급하였듯이 한국의 시민사회운동에서 보이는 것이, 무언가 잘못된 정책이나 국가의 의사결정과정에 시민공론의 장에서 시민의 참여에 의한 충분한 검토가 없었기 때문에 시행착오를 겪어 왔다고 지적하였다. 이러한 시행착오를 사전에 방지하기 위해서는 먼저 사업의 계획입안단계에서 또는 정책의사결정의 단계에서 사전에 충분한 공론이 형성되어야 하겠다는 성찰주

286

의적(reflectivist) 사고이다. 이 성찰주의적 사고는 쟁점(issues)을 중심으로 현상을 분석하는 원리이다.336) 앞으로 연구방법론에서 제시되는 방법으로 한국사회의 시민사회운동의 특성과 문제점을 찾아서 그 문제점과 개별 이슈들에 대한 사전에 충분한 공론의 장에서 숙의하고, 공감대를 넓히기 위한 정지작업을 수행하는 일이다. 사업계획과 설계단계에서 시민이 배제됨으로써 발생하는 사후의 지지부진해지는 일이 없게 하는 개별 쟁점을 착실하게 하나하나 챙기는 일이다. 이를 우리는 제1의 원리라고 명명하고자 한다.

다음으로는 이와 같은 성찰주의에 의한 쟁점들을 하나씩 사안별로 숙의한 다음에 그것들을 사회적으로 관계있는 집단이나 운동주체들과 충분한 상호관계 속에서 구성적으로 연계하는 작업이다. 이와 같은 합의와 이해의 공유(shared understanding), 그리고 인식을 같이하는 집단 간에 성찰적인 사고를 바탕으로 한 것들을 연관을 맺는 일이다. 이것이 사회 구성주의적(social constructivist) 사고이다.337) 사회 구성주의적(constructivist) 사고에 의하면 사회구조는 객관적인 물질적 자원(material resource)뿐 아니라 이에 대한 공유된 지식(shared knowledge)에 의해 사회구조 간에 있는 문제점을 해결한다고 본다.338) 이들의 주장에 의하면 인식과 전문적인

---

336) Steve Smith, 2001, "Reflectivist and Constructivist Approaches to International Theory", *The Globalization of World Politics: An Introduction to International Relations Second Editionedited* by John Baylis & Steve Smith, Oxford University Press, pp.229 - 242.

337) *Ibid*, 242 - 246. 구성적 사고는 합리주의 이론(신현실주의 이론과 신자유주의 이론)과 개별적인 쟁점 중심의 성찰적 분석을 연결하는 가교적 역할을 하는 원리이다.

338) Alexander Wendt, 1992, "Anarchy is What States Make of It: The Social Construction of Power Politics", *International Organization*,

지식의 공유가 사회 구성적 문제의 상호 제약적 관계를 풀어 나가는 데에 결정적인 역할을 할 수 있다고 판단한다. 구성주의적 사고로서 인식의 정확한 구성을 이루고 있는 집단의 합의를 근거로 하여 이를 활발하게 추진해 가야 한다. 다시 말해서 상호 주관적인 이해(inter‒subjective understanding)가 바탕에 깔려 있지 않는 까닭에서 발생한 지금까지의 우리나라의 국책사업들이 시행착오를 겪을 수밖에 없었던 것으로 이해할 수 있다.

구성주의는 원래가 교육학의 학습지도에서 발달한 이론이다. 교육에서 학습을 1) 지식은 인식의 주체와 독립적으로 외부에 존재한다. 2) 지식구성은 외부의 지식을 발견 또는 수용하여 체계적으로 구조화함으로써 이루어진다. 3) 지식은 개인의 부단한 반복적인 암기를 통해서 단기기억에서 장기기억으로 저장된다는 객관주의에 대한 반대의 주장으로서, 구성주의는 1) 지식은 기존 경험으로부터 개개인의 마음속에서 구성된다. 2) 지식 구성은 자신이 속한 사회의 구성원들에 의해 영향을 받는다. 3) 지식은 역동적이며, 개인적, 사회적, 합리적으로 창출된다고 본다.[339] 이와 같은 사회 구성주의적 사고를 우리는 제2의 원리로 설정하고자 한다.

3. 방법

본 연구를 위하여 여러 가지의 방법이 가능하겠지만 연구의 범위를 한정하기 위해서 한국사회의 6·29 민주화 선언 이후의 한

Vol.46, pp.391‒426.
339) 황윤한, 1999, 「구성주의와 교과교육」 초등교과교육연구회 제2회 학술발표회 자료집, 1‒27쪽.

국사회의 시민사회운동을 연구하기로 한다. 시민사회운동의 특성과 문제점을 보기 위해서 1990년 이후의 한국의 대학에서 시민사회운동에 관한 박사학위 논문을 분석하여, 운동의 특성과 문제점을 찾아서 이를 분석함으로써 향후의 운동의 바람직한 방향과 문제점 처방을 위한 방안을 모색하고, 그런 연후에 새로운 운동의 원리를 제시하고자 한다.

이러한 목적달성을 위해 본 연구에서는 먼저 한국 시민사회단체운동의 발달 경위를 살펴보고, 한국의 시민사회단체의 운동의 특성과 문제점을 짚어 본다. 그런 다음에 문제점에 맞는 진단과 처방으로서 바람직한 방향의 운동원리를 제시해 보고자 한다.

Ⅲ. 한국 시민사회단체운동의 발달

1. 1987. 6. 29 민주화 선언

그동안 한국은 중앙집권적인 왕권국가와 식민지시대, 그리고 독재와 권위주의 정권을 거치면서 관료주의적 억압된 사회에서 살아오면서 국가와 시민사회의 서양식 인간중심의 이원적 구분을 경험하지 못하였다. 특히 1970년대의 군사권위주의적 정권하에서는 시민사회 영역의 성장과 팽창을 근본적으로 제약하고 있었다. 1980년대 후반 전두환 정권의 말기부터 민중과 지식인, 학생들의 조직이 그 역량에서 급신장하였다. 이 시기에 당시 집권당의 대통령 후보가 "6 · 29 민주화 선언"을 하게 됨으로써 민주화에 대한 욕구는 크게 분출되었다.

한국에서 시민사회단체가 주요한 행위주체로 등장한 시기는 1987년 6월 민주항쟁 이후의 일로서 보는 것이 보편타당하다.[340] 한국에서 대중에 의해 정치가 권위주의 체제에서 민주주의 체제로 전환된 계기를 마련해 준 것이 6월 항쟁이다. 그러한 이 6월 항쟁은 크게 우리에게 주는 두 가지의 함의가 있다. 그 하나는 사회적으로 우리 사회가 군부권위주의 체제에서 민주주의 체제로 바뀐 점이고, 다른 하나는 정치적으로 우리나라가 절차적 민주화를 달성하게 된 점이다. 먼저 우리 사회가 권위주의 체제에서 민주주의 체제로 전환됨에 따라서 시민사회의 역량이 제고되기 시작하였다. 따라서 사회운동은 다양한 형태의 역동적인 사회운동이 펼쳐지기 시작하였다.

1989년 7월에 창립된 경제정의실천시민연합(이하 '경실련'으로 약함)의 창설을 시작으로 환경운동연합, 참여연대 등 한국 시민사회운동을 이끌어 온 주요 시민사회운동단체들이 등장하였다.

2. 1993. 2. 25 김영삼 문민정부

김영삼 문민정부의 시작은 시민사회에 다음 두 가지의 기회를 제공해 주었다. 그것은 하나가 시민사회에 정치적 기회공간을 더욱 확대시켜 주었다는 것이다. 문민정부가 들어서면서 전통적인 계급적 이데올로기를 지향하던 일부 정치 엘리트에 의해서 움직여지던

---

340) 박상필, 2002, 「NGO와 정부 그리고 정책」(서울: 아르케), 63쪽 김영래, 2003, "한국 시민사회운동의 현황과발전과제" 「NGO 연구」 창간호(제1권 제1호), 17쪽.

민중운동의 정치적 기회가 탈 이념적이고 초계급적인 시민계급에게 확장되었다. 따라서 일반 시민계급이 특권계급만이 하던 민중운동(예: 학생운동, 노동운동)을 대신하여 시민운동(예: 주민운동)을 주도하기 시작하였다는 점이다. 일반 시민계급이 주도하는 시민사회단체운동은 국가정책의 감시자로서, 비판자로서 또는 정책 대안자로서 다양한 공익적 시민단체들의 출발을 가져오게 하였다.

다른 하나는 시민단체의 활동 영역을 신장시킬 기회를 제공해주었다는 것이다. 이는 지방자치제의 실시를 통해 계급적, 이념적 이슈보다는 지역적 이슈나 특수 이익의 이슈에 더 많은 관심을 집중하게 되어 이슈의 지방화와 다양화를 보임으로써 시민사회단체들의 활동 영역을 넓혀주는 기회를 제공하였다는 점이다. 예를 들어, 핵폐기물 처리장 선정문제와 쓰레기 매립장문제와 같은 지역주민운동이 전개되기도 하고,341) 노사문제와 한의사와 약사 간의 이익집단 간의 갈등문제 등 이슈의 다양화와 더불어 시민운동의 활동공간 영역이 신장되었다는 점이다.342) 1994년 제정된 '시민단체 신고에 관한 법률'은 종래의 '시민단체 등록에 관한 법률'을 대

---

341) 정근식, 1991, 「주민운동의 구조와 역학에 관한 연구 – 1980년대 전남지역 개발사례를 중심으로」 서울대학교 문학박사학위(사회학)논문. 그는 1980년대의 우리나라의 농어촌을 배경으로 주민운동의 구조와 동학을 연구하고 주민운동의 유형을 저항형, 대응형, 요구형, 자조형으로 구분하였다. 특히 운동조직이 가진 자원(resource)으로 조직의 힘과 리더십, 운동자금, 동원을 위한 정당성, 외부의 지원으로서 정치적 기회공간 등이 주민운동의 주된 동력원이라고 본다.

342) 조대엽, 1995, 「한국의 사회운동과 조직유형의 변화에 관한 연구: 1987 – 1994」 고려대학교 사회학 박사학위 논문, 263 – 307쪽 참조. 1990년대 초반 한국의 시민운동은 주로 지역주민운동의 양상을 많이 띠고 있었다. 조대엽은 한국의 1990년대 초반에 지역주민운동을 '정체 도전적 공동체형과 정체 성원적 공동체형'으로 분석하고 있다.

체함으로써 배타적 조합주의적 통제기제에서 벗어나 자율적인 시민사회의 성장을 위한 제도적 장치로서의 역할을 할 수 있었다.

3. 1998. 2. 25 김대중 국민의 정부

김대중 국민의 정부가 들어서면서부터 시민사회운동은 더욱 성숙된 모습을 나타내고 있었다. IMF금융위기의 한가운데에서 집권한 국민의 정부는 시민사회단체와의 정책적 연대를 통해 소수정권으로서의 지지기반의 취약성을 만회하려는 정책을 수행하게 되었다. 이와 같이 김대중 정부는 재야운동에서부터 원초적으로 시민사회단체의 성원에 바탕을 가지고 탄생하였던 것이다. 그래서 이 정부는 시민사회운동에 지대한 관심을 보이고 있었다. 이때 제정된 '비영리민간단체지원법'을 국회에 통과시켜 시민사회 운동을 더욱 법적, 제도적으로 보장받게 하였다.

4. 2003. 2. 25 노무현 참여정부

이 참여정부는 역대 어느 정권보다도 시민사회운동단체들과 친화적 성격을 나타내고 있다. 이 정부의 출범부터 네티즌들의 '노사모 인터넷 동호회' 등의 지원을 받아 탄생하게 되었다. 노무현 대통령 자신이 정권인수시절부터 인수위원회에 '국민참여센터'를 설치하여 시민사회운동단체들로부터 여론 수렴에 적극적이었다. 현재는 청와대 비서실에 시민사회 수석실을 두고 시민사회단체들의 의견을 받고 있다. 심지어 2005년 3월에는 외교통상부에 정부정책을 대외에 홍보하고 관련국제회의에 참석하는 등 정부의 외교활동

292

을 지원하는 'NGO담당대사'를 임명하기도 하였다.343)

참여정부와 시민사회운동과의 관계는 노무현 정부가 2003년 들
어서면서부터 양자의 관계는 개혁에 적극적인 참여연대를 강조하
는 측면과 시민사회단체는 정부의 정책에 비판적인 태도로 견제를
강화해야 한다는 주장이 강하게 대두하고 있다. 집권 3년에 접어
든 지금도 개혁연대론과 견제강화론은 확연하게 구분되고 있지 않
은 것 같다.344)

개혁연대론은 대통령자문정책기획위원회 위원장인 이종오 교수
등이 주장하는 일 측면이다. 그는 한 대담에서 "시민운동단체들도
제도정치에 적극적으로 참여하는 것이 필요하다. 정치적 중립이라
는 문제 때문에 밖에서 감시만 해서는 한국정치가 더 이상 발전할
수 없다. 시민운동진영에서도 자신들의 정치적 지향을 분명하게
밝히고 적극적으로 참여해야 된다. 그런 의미에서 이제 시민운동
의 정치적 중립화는 제고되어야 한다."고 주장하여 시민운동단체
들이 정치의 중심부에 진입하여 정치개혁세력들과 연대하여 적극
적으로 개혁에 동참할 것을 주장하고 있다.

이에 비해 시민사회단체들의 정부에 대한 정치적 중립을 유지하
고 정부의 활동에 견제세력으로서 충실해야 한다는 주장이다. 이
러한 주장의 측에 있는 손봉호 교수는 이종오 교수와의 대담에서
"지금 시민들은 정치를 매우 불신하고 있다. 이러한 때에 상대적
으로 깨끗하다는 이유로 국민들의 신뢰를 받아 온 시민사회단체가
정치판에 들어가면 시민들은 그러한 시민사회단체들까지도 더러워

---

343) 한국NGO학회, 2005, 「가교」(한국NGO학회 소식지 제4권 제1호), 9
　　－10쪽 참조.
344) 김영래, 2003, "한국 시민사회운동의 현황과 발전과제" 「NGO연구」
　　(제1권 제1호: 창간호), 23－26쪽 참조.

질 수밖에 없다고 생각한다." 시민사회운동단체들의 적극적 정치 참여에 대하여 유보적인 입장을 보이고 있다.[345]

2년 정도가 지난 지금에 와서(2003년 2월-2005년 5월) 보면, 참여정부 탄생 당시에 비해 상당한 시민운동단체의 핵심적 간부들이 정부의 정책결정의 핵심부서에 참여를 하고 있다. 또한 대통령을 탄생시킨 핵심 주체세력들인 시민사회단체뿐만 아니라 국회의원들도 행정부의 핵심적인 자리에 포진하고 있다. 이와 같은 적극적 참여연대론을 주장한 측의 입장이 현실화되어 가고 있는 감이 강하다. 그러나 이것이 좋다고 할 수 있는지는 판단하기가 이른 것 같다. 이들의 적극적 참여가 과오나 실책이 나오면 견제강화론은 또다시 강하게 대두될 위험성은 배제할 수 없기 때문이다.

1940년부터 2002년에 이르는 기간 동안에 한국의 시민사회단체 설립을 연도별 비율을 보면 1990년대에 설립된 것이 전체의 49.4%로써 62년간 최근의 10년 동안에 절반 정도가 설립되었다.[346] 숫자적으로나 내용적으로나 이제 한국의 사회는 시민사회단체가 주도해 가고 있는 것은 분명한 사실이다.

---

345) 한국사회포럼(2003. 2. 7), 참여연대, 민주화를 위한 변호사 모임 등 40여 개 시민사회단체가 개최한 포럼 주제발표에서 "노무현 정부는 시민사회의 지지를 극대화하고자 할 것이고 이는 시민운동단체의 지지를 얻는 것과 궤를 같이한다. 시민운동이 정부와 인위적 거리를 두는 것보다는 감시와 견제, 협력과 비판을 탄력적으로 적용하는 것이 옳다."고 하였다.
346) 김영래, 2003, 전게서, 19쪽 참조.

Ⅳ. 한국 시민사회단체운동의 특성

한국 시민사회운동의 특성을 파악하기 위해서 지난 1987년 6·29 민주화 선언 이후에 우리나라 대학에서 연구 발표된 박사학위 논문 중에서 시민사회운동을 주제로 한 논문을 국회전자도서관에 등록된 자료를 통해 분석해 보았다. 이들 논문에서 연구된 시민사회단체의 운동에서 지적되는 한국의 시민운동의 주제별 특성을 정리하면 다음과 같다. 이 중에서 시민사회로 검색하여 나타나는 논문 중에서도 몇 가지 시민사회연구 중에서 본 연구의 목적에서 벗어나는 다섯 개 정도의 논문은 제외하였다. <표 11>에서 보면 전공별로는 정치학 6/14, 행정학 3/14, 사회학 2/14, 교육학 1/14, 신문방송학 1/14, 공공사회복지 1/14로써 그 내용이 정치학에 관한 것이 많다. 민주화, 참여성, 자발성, 효율성의 문제를 가장 많이 개선되어야 할 과제로 지적하고 있다.

〈표 11〉 시민사회운동을 주제로 하는 박사학위 논문의 시민운동의 특성

연구자	발표년	논문명	문제점과 특성	운동역량과 극복
김수철	2003 정치학	한국 시민사회운동에 관한 연구	대중성, 자율성, 효율성의 부족	시민의 참여, 정부와 관계, 정보화와 네트워크 구축
배정아	2003 행정학	NGO의 민주성에 관한 연구	의사결정구조의 분권성, 개방성, 대응성	민주적 의사결정 과정
유영달	2002 공공사회 복지	시민단체(NGO)와 정부 및 시민 간의 발전 관계에 관한 연구	자율성, 참여의식 결여(연대성)	정부의 중립성 유지, 기부금 문화의 활성화
홍성구	2001 신문 방송학	인터넷과 정치적 공론 영역의 복원: 숙의 민주주의를 중심으로	공론장과 숙의민주주의, 인터넷과 분절화, 민주주의 지체현상, 시민사회 내부갈등	시민사회의 활성화, 의사소통적 네트워크 확산
김구현	1999 정치학	한국에서 시민운동단체의 성장과 쇠퇴 – 경제정의실천시민연합의 사례 –	사회운동의 부족한 동원능력(사회운동의 성쇠요인)	정치적 기회와 운동단체의 동원능력
박상필	1998 행정학	시민단체의 자주성과 공익활동 능력	전통적으로 자주성, 공익성의 결여	시민단체의 자주성과 공익활동능력
배성인	1997 정치학	한국의 산업화와 민주화 과정에 관한 연구: 제1공화국에서 제6공화국까지	권위주의적 정치체제(산업화 촉진), 제한적인 민주주의(민주화 지연)	민중부문의 역량성숙과 중간층과의 연대강화
이기호	1997 정치학	한국의 민주화 과정과 사회운동 네트워크: 1987 – 1996	민주화 운동 네트워크의 확립	정치적 기회공간과 이슈운동의 정치참여
엄기형	1996 교육학	한국 사회운동조직의 교육 프로그램 성격에 관한 연구	운동적 사회교육 프로그램 미비	이론, 정책, 실천적 교육 프로그램 개발
조대엽	1995 사회학	한국의 사회운동과 조직유형의 변화에 관한 연구	민중운동, 시민성 결여, 탈권위주의 국가의 확대된 민주화	정치적 기회공간과 운동조직의 공동체형과 시장형
유영국	1995 정치학	한국 민주주의와 지방자치에 관한 연구	민주주의와 지방자치	지방자치의 운동공간 확대
이행봉	1994 정치학	현대 시민사회론에 대한 비판적 연구: – 시민사회와 민주주의의 관계 –	시민사회와 민주주의 관계	비판능력을 가진 새로운 민주주의론
권해수	1992 행정학	사회운동과 공공정책의 역동적 관계 연구	공공정책결정과정에 주민의견 배제	정치적 기회구조, 운동의 정당성
정근식	1990 사회학	주민운동의 구조와 역학에 관한 비교연구 – 1980년대의 전남 지역 개발사례를 중심으로 –	지역주민운동은 개발이익의 분배 및 계획에서 주민의견 배제	운동조직의 자원동원 능력

한국에서의 시민사회운동이 일반적으로 위에서 본 시민사회운동
이 수행해야 할 활동과는 좀 다르게 발달하여 온 점이다. 한국 시
민사회운동이 전통적인 문화적 배경을 바탕으로 인하여 야기되는
특성이 일반적으로 서구사회의 시민사회운동과의 차이점을 보이고
있다. 이와 같은 차이점들이 한국시민사회단체의 운동의 특성이라
고 지적할 수 있을 것이다. 이를 좀 더 구체화하면 다음과 같다.

첫째, 제도권이나 현실 정치에 저항하는 운동권적 활동성격이
강하다. 그것은 과거 군사권위주의정권을 견제하고 이를 시정하려
는 민주화 운동을 바탕으로 하던 조직의 형태가 그대로 오늘날의
시민사회 단체들의 운동정신으로 전수되어 이러한 정신을 바탕으
로 시민사회운동을 주도해 나가고 있기 때문이다. 그 사회운동조
직원의 속성이 그대로 남아 있기 때문이다. 이를 학자들에 따라서
는 주민운동,[347] 민중운동,[348] 전선운동,[349] 요구운동[350]이라고 표
현하고 있다.

둘째, 한국 시민사회운동은 인간의 기본적 가치추구의 시민운동

---

347) 정근식, 1990, 전게서. 그는 지역주민운동을 저항형, 대응형, 요구
형, 자조형으로 구분하고 있다.
348) 조대엽, 1995, 전게서. 그는 한국의 사회운동을 민중운동(공동체형
과 정체 도전형)에서 시민운동(시장형, 정체성원형)으로 발달하였다
고 한다.
349) 이기호, 1996, 「한국의 민주화 과정과 사회운동 네트워크: 1987 –
1996」 연세대학교 박사학위논문. 그는 한국의 민주화 과정운동을
전선운동 네트워크(민중운동)에서 이슈운동네트워크(시민운동)로 발
달하였다고 한다.
350) Costis Hadjimichalis, 1987, *Uneven Development and Regionalism*,
Routledge: Croom Helm Ltd. 그는 지역운동을 방어적(defensive) 유
형과 요구적(demand) 유형으로 구분하고 있다. 전통적 소지주계급
(Petit Brougeoisie)을 방어적 유형의 예로, 그리고 노동계급(농민)을
요구적 유형으로 구분하고 있다.

보다는 자원봉사단체 중심적 활동성향이 강하다. 그것은 해방을 맞아 한국전쟁과 같은 어려움을 겪으면서 당면한 생계유지의 문제에 시달리고 있었기 때문이다. 미군에 의한 구호사업과 같은 굶주린 국민에게 삶을 위한 직접적인 지원을 미국으로부터 받으면서 우선 기본적인 인간의 욕구의 충족을 위해 의식주 해결이 급선무였기 때문이다. 어떤 재난이 발생하면 긴급구호(urgent relief)운동을 중심으로 성장한 조직단체들이 시민사회운동의 중심에 서 있기 때문이다.

셋째, 정치문제에 주로 관심이 집중되어 있다. 위에서 1987년 민주항쟁 이후에 한국 박사학위논문의 주제 분석에서 보여주는 것과 같이 주로 정치학에서 연구가 집중되고 있다. 뿐만 아니라 우리가 주로 관심을 많이 가지고 있는 미국, 일본학계와 비교해 봐도 미국, 일본에서는 시민사회운동이 주로 비영리적 측면, 즉 경제, 환경, 소비자보호 등 각종 사회복지단체 운동이 주인 데[351] 비해 한국의 시민사회운동은 주로 정치문제에 논의의 초점을 두고 있다. 이와 같은 현상은 한국의 정치현실이 자유민주주의가 충분히 뿌리를 내리지 못하고 있음을 반영하고 있다고 볼 수 있다. 그와 같은 사례가 2000년 16대 총선과 2004년 17대 총선 과정에서 보여준 총선시민연대의 낙천, 낙선운동이다. 이 운동은 의회 내에서 의사결정 주권자인 국민의 의견과 의지를 제대로 반영하고 있지 못하고 있음을 지적하고, 의회의 재구성을 위한 인적, 제도적 결함을 시정할 것을 요구함으로써 이 같은 취지가 받아들여졌던 것이다.

---

351) 김영래, 2005, "일본NPO학회 연차학술회의 참가단상"「가교」(제4권 제1호), 11 - 13쪽.

뿐만 아니라 한국의 시민사회운동단체로서 경실련의 경우 서구 사회와 같이 특정한 이슈를 운동의 내재적 가치(endogenous quality of life)나 정체성(identities)으로 활동하는 것으로 보기가 어렵다. 이 운동단체가 가지는 이슈의 개수는 서구사회의 사회운동단체가 갖는 단일 이슈에 비해 다양하게 취급하고 있다.[352]

넷째, 급진적 획일적 변화를 추구하는 경향이 강하다. 한국 시민사회운동은 좀 심하게 말해서 급진적이고 획일적으로 하루아침에 무엇을 달성하려고 하는 경향이 강하다. 아울러서 어떤 목적을 좀 달성하고 나면 곧 그 같은 정신이 금방 사그라지는 냄비근성이 강하다고 할 수 있다. 이런 경향이 오래되면 우리 국민성에도 영향을 미칠 것으로 보인다.

다섯째, 보수와 진보의 구별, 즉 흑백의 논리가 강하다. 일반대중들은 특히 국가보안법 폐지나 대북지원문제 등에 있어서 보수와 진보 양분되는 이념화와 갈등의 구조를 확연하게 보이고 있다. 이 문제에 대해서는 정치 엘리트보다도 일반대중이 더 보수와 진보적 색채가 강하다고 보인다. 이 경우 정치엘리트가 색채가 약하게 보이는 것은, 그들이 정책과 법안 입안과정에서 자신들의 이데올로기나 신념과는 상관없이 지역주민이나 소속정당의 눈치 보기로 정략적으로 접근하는 경향이 많기 때문인 것으로 보인다.[353]

지금까지의 한국 시민사회운동을 특성을 중심으로 분석해 보았다. 이제 시정해야 할 문제점을 종합해 보면 다음과 같이 요약할

---

352) 김구현, 1999, 「한국에서 시민사회운동의 성장과 쇠퇴 – 경제정의실천시민연합의 사례 – 」 195쪽 참조.
353) 장수찬, 2005, "한국사회의 보수 – 진보의 갈등구조와 정치 엘리트들의 역할: 경험적 분석을 중심으로" 제10차 한국NGO포럼 「한국사회의 갈등과 NGO」(2005. 1. 14), 29 – 30쪽 참조.

수 있다.

첫째, 시민 없는 시민운동의 경향이 많았다. 한국 시민사회운동은 '시민 없는 시민운동'이라고 할 수 있다. 솔직한 마음으로 한국의 시민사회운동은 운동조직은 많은데, 그것이 풀뿌리 민중의 필요에 의해서 조직된 운동단체라기보다는 소수 엘리트와 명망가에 의해 조직된 사회운동단체가 중심이 되어 활동 전면에 나서고 있기 때문이다.[354] 즉 최근에 들어서 보여주고 있는 '여중생 추모 촛불시위'나 지역운동과 같은 풀 뿌리민중의 욕망에 의해 형성된 단체가 중심이 되지 못해 왔다는 것이다. 한국의 시민사회운동은 한 조사에 의하면 참여연대의 경우 시민 대중성 측면에서 공동대표, 자문위원, 운영위원회 등의 기관을 구성하고 있는 인사들 중 학계, 변호사, 언론인 등 사회지도급 명망가나 엘리트가 차지하는 비율이 77%를 점유하고 있다.[355]

둘째, 국민의 참여와 자발성 부족, 재정의 부실, 운동단체의 전문성과 책임성의 부재, 국제적 연대성의 부족과 비효율성 등으로 요약된다. 이제 다음 장에서는 이러한 문제점과 특성에 대한 바람직한 방향을 설정해 보고자 한다.

---

354) 김영래, 2003, 전게서, 26 − 27쪽.
355) 김수철, 2003, 「한국 시민사회운동에관한 연구」 동국대학교 정치학 박사학위논문, 167쪽.

V. 한국 시민사회단체운동의 방향과 원리

1. 시민사회운동의 역할

시민사회단체운동의 올바른 방향에 대해서 논의하기 이전에 우리는 먼저 시민사회단체가 어떠한 일과 역할을 해야 하는지 일반적인 논리의 정립이 필요하다. 시민사회단체가 어떤 방향으로 운동을 지향해야 할 것인가? 하는 이 질문에 대한 시민사회단체운동의 바람직한 방향에 대해서는 여러 학자와 보는 관점에 따라 혹은 그 시민사회단체운동이 갖는 목적과 가치에 따라 역할이 다양하게 제기될 수 있다.[356] 그러나 그러한 다양성에도 불구하고 이들 시민사회단체운동이 보편적으로 수행해야 하는 역할이 있을 수 있으며 또한 있어야 한다. 이러한 관점에서 시민사회운동의 역할에 대해서 정리해 보면 대략 다음과 같은 몇 가지로 요약할 수 있다.

첫째, 오늘날 시민사회의 보편적인 다원적 가치와 기능을 보존하고 옹호하는 역할을 수행해야 한다. 우리 사회에는 다양한 조직과 사회단체가 있으며 이들은 그들 자신의 다양한 목적과 가치를

---

356) 김수철, 2003, 상게서. 그는 한국 시민사회운동의 과제로서 대중성, 자율성, 효율성의 문제를 지적하고, 대중성은 시민참여와 대중적 기반 구축을, 자율성은 정부와의 관계정립을 통한 자율성 유지와 우량 재정 구조 확립을 그리고 효율성 증대는 정보화 운영방식의 개발과 인적 자원의 효율성과 대내외 운동네트워크 구축을 들고 있다. 유영달, 2002, 시민단체(NGO)와 정부 및 시민 간의 발전 관계에 관한 연구, 대전대학교, 공공사회복지학 박사학위 논문. 유영달은 한국 시민사회단체의 문제점을 자율성과 참여의식의 결여로 보고 이를 제고하는 방안으로서 정부의 중립성 유지를 통한 자율성 확립과 기부금 문화의 활성화를 통한 참여제고 방안을 제시하고 있다.

가지고 있다. 이러한 가치가 어느 한 방향으로나 어느 한 집단에게 유리하고 다른 집단에게는 불리한 방향으로 전개되는 것이 되어서는 안 된다는 것이다.

둘째, 정책결정과정에 시민사회운동단체가 참여할 수 있는 기회를 확대해 나가는 일이다. 시민사회운동은 일반시민의 보편적인 바람과 희망사항을 정치권력이나 경제 권력에 전달되도록 하는 역할을 수행하여야 한다. 일반시민이 정치적, 경제적, 사회적 의사결정에 직접적으로 참여할 수 있는 기회의 증대를 위해 노력해야 한다. 한국의 그 실천운동 사례로서는 민주시민운동, 소비자 시민운동, 소액주주운동 등과 같은 기회의 활용을 통한 일반 소수의 정치적, 경제적, 사회적 직접 의사결정에 참여를 활발하게 증대시키는 역할이다.

셋째, 특수한 쟁점 영역을 확장함으로써 사회과학의 학문적 연구 영역을 확대하는 역할이다. 인권, 환경, 교통통신, 의료 등 일반 시민사회의 일상생활의 중요한 영역을 확대해 나감으로써 이들의 일반적인 법칙을 도출하여 생활화 또는 생필품화를 통한 생활양식의 풍부화는 물론 이를 학문적으로 방법론을 형성하여 체계화하는 역할이 중요하다.

넷째, 환경, 인권, 교통, 핵문제 등 오늘날 전 지구적인 문제에 대해서는 새로운 공론의 자리를 활성화함으로써 인류의 보편적 가치를 실현시켜 나가는 생활세계(life‑world)의 공간을 확보해 주는 일이다.

다섯째, 정치적, 경제적, 사회적 인간의 가치실현을 위해 이 연속선상에 놓여 있지 않는 일반시민과 소외된 사람들을 교육시켜서 동참하게 하는 사회적 역할 등이다.

2. 시민사회단체운동의 방향

지금까지 살펴본 전통적인 한국 시민사회의 문화적 특성과 대학에서 발표된 박사학위논문에서 지적되고 있는 과제와 문제점을 중심으로, 한국 시민사회운동의 문제점을 시정하고 새로운 바람직한 방향을 모색하고자 한다.

첫째, 풀뿌리운동을 활발하게 전개해 나가야 한다. 먼저, 대중에 기반을 두는 시민사회단체들의 운동조직을 갖는 일이다. 이와 같은 시민사회운동의 대중성은 초기에는 전문직 중심의 소수 엘리트 중심 운동이었으나 시민사회운동이 더욱 발전하기 위해서는 이러한 소수 엘리트 운동에서 탈피하여 '시민 없는 시민운동'이 아닌 풀뿌리 대중을 기반으로 하는 시민운동이 요구된다. 되돌아 생각해서 시민운동단체들은 건방진 자기 출세 지향적 엘리트는 없는지를 다시 한번 생각해 봐야 할 것이다. 시민이 중심이 되는 사회운동이 무엇보다 필요하다는 것은 재론의 여지가 없는 원초적 공리이다.

둘째, 시민운동은 제도권의 개혁과 중립성의 유지를 위해서 전문성을 가지고 기술적 고도화된 차세대의 시민운동으로 발전하기 위해서 적극적인 감시활동이 요구된다. 그렇게 하기 위해서는 시민사회의 목소리를 정부정책결정에 연결하는 매개체로서의 시민사회단체의 활동도 요구된다. 이와 같은 연대성의 원리는 정부와의 지속적인 제도적 연계망(network)의 구축과 독립된 재정확보이다. 전문성(professionalism)과 자원성(voluntarism)의 조화가 여기에서는 필요하다 할 것이다. 많은 참여를 유도하기 위한 대중성의 확보를 위해서는 자원성이 중요하다. 그러나 이와 아울러서 효과적인 프로그램의 확보와 수행을 위해서는 전문성 또한 절실히 요구된다.

셋째, 시민의 적극적인 참여이다. 시민사회운동단체들의 자율성 있는 참여활동이 시민사회운동의 성패의 관건이다. 이와 같은 자율적 참여를 제고하기 위해서는 조직자체의 재정적 독립, 구성원의 응집력(cohesiveness), 간부의 지도력(leadership) 등이 요구된다. 간부들의 지도력은 고귀한 임무(noblesse oblige)를 다하는 길이 되기 때문이다. 간부는 우선에 그들의 추종자들이 목표하는 방향으로 따라오게 하기 위해서는 선명한 방향제시와 추진능력이 필요하다. 지도자는 이와 같은 지도력과 자질이 요구된다.

넷째, 시민사회운동단체들의 국제적 연계활동 강화이다. 국제연계활동은 국제기구와 같은 국제적 협력체제의 구축과 세계화의 시대적 흐름에 순응하는 일이다. 먼저 국제기구 등에 대해서 우리는 의무 분담금 불이행과 같은 문제나 없는지 살펴볼 일이다. 이러한 분담금에 충실하여야 하는 것은 다음 사업에 대한 국제적 자본의 축적이요, 사회적 자본 내지 투자(social capital or investment)이기 때문이다.

국제적인 연계활동은 <표 12>에서 보는 바와 같이 한국 시민사회운동단체들도 어느 정도의 경험을 가지고 있다. 그 예로서 새만금사업 반대운동은 1996년 호주 Brisbane, 1999년 코스타리카 San Jose, 2002년 스페인의 Valencia 등에서 개최된 습지보존운동인 국제 람사협약(Ramsar convention) 당사국회의에 참석하여, 새만금 사업을 람사협약과 연계하고 그것을 국제무대에 알리는 운동으로 발전시킨 일종의 부메랑효과를 거두게 된 초국적 국제연계활동의 한 예로 들 수 있을 것이다.

〈표 12〉 한국 시민사회운동단체들의 국제활동에 참가현황

대회명	주제	참가규모	일시 및 장소	대회의 특성
1992 리우환경회의	환경문제	2,400명	1992. 6. 3 - 14. 리오데 자네이로	리우선언발표
1993 비엔나인권회의	인권신장	171개국, 800여개 단체	1993. 6. 14 - 25. 오스트리아 비엔나	개발도상국 인권신장계기 마련
1994 카이로인구회의	인구성장, 환경친화적 개발	113개국, 1,500개, 4,200명 참가	1994. 9. 5 - 13. 이집트 카이로	인구개발문제협의
1995 코펜하겐 사회개발회의	빈곤퇴치, 고용창출, 실업근절, 사회통합	811단체, 4,500명 참가	1995. 3. 6 - 12. 덴마크 코펜하겐	각종 세미나 개최
1995 북경세계 여성대회	여권신장	2,100개 단체, 5,000명 참가	1995. 8. 30 - 9. 8. 중국 북경	각종 워크숍과 전시회개최
1996 이스탄불 세계주거회의	환경친화적 주거개발	2,400개 단체, 8,000명 참가	1996. 6. 3 - 14. 터키 이스탄불	제2차 UN Habitat II 병행
1999 헤이그평화회의	평화유지	300개 단체, 5,000명 참가	1999. 5. 11 - 15. 네덜란드 헤이그	헤이그 국제평화회의
1999 서울세계 NGO대회	21세기 NGO의 역할	350개 단체, 4,000여 명 참가	1999. 10. 10 - 15. 한국 서울	UN과 공동주최
2002 브라질세계사회포럼	또 다른 세계는 가능하다.	150개국 50,000여 명 참가	2002. 1. 31 - 2. 5. 브라질	세계 각국 NGO 대표참가
2002 요한네스버그 세계정상회의	지속 가능한 개발에 관한 세계정상회의 (WSSD)	180여 개국 대표 참가	2002. 8. 26 - 9. 4. 남아공 요한네스버그	정부 기구 및 NGO 대표

* 자료: 김영래, 2003, "21세기 새 정치의 화두 - 시민운동", 김영래 외, 「한국정치 어떻게 볼 것인가」(서울: 박영사), 334쪽 참조.

3. 한국 시민사회운동의 원리

전통적인 한국의 시민사회운동의 추세에서 보는 바와 같이, 시민사회운동의 역할과 나아가야 할 방향과 비교할 경우, 한국의 시민사회단체들의 운동의 문제점을 시정하고 시행착오를 줄이기 위

해서 중요한 두 가지의 원리를 제시하고자 한다. 제5의 권력기관이라고까지 말하는 사람들이 있을 정도로 위상이 높아진 한국의 시민사회단체들의 운동의 특성과 문제점으로 최근 지적되고 있는 것으로는, 시민 없는 시민운동, 풀뿌리 운동의 부재, 사회단체들의 전문성과 책임성 있는 참여의식의 부재 등이다.357) 특히 시민단체에 대한 진정한 시민의 참여가 없다는 비판의 소리가 높고, 시민이 소외되고 있다는 지적은 명망가와 상근운동가 중심체제와 의사결정과정에서의 비민주성 등으로 행위주체가 되어야 할 참된 시민들은 동원의 대상이나 계몽과 설득의 대상으로 전락되어 있다는 점이다. 이러한 현상을 우리나라의 문화적 현상으로 특수한 상황으로 과도적 현상으로 보려는 시각도 있다.358) 그러나 이는 현상을 합리화시키는 것일 뿐 시민사회운동이 풀뿌리에 근간을 두어야 함은 아무도 부정할 수 없는 일이다.

현금의 한국사회의 시민운동 중에서는 국가의 국책사업 등에서 나타나는 비효율성은 엄청난 국력과 세금의 낭비를 가져왔던 것을 알 수 있다. 이러한 중대한 국책사업 등은 제1의 원리로서 성찰주의적 사고에 의해 계획수립 이전 단계에서 철저하게 분석하고, 충분한 시민사회단체들의 의견을 종합하여 결정하자는 주장이다. 제2의 원리로서는 이 성찰적 사고를 합리성과 연결하여 문제점을 해결한다는 구성적 사고의 원리이다.359)

제1의 원리는 경험주의적 시각에서 사실을 하나하나 정확하게 분석할 수 있어야 한다고 본다. 즉 객관성(objectivity)을 바탕으로

---

357) 이성록, 2004, "시민사회와 시민소외: 행위 주체자 중심적 접근 필요", 「시민사회」(2004년 봄호), 54쪽 참조.
358) 상게서.
359) Steve Smith, 2001, *op.cit*, p.228.

해서 우리의 현실에 주어진 쟁점들을 정확하게 분석하자는 주장이다. 새만금사업 반대운동, 동강댐건설 반대운동, 천성산고속도로 철도공사 환경영향평가 문제 등 그동안의 우리의 현실적인 국책사업의 시행착오를 경험하였다. 이러한 쟁점화된 이슈를 사업설계 단계에서 정확하게 분석하기 위해 각종 이해관계자들의 충분한 의견을 수렴하고, 분석, 평가하자는 것이다.

이러한 성찰주의적 사고와 제2의 원리로서 사회 구성주의적 사고를 한국의 시민사회운동의 원리에 적용하여, 막대한 국고의 손실을 몰고 온 경험적 사례들을 다시는 초래하지 않기 위해서 문제점을 줄이자는 주장이다. 그 제1의 원리와 제2의 원리를 정리해 보면 다음 표와 같다. <표 13>에서의 경험적 사례는, 제1의 원리는 절차적으로 합의와 충분한 숙의로 사업계획단계에서부터 정당하게 형성되지 못한 사례들이다. 이에 비해서 제2의 원리는 합의 민주주의와 숙의 민주주의의 절차에 의해 정당성을 어느 정도 갖춘 사례들이라고 말할 수 있다.

〈표 13〉 한국 시민사회운동의 제1의 원리와 제2의 원리

	제1의 원리 (primary principle)	제2의 원리 (secondary principle)
1. 원리의 규정	한국 시민사회운동의 문제점으로 지적되고 있는 쟁점들의 영역을 성찰적(reflectivist) 사고의 원리로서 분석하는 작업이 선행되어야 한다.	한국 시민사회운동의 문제점을 사전에 충분한 검토가 이루어진 뒤에 구성주의적(constructivist) 사고의 원리로서 문제를 해결하려는 과감한 추진능력이다.
2. 문제점과 해결책	문제점(참여의식의 부재, 시민 없는 시민운동, 풀뿌리 운동기반 부재, 전문성과 책임성의 부재 등 전근대성, 비연대성, 비민주성, 비자율성, 비국제성)을 분석하는 원리이다.	해결책(풀뿌리 대중성, 전문성 구비, 도덕성 회복, 자율성과 재정자립, 공공성과 정당성의 확립, 네트워크화, 추진력 등)을 강구하는 행동의 원리이다.
3. 경험적 사례	1) 새만금사업 반대운동 2) 동강댐건설 반대운동 3) 천성산고속도로 철도공사 환경영향평가 문제 등의 시행착오	1) 2000년과 2004년의 총선시민연대의 낙천, 낙선운동 2) 여중생 추모 촛불시위 3) 지역운동과 같은 풀뿌리 민중에 의해 형성된 운동

Ⅵ. 결론

한국 시민사회운동의 전통적인 분석이나 시민사회운동에 관한 과거의 박사학위 논문(1990－2004)을 분석한 결과 시민사회단체의 운동역량은 조직자체의 역량보다는 정치적 기회구조(opportunity structure)나 정치적 민주화(democratization)에 의해 대부분이 더 성공적이라고 결론을 얻고 있다.360) 운동의 성공적인 결과를 얻기

---

360) 권해수, 1992, 「사회운동과 공공정책의 역동적 관계 연구」 서울대학교 박사학위(행정학) 논문, 153쪽 참조. 그는 사회운동의 정치적 기회구조도 중요하지만 정치사회의 민주화는 운동의 정당성 측면이 보다 중요하다고 본다.

위해 정치적 기회구조의 활용이나 정치적 민주화가 중요할 수도 있다. 그러나 시민사회운동이 진정한 운동의 원리로서 발전하기 위해서는 먼저 쟁점을 성찰하는 분석을 철저하게 하여야 한다. 그리고 난 뒤에는 구성적 사고를 바탕으로 해서 그것을 과감하게 추진할 수 있어야 한다.

여기에서 한국 시민사회단체들의 운동원리로서는 제1의 원리로 성찰적 사고(reflective thinking)의 원리로 문제를 분석하고, 제2의 원리로 합리성과 성찰적 사고의 원리를 아우르는 구성적 사고(constructive thinking)를 바탕으로 하여 해결방안을 모색하는 행동의 원리로 설정하고자 한다. 이와 같은 시민사회운동의 원리는 자유주의와 사회주의의 이념을 체계적이고 통합적인 것으로 그 양자의 간격을 좁혀주는 이론인 롤즈(John Rawls)의 정의론의 개인의 평등한 자유를 강조하는 제1의 자유와, 목적론적 정의로서 사회적, 경제적 불평등의 정당화와 공정한 기회의 균등을 강조하는 제2의 자유와도 일맥상통하는 것이다.[361]

---

[361] John Rawls, 1971, *A Theory of Justice*, Cambridge Mass.: Harvard University Press. 그는 제1의 자유는 개인의 평등한 자유를, 제2의 자유는 차등의 원칙(최소 수혜시민들에게 최대의 이익을 가져다줄 사회적, 경제적 불평등을 정당화하며, 그렇지 못할 경우 평등 분배를 내세우고 있다.)과 공정한 기회의 균등(단지 직업이나 직책의 기회만이 아니라 삶의 기회들까지 평등화하자는 원리)의 자유를 강조한다.

|참고문헌|

권해수, 1992, 「사회운동과 공공정책의 역동적 관계 연구」 서울대학
　　교 박사학위(행정학)논문.
김구현, 1999, 「한국에서 시민사회운동의 성장과 쇠퇴: 경제정의실천
　　시민연합 사례」 서울대학교 박사학위(정치학)논문.
김수철, 2003, 「한국 시민사회운동에 관한 연구」 동국대학교 박사학
　　위(정치학)논문.
김영래, 2003, 「한국정치 어떻게 볼 것인가」 서울: 박영사.
＿＿＿, 2003, "한국 시민사회운동의 현황과 발전과제" 「NGO연구」
　　제1권 제1호.
＿＿＿, 2005, "일본 NPO학회 연차학술회의 참가단상" 「가교」 제4권
　　제1호.
박상필, 1998, 「시민단체의 자주성과 공익활동 능력」 경북대학교 박
　　사학위(행정학)논문.
＿＿＿, 2002, 「NGO와 정부 그리고 정책」 서울: 아르케.
배성인, 1997, 「한국의 산업화와 민주화 과정에 관한 연구: 제1공화국
　　에서 제6공화국까지」 단국대학교 박사학위(정치학)논문.
배정아, 2003, 「NGO의 민주성에 관한 연구」 전남대학교 박사학위(행
　　정학)논문.
엄기형, 1996, 「한국 사회운동조직의 교육 프로그램 성격에 관한 연
　　구」 연세대학교 박사학위(교육학)논문.
유영국, 1995, 「한국 민주주의와 지방자치에 관한 연구」 부산대학교
　　박사학위(정치학)논문.
유영달, 2002, 「시민단체(NGO)와 정부 및 시민간의 발전 관계에 관
　　한 연구」 대전대학교, 박사학위(공공사회복지학)논문.
이기호, 1996, 「한국의 민주화 과정과 사회운동 네트워크: 1987 －
　　1996」, 연세대학교 박사학위(정치학)논문.

이성록, 2004, "시민사회와 시민소외: 행위 주체자 중심적 접근 필요" 「시민사회」(2004년 봄호), 54－61쪽.

이행봉, 1994, 「현대 시민사회론에 대한 비판적 연구: 시민사회와 민주주의의 관계를 중심으로」 부산대학교 박사학위(정치학)논문.

장수찬, 2005, "한국사회의 보수－진보의 갈등구조와 정치 엘리트들의 역할: 경험적 분석을 중심으로" 제10차 한국NGO포럼 (2005. 1. 14). 「한국사회의 갈등과 NGO」.

정근식, 1991, 「주민운동의 구조와 역학에 관한 연구－1980년대 전남 지역 개발 사례를 중심으로」 서울대학교 박사학위(사회학)논문.

조대엽, 1995, 「한국의 사회운동과 조직유형의 변화에 관한 연구: 1987－1994」 고려대학교 박사학위(사회학)논문.

홍성구, 2001, 「인터넷과 정치적 공론영역의 복원: 숙의 민주주의를 중심으로」 고려대학교 박사학위(신문방송학)논문.

황윤한, 1999, 「구성주의와 교과교육」 초등교과교육연구회 제2회 학술발표회 자료집, 1－27쪽.

Habermas, J. 1989. *The Structural Transformation of the Public Sphere*. Cambridge MIT Press.

Hadjimichalis, Costis. 1987. *Uneven Development and Regionalism*, Routledge: Croom Helm Ltd.

Hegel, W. F. 1967. *Hegel's Philosophy of Right*. Oxford: Oxford University Press.

Marx, Karl and F. Engels. 1972. *The Marx－Engels Reader*. New York: Norton

Rawls, John. 1971. *A Theory of Justice*, Cambridge Mass.: Harvard University Press.

Smith, Steve. 2001. "Reflectivist and Constructivist Approaches to International Theory", *The Globalization of World Politics: An Introduction to International Relations Second Edition* edited by John Baylis & Steve Smith. Oxford University Press. pp.224 – 249.

Wendt, Alexander. 1992. "Anarchy is What States Make of It: The Social Construction of Power Politics", *International Organization*. Vol. 46. pp.391 – 426.

|자료|

중앙일보, 2005. 5. 3. "정부혁신 세계 포럼"

제12장

효율적인 거버넌스 형성을 위한 문제점과 방향

Ⅰ. 문제의 제기

2007년 12월 19일 제17대 대통령 선거를 치르면서 우리 국민들은 정치에 대해 많은 회의와 좌절과 분노를 느꼈을 것으로 보인다. 그것은 선거가 너무 네거티브적 선전전술에 치우쳐 치러진 점에서 특히 그러하다. 각 후보들은 자신의 정책과 공략으로 승부를 겨루어 보려는 선거운동보다는 상대방의 비리와 부패 그리고 비도덕성에 초점을 두고 선거전에 임했기 때문이다. 그 결과 국민들은 지난 2002년 대선에서 경험했던 또 다른 제2의 김대엽 사건과 같은 기만적인 선전술에 속지 않으려고 더 많은 전통 보수와 야당 성향이 결집하게 되어 선거전을 오히려 결과론적이기는 하나 여당 측이 집권기간 5년간의 실정과 더불어 네거티브 선거전략이 야당 선거운동을 지원해 준 격이 되고 말았다.

참여정부는 2003년 출범하면서 정부정책의 비전과 목표로서 '국민과 함께하는 정부'(governance with people)를 내세웠다. 국민을 위해 일 잘하는 정부라면 정부의 규모가 약간 커지는 문제는 크게 문제가 되지 않는다고 판단하고, 선진국 지향을 표방하고 정부 재정규모를 키워 각종 재분배 정책을 적극 도입하였다. 이러한 정부의 정책실현은 국민들에게 정치적 구호로서 무척이나 매력적이고 대중 영합적이다.

이와 같은 정책을 지향하는 정부의 경우, 일은 더 잘하면서 비용은 적게 들이는 정부(a government that works better but costs less)의 상징인 작고 효율적인 정부의 비전은 모두 다 던져 버린 것이다. 그 결과 큰 정부는 자원의 엄청난 낭비와 그로 인한 피해는 모두 국민에게 돌아가는 결과를 낳게 되었다. 그래서 국민은 더욱 힘들고, 절망하게 되었다. 국민과 함께 일 잘하는 정부가 아니라 어디로 가고 있는지조차 알 수 없는 방향감 상실이라는 방만한 정부가 되어 버린 것이다.362) 다행스럽지 못하게도 자유기업원에 의하면 1994년부터 2005년까지 11년 동안 연평균 11.36% 증가율을 보이는 재정지출 팽창률이 OECD 26개 국가의 평균 4.99% 수준인 데 비해 월등 높은 세계 제1위를 차지하게 되었다. 이는 특히 김대중 정부의 9.10%에 비해 참여정부에서 11.13% 더욱 크게 증가하였다는 점이다.363) 이러한 재정지출의 증가현상은 한국경제가 IMF 발생 이전 상태로 회귀한 것으로서 경제위기가 있었을 때보다도 더 방만함을 실증해 보이는 자료로 해석되고 있다.

참여정부는 기본적으로 일 잘하는 정부를 지향하기보다는 인기영합적인 정책을 지향해 왔다. 규모감축(down sizing) 대신 적정규모(right sizing)를 그 정부의 캐치프레이즈로 내걸었다. 일을 잘하는 정부라면 크든 작든 문제가 안 된다는 주장이었다. 그러나 결과는 급속하게 큰 정부로 나아갔고 일을 잘하는 정부가 아닌 큰 정부가 가져오는 병폐를 고스란히 보여주는 방만한 정부가 되어

---

362) Baybrooke, David and Charles E. Lindblom, 1970, *A Strategy of Decision*, New York: The Free Press.

363) 전국경제인연합회기관 자유기업원 발표 자료(2007.11.25)에 의하면 1994-2005 연평균 재정지출팽창률이 11.36%로서 세계에서 OECD 국가 중에서 제1위로 나타났다(동아일보 2007.11.26일자).

316

버렸다. 이와 같은 방만한 정부에서는 정책결정에서 우선순위를 결정하기가 애매해지고 또 그 대안이 많은 관계로 인하여 대형 국책사업의 지연에서 보여주는 것처럼 유권자의 의사에 따라 지연되거나 결정이 늦어지게 되는 현상을 초래하게 되었다. 이와 같이 유권자 또는 이해 당사자에 의해 정책결정이 지연되는 경우에는 여러 가지의 대안이 발생하게 되어 집단적 선호를 취합해 내기가 불가능하게 될 수밖에 없게 되었다.364)

이러한 참여정부의 방만한 정부를 운영한 결과는 국민에게 희망보다는 좌절을, 특히 젊은이에게는 도전보다는 안일을 찾게 하고 있다. 참여정부의 실패를 치유하기 위해서 본 연구는 먼저 참여정부의 정책 지향방향과 문제점을 논의하고 그리고 실패한 큰 정부형태를 치유하기 위해서 무엇을 어떻게 해야 하는지를 모색하고, 결론적으로 이 글에서 지향하고자 하는 방향을 설정하고자 한다.

Ⅱ. 참여정부 정책의 문제점

참여정부 정책운영의 문제점으로는 여러 가지를 지적하고 있지만 이것들을 모아 다음과 같이 지적해 두고자 한다. 행정적으로 효율적인 작은 정부를 운영하지 못했다. 경제적으로는 신자유주의에 바탕을 두는 정부와 시장의 역할분담을 달성하지 못했다. 정치적으로는 공권력이 무너지고 공동체적 민주주의의 기반을 이루지 못했다.

---

364) Kenneth Arrow, 1963. *Social Choice and Individual Values*, 2nd ed., New Haven: Yale University Press.

1. 비효율적인 행정

이는 전통적으로는 막스 베버의 관료제 이론에서부터 출발하는 윌슨의 행정이원론, 테일러의 과학적 관리기법에 의한 정부의 내부 관리 개선을 통해 제고하려는 노력이다. 현대적 의미로는 합리성과 분권화가 그 책임성에 근거를 둔 정부 내부의 관리의 효율성을 바탕으로 하는 공공관리이론에서 출발하는 것이다. 조직 및 인력의 축소를 통한 절약, 중앙정부의 권한을 지방으로 이양하는 지방분권화 정책 등이 여기에 해당한다. 조직 및 인력의 축소문제는 중요하지만 과거 구조조정 때처럼 무조건적이 아니라 합리적이어야 하며 필요한 부분에 있어서는 조직과 인력을 확대할 수도 있다.

첫째, 방만한 정부위원회의 운영이다. 참여정부의 대통령, 국무총리 그리고 각부에 두고 있는 각종 정부위원회는 '위원회공화국'이라는 말까지 나올 정도로 역대정권 중에 가장 많은 위원회를 가지게 되었다. 그리고 이 중에는 유명무실하거나 기능이 비슷한 위원회가 너무 많다. 기획예산처에 따르면 정부위원회는 2007년 9월 현재 416개나 된다.[365] 또한 2003년과 2004년 연속해서 단 한 번도 회의를 열지 않았던 위원회는 32개나 된다고 한다. 이 가운데 10개는 지난 2006년 한 해 10억 원의 예산을 배정받아 국민 혈세를 원칙 없이 낭비한 것으로 드러났다. 2000년대 구성된 국가표준심의위원회를 비롯하여 일부 위원회는 설립연도에만 단 한 차례 회의를 가진 뒤, 지금까지 회의 실적이 전혀 없으며 전체 위원회 중 20%가량은 지난해 한 번도 회의를 열지 않았다. 그런데도 대통령 및 국무총리 소속 위원회의 올해 예산은 지난해보다 423억이

---

365) 동아일보, 2007.9.23.

318

나 늘었다.

이러한 정부의 각종 위원회 수의 증가 현상은 공익을 실현해야 할 정부기관이 어떤 특수 이익집단에게 포획되어 자기이익에 봉사하도록 요구되는 고객으로 군림하게 된다.366) 이러한 정부위원회는 특수이익집단으로서 이들은 결국 분배연합을 형성하게 되어,367) 정부활동에 대한 수요를 증대시켜 다수의 유권자가 선호하는 재분배정책에 대한 요구가 강화되어 공공지출의 팽창을 초래하고 그에 따라서 비효율성을 높이게 된다.

특히 참여정부에 들어 정책자문과 추진 등을 위한다는 명분으로 각종 위원회가 크게 늘면서 예산도 매년 급증하고 있다. 이러한 예산은 고스란히 국민들의 세금으로 돌아간다. 외환위기 이후 중앙행정기관급은 1997년 52개에서 2006년 65개로, 대통령 및 총리 자문위원회는 같은 기간 33개에서 72개로 증가했다.

둘째, 공무원 수의 증가이다. 행정자치부가 금년 초 밝힌 자료, '역대 정부 및 공무원 수 추이'에 따르면 2006년 말 기준으로 국가공무원과 지방공무원을 합한 공무원 수가 93만 3,663명으로 김대중 정부 임기 말 때보다 4만 8,499명이 늘어난 것으로 되어 있다. 금년 들어서만 1만 3,552명은 더 늘었으며 임기 말을 앞두고 800명 안팎의 공무원을 더 늘인다고 한다.368) 특히 국민에 대한 직접 봉사와는 별로 관계없는 장·차관급, 정무직 고위 공무원은

---

366) Mancur Olson, 1982, *The Rise and Decline of Nations*, New Haven: Yale University Press.
367) Allen H. Meltzer and Scott F. Richard, 1981, "Rational Theory of the State of Government", *Journal of Political Economy*, vol.89, pp.914-919.
368) 서울신문, 2007.10.8.

이 정권 들어 28.3%나 증가했다.[369]

셋째, 정부부채의 증가이다. 참여정부 들어, 지난 4년간 추진한 신도시, 혁신도시, 기업도시, 행정도시 등 무리한 대형국책사업으로 인한 부채총액이 2006년 말 기준으로 99조 6,747억 원으로 100조 원에 육박하고 있는 것으로 밝혀졌다. 건교부 13개의 산하기관 부채를 살펴보면 인천국제공항공사, 교통안전공단, 한국감정원, 대한주택보증을 제외한 9개 공기업의 4년간 부채증가액이 2002년 42조 4,266억 원에서 2006년 88조 6,747억 원으로 공기업의 방만한 경영도 심각하다.

넷째, 심각한 연금문제이다. 공무원 연금기금은 1992년대 적자를 내기 시작해 2002년에 바닥을 드러냈다고 한다. 이 연금의 적자분을 국민세금으로 메우고 있다. 올해에만 8,353억 원을 메우고 내년에는 1조 532억 원을 보전해야 한다고 한다. 참여정부 5년간에 책정된 적자보전규모는 총 2조 5,425억 원에 이른다고 한다.[370] 왜 일반국민이 퇴직공무원의 퇴직 후 보장까지 책임져야 하는지 참여정부에 묻고 싶은 것이다. ‘방만한 정부’의 부채 부담은 고스란히 국민의 부담으로 돌아왔다. 국채의 증가는 시장이자율 상승압력으로 작용하여 투자를 저해하고 세 부담의 증가는 노동 및 투자를 억제하여 생산을 저해한다. 또한 정부의 과도한 역할이 시장과 기능이 중복되는 부분에 개입하여 자원배분의 효율성을 저해하고 성장을 압박하는 결과를 낳는다.

참여정부가 지향해 온 방향은 방만하고 비효율적인 방향이 되고 말았다. 그래서 참여정부가 자초한 결과 정부의 실패(failure of

---

369) 조선일보. 2007.10.8.
370) 동아일보. 2007.9.21.

government)를 가져왔다.[371] 참여정부의 실패는 결과적으로 큰 정부로 인한 실패라고 볼 수 있다. 정부는 커졌는데 파이를 나눠 줄 시장은 작아졌다. 동서고금을 통하여 큰 정부, 작은 시장에 국민을 잘살게 한 경우는 없었다. 특히 오늘날과 같이 세계화·정보화 시대에는 '작고 효율적인 정부'가 되는 방안 이외에는 다른 대안이 없다고 본다.

2. 신자유주의의 실패

경제적으로는 신자유주의에 바탕을 둔 시장의 자율화에 의한 정부와 시장 간의 역할 분담을 이루어 내지 못했다. 정부와 시장의 역할에 대한 인식은 아담 스미스의 자유주의적 경제에 의한 시장경제의 수요자와 공급자 각자의 판단에 의해 행동하지만 '보이지 않는 손'에 의해 자유로운 경제활동이 보장된다는 고전적 자유이론[372]에서부터, 정부의 개입 없이도 시장에 의한 자생적인 질서의 형성이 가능하다는 신자유주의 사상을 거쳐서, 이에 부응하는 현실 역사적 사건 속에서 의식적으로 결정되지 않고 자생적으로 형성되는 질서를 강조하는 독일 식의 질서자유주의[373]에 기초하는 정부불간섭 내지는 자생력을 강조하는 시장경제에 의한 질서의[374]

---

371) J. M. Buchanan, R. D. Tollison, and G. Tullock, 1980. *Toward a Theory of the Rent-Seeking Society*, College Station: Texas A & M University Press.
372) Adam Smith, 1937 *The Wealth of Nations*, New York: Modern Library, Chapter 4 of Book 4.
373) Walter Euken, 1952, *Grundsaetze der Wirtschaftspolitik*, Tuebingen: Mohr.
374) Fredrech Hayek, 1973, *Law, Legislation and Liberty - Rules and*

전개로 나아가야 한다.

첫째, 불안한 일자리 문제

방만한 정부가 오늘날의 젊은이들에게 비추어진 상은 안전하게 정년을 보장받을 수 있는 철밥통 직장이다. 2006년 통계청 사회조사에 의하면 4년제 대학생의 36.9%가 공무원 시험 준비를 위해 휴학을 하고[375] 젊은이들의 직업선호도도 공무원이 33.5%로 가장 높다.[376] 하루아침에 직장을 잃고 거리로 내몰리는 아버지를 보며, 취업원서를 100개씩 들고 다니는 누나의 움츠러진 어깨를 보며 제2의 빌 게이츠나 워렌 버핏을 꿈꾸는 대신 적당하게 일해도 정년이 보장되는 철밥통을 찾는 것이다.

둘째, 극심한 양극화

소득의 양극화와 불균형의 심화로 빈곤층이 대폭 증가하였다. 이러한 현상은 경제의 투자 순환구조가 제대로 형성되지 못하여 기업이 불안하게 되고, 따라서 투자는 급감하고, 고용의 감소로 이어지면서 소득이 상위 계층으로 이동하고 빈곤층을 더욱 증가시켰다. 토지와 주택 그리고 금융자산의 소유가 상위계층으로 편중됨에 따라서 무주택자들의 주택소유는 점점 더 멀어져 가는데 다가구 주택의 수는 더 늘어나고 있다. 고액의 순자산 보유자는 2006년 말 기준으로 전년대비 14.1%나 증가한 9만 9천 명으로 추정된다.[377]

Order, London: Routledge and Kegan Paul.
375) 전교학신문, 2007년 7월 31일자.
376) 통계청 사회조사, 2006년도판.
377) 한계레신문, "한국 백만장자 14% 늘었다", 2007.10.16.

셋째, 경제 순환구조의 악화

경제구조가 명목상으로는 국내총생산(GDP) 규모는 세계 13위이고, 교역규모는 세계 11위이며, 외환보유고는 2007년 7월 말 기준으로 2,548억 달러로[378] 일본, 중국, 대만에 이어 세계 4위이다. 그렇지만 국내경제성장률이 너무 낮고 지난 4년 연속 세계의 경제성장률을 밑돌고 있다는 점이다. 1997년 말 IMF 외환위기 이후 10년 동안 기업의 투자가 부진하고 성장 잠재력을 위축시켰기 때문이다. 즉 경제의 선순환 구조, 즉 수출증대가 투자와 고용의 증대로 이어져 소득의 증대를 가져오고 내수의 증가로 이어지지 못하여 수출흑자를 보고도 투자의 기조가 불안하여 경제 부진이 이어지고 있다

참여정부는 정책운영에서 시장의 자율성을 입으로 강조하면서 실질적인 국가 통제경제로 노동문제, 주택사업, 부동산정책, 금융정책 등에 개입을 하여 왔다. 고가아파트 투기 방지책으로 지나치게 고율의 세금부담과 부동산의 양도소득세를 너무 높게 책정함으로써 선의의 국민 개개인들 간 자유로운 경제활동을 위축시킴으로써 부동산 경기의 침체를 가져왔다.

그렇지만 정부의 개입 없는 시장의 자생적인 질서의 형성에만 맡기는 것만으로는 우리 실정에 맞지 않는 요소도 있다. 정부와 시장관계를 이분법적으로 이해하면서 새로운 정부는 시장에 대한 정부의 간섭을 최소화[379]하되 과거 역대정부가 개혁과제로 추진하였으나 여전히 숙제로 남아 있는 공기업 민영화, 규제완화, 정부 산하기관 개혁 및 연기금 개혁은 시급히 추진하여야 할 과제이다.

---

378) KTV, 2007.8.3.
379) Robert Nozick, 1974, *Anarchy, State and Utopia*, New York: Basic Books.

3. 공권력의 붕괴

　정치적으로 공권력이 무너지고 공동체적 민주정치의 기반을 확립하지 못했다. 공동체적 민주주의는 멀리 고대 그리스의 직접 민주정치에서부터 기원을 두면서 근대 자유주의적 계몽사상을 거쳐 현대의 자유주의자들에게 계승된다. 계몽주의자들은 권력 상호간의 견제와 균형을, 현대의 자유주의자들은 국가는 개인의 생명이나 재산권에 대한 권리를 지켜 주는 한정적인 역할을 하는 최소국가 혹은 작은 정부로서 충분하다는 것이며, 이는 1980년대 이후 작은 정부론의 이론적 배경이다. 따라서 새로운 정부는 시민사회와의 관계에서 시민의 인권과 재산을 보호하고 시민사회의 자율성을 최대한 신장시키도록 하고 권력기관 상호간의 견제와 균형을 취함으로써 국민의 자유와 인권이 침해되는 일이 없도록 하여야 할 것이다. 국민 모두가 더불어 잘 살 수 있는 민주정치를 확립하여야 할 것이다.

　향후 성립될 정부는 이러한 지난 5년간의 참여정부의 방만한 국가경영을 개선하고, 작지만 효율적인 정부 운영을 달성해야 한다. 그리고 그것은 어디까지나 정부 우선에서 국민 우선으로 나아가야 진정한 21세기 한반도의 새 시대가 열리게 될 것이다.

Ⅲ. 차기정부의 과제

1. 국민을 위한 거버넌스 형성

정부와 정당은 과거처럼 밀실정치의 온상이 되어서는 안 된다. 과거 자유당 정부에서부터 권위주의 시대를 거치면서 대한민국 헌정사상 정부와 정당은 제 기능을 제대로 해 본 적이 거의 없다. 정부와 정당은 정치권력자의 꼭두각시에 불과한 것이었다. 이제 정부는 제 기능을 하는 정부로서 그리고 정당도 이러한 과거의 타락했던 모습에서 일탈하여 의연하게 민주국가 공당으로서의 역할을 해야 한다. 우리는 제 기능을 하는 정부와 정당, 객관적인 공신력과 신뢰를 국민으로부터 인정받는 그런 정부와 정당이 필요하다는 것이다. 정당이란 워낙 정치적 뜻을 같이하는 사람들이 모여 국민의 여론과 요구를 잘 듣고서 이를 정치에 반영하는 그런 정당이 되어야 한다. 그리고 정부는 이러한 공적 의사결정 사항들을 정당하게 추진, 실행해 나가는 기관이 되어야 한다. 이러한 기본적인 가정 위에서 몇 가지 방향을 제시해 본다.

첫째, 정부와 정당은 그 존재가치가 국민의 뜻을 실현하는 정치의 장이 되어야 한다. 이러한 정치의 장은 오늘날의 사회분류, 즉 국가사회, 시장사회 그리고 시민사회의 영역 중에서 상호간의 의사소통이 원활하게 이루어질 수 있는 공공 영역이 되어야 한다.[380] 이 세 가지 영역에서 공통적인 영역이 되는 것은 사회 전

---

380) Jürgen Habermas, 1996, "Three Normative Models of Democracy", in S. Benhabib, ed., *Democracy and Difference*, Princeton: Princeton University Press.

체의 의사를 최대공약수로 집약함으로써 그 범위를 축소하고, 사회 전체의 정의를 형성하기 위해서이다. 이러한 원리에 입각하여 정부는 공동의 요소를 찾아 유연성과 능률성을 제고할 수 있는 방향으로 조직 간의 공통되는 사항을 통폐합할 수 있는 길을 찾을 수 있어야 한다.

둘째, 정부와 정당은 좋은 거버넌스(Good Governance)를 형성하기 위한 교량역할의 기초가 되어야 한다.381) 이것이야말로 오늘날 시민사회가 주장하는 정당과 나아가서 정당정치에서 국민의 의사가 국정에 반영되는 치자와 피치자의 좋은 관계 속에서 발전하는 거버넌스의 유형이 되는 길이기 때문이다. 이러한 거버넌스를 발전시켜 나가기 위해서는 정당부터 쇄신해야 한다. 공천기계나 공장역할을 하는 그런 정당이 아니라 국민의 의사와 요구와 지지가 반영되는 그런 정당이다. 이 부문에서 강조되어야 할 사항은 지금까지의 정부혁신이 일자리 창출이나 경제적인 측면에서의 정부혁신을 강조했던 것으로는 불충분하다. 그것은 국민의 신뢰, 부정부패의 방지, 의사전달 체계의 혁신, 국민에게 비전 제시 등에서 민간의 뜻을 반영하기 위해서는 국가의 통치체계 자체를 혁신하는 정부개혁이 되어야 한다.

셋째, 이러한 '공공의 장'과 '좋은 거버넌스'를 위한 정부와 정당의 존재가치는 국민의 자유와 사유재산과 권리를 보장하고 발전시켜 갈 수 있는 환경을 조성하는 방향으로 개선되어야 한다. 역사의 어떤 국가, 어떤 시대에서도 국민의 자유를 제한하고 축소하려는 정부나 정당도 그 자체의 정부체제를 성공도, 지속도, 발전

---

381) Robert Putnam ed., 2000, *Disaffected Democracies*, Princeton: Princeton University Press.

도, 시킬 수 없었다는 점을 명심할 필요가 있다. 이것은 동서와 고
금을 막론하고 공통되는 이치인 것이다. 이는 근본에 힘쓰는 정부
라는 것이다. 근본에 힘쓰는 그러한 정부는 스스로 그 해결방법을
터득하게 된다는 논리이기도 하다. 그렇게 할 경우 다음에 오는
정부는 비록 국민에게 간섭을 적게 하지만 국민의 뜻을 헤아리게
되는 정부가 되기 때문에 통치의 반석이 서게 될 것이기 때문이
다. '근본에 힘쓰는 정부'는 국민 우선의 정부다. 국민의 뜻을 그
근본으로 하기 때문에 지속성이 강하고 또한 국민의 뜻이 반영되
기 때문에 국민의 신뢰를 받을 수 있는 것이다.

2. 작고 효율적인 거버넌스

일반적으로 현대민주주의와 같이 민주주의와 자본주의를 지향하
는 국가에서의 정부는 국민 전체의 지지와 합의를 바탕으로 공익
을 실현하기 위한 강제력을 가지며, 조세 등의 부과를 통해 정부
활동의 재원을 형성한다. 개인의 권리보장, 사회질서 유지 등 고전
적인 정부 기능 이외에도 강제력과 막대한 재원 그리고 공신력을
갖춘 관료조직을 기반으로 시장에서 자율적으로 해결할 수 없는
분야에 직접 개입하여 사회의 안정적 유지, 발전을 위해 각종 지
원과 규제 기능을 수행하는 것이다. 그러나 정부의 운영이 국민의
일반 이익보다 관료의 사적 이익 혹은 특수 집단의 영향력에 의해
서 좌우될 수 있으며, 정부가 국민의 복리증진을 도모함에 있어서
그 규모와 예산을 적정하게 배분하지 못하여 비효율적인 단체로
전락하기도 한다. 즉 비대한 정부는 오히려 그들의 내부구조를 복
잡다기화하여 국가의 운영 및 발전을 제약하는 요인으로 작용하는

것이다. 이제 이러한 점을 감안하면서 작고 효율적인 정부를 구성하는 데 있어서 고려되어야 할 사항을 몇 가지 지적하고자 한다.

첫째, 작고 효율적인 정부를 구성하는 일에는 인위적인 변혁이 아니라 아주 자연스러운 변화를 이루어야 한다. 각 분야는 힘을 통한 변화가 아니라 자유로운 가운데 창의력과 능력을 발휘하며 경쟁하고 스스로 선진화된 규제를 만들어 가는 '자발적 변화'를 통한 극대화된 '효율성'을 요구하는 것이다.

월드컵에서 실제로 경기에 참여하여 전력을 다하는 선수는 11명 뿐이다. 나머지 선수들은 자신이 뛸 적재적소의 차례가 올 때까지 라인 밖에서 대기할 뿐이다. 우리 정부 조직 내 공무원들이 여러 가지 후생복지혜택을 누리면서 경기장 외에서 대기하는 현실은 무척 답답하다. 공무원 사회도 자발적 변화를 통한 효율성이 요구된다. 뛰고 있는 부분에서만 대가를 받을 수 있도록 제도를 바꿀 필요가 있다. 도서관에서 공부하는 대학생 대부분이 공무원 시험을 공부하며 안정된 직장을 구해서 정년퇴직을 할 때까지 일하겠다는 오로지 그 한 목표만으로 공기업이 가장 좋은 직장이 되는 이런 분위기는 바뀌어야 한다.

관료적 행정 마인드도 바뀌어야 한다. 공기업이 가장 좋은 직장이 되는 관료적 행정 마인드는 이제 사라져야 한다. 이러한 마인드가 만연하는 사회와 국가에서 젊은이들의 도전 정신이 사라진다. 김대중, 노무현 정부 10년 동안 상당히 개혁적인 정부가 들어섰다고 하면서 공기업이 가장 좋은 직장이 되는, 이런 분위기는 바뀌어야 한다. 공기업도 민간기업과 같은 경쟁력을 갖도록 해야 한다. 정부에 경영 마인드는 전혀 없고 관료적 행정 마인드만 남아 있다. 예산을 잘못 집행해 2, 3배 투자가 되어서 효용이 없게 되어

버려도 책임지는 사람이 없다. 성과를 내지 못하면 책임을 지는 풍토로 바뀌어야 한다. 그러나 이러한 변화는 자발적이지 않으면 과거 정권에서 본 것처럼 효과를 기대하기 어렵다.

둘째, 작고 효율적인 정부는 조직 내부의 자생적 변화를 통해 점진적 개혁이 이루어져야 한다. 그리고 그것은 지속적이어야 한다. 합리적이고 효율적인 작은 정부를 지향하는 정치체제는 그 정책결정의 모형이 제한된 합리성(bounded rationality)을 바탕으로 만족화(satisficing)를 추구하고,[382] 또한 점증주의 모델(incrementalist model)을[383] 지향하여야 한다. 비록 초기에는 진흙 속을 헤매는 것과 같은 불연속적인 점이 있더라도 국민에게 충격을 적게 주면서 그 결과는 굉장하게 많은 변화가 있게 되는 이런 변화를 추구하여야 한다. 이는 지난 큰 정부에서 실패한 요인을 처방하기 위해서 점증주의의 좋은 점을 강조할 필요가 있다는 점에서 간과되어서는 안 될 것이다.

"세상이 빠르게 변화하고 있다. 안 변하는 게 없기 때문에 우리도 그 변화 속도에 따라가야 하지 않겠느냐. 당이 무슨 '개혁을 한다', '혁신을 한다'는 과거 흔히 사용했던 '개혁과 혁신을 한다'는 과격한 표현들은 이미 우리의 귀에 익숙한 용어가 돼 버려 국민에겐 실감이 안 간다. 꾸준히 변화해야 한다고 본다. 정권이 바뀔 때마다 개혁과 혁신을 외쳤지만 결국 다 원점으로 돌아갔다. 지속적으로 변화를 추구하다 보면 어느 날 보니까 굉장히 많이 변해 있는 것을 알 수 있다."라는 어느 대선후보의 말은 점진적이고

---

382) Herbert A. Simon, 1957, *Administrative Behavior*, 2nd ed., New York: Macmillan.

383) Charles E. Lindblom, 1959, "The Science of Muddling Through", *Public Administration Review*, 19(2) (March 1959), 79-88.

지속적인 개혁의 필요성을 정확하게 파악하고 있다고 본다.

셋째, 지난 큰 정부의 실패를 보수주의와 자연주의 사상에 바탕을 둔 시장의 자유화를 통해 이를 치유해야 한다. 큰 정부, 작은 정부는 그 역사가 긴 논쟁으로서 최근 보수, 진보 간 모든 정책논쟁의 핵심에 자리하고 있다. 보수는 자연권적 자유주의 사상과 더불어 정부 실패를 강조하며 감세와 작은 정부를 주창하는 데 반해, 진보는 공동체주의를 바탕으로 시장 실패를 강조하며 증세와 큰 정부를 주장한다. '큰 정부 · 작은 시장'과 '작은 정부 · 큰 시장'이라는 대안 중 어느 대안을 선택하느냐에 대해 선험적 판단은 어려우나 역사적으로 큰 정부 · 작은 시장이 국민을 잘 살게 한 경우는 드물었다.

선진국들은 복지제도와 재분배정책을 도입할 정도로 정부가 커지기 이전에 이미 빠른 성장으로 선진국이 되었던 것이다. 선진국이 되기 전에 큰 정부를 바탕으로 재분배 복지정책을 국가정책으로 최우선으로 설정한 나라들은 경제 강국들의 뒤안길로 밀려난 것이 작금의 현실이다. 오늘날 선진국들이 재정규모가 크고 복지제도가 잘 되어 있기에 우리도 정부 규모를 키워 각종 재분배정책을 적극적으로 도입해야 한다는 주장은 앞에서 말한 것처럼 정치적 구호로는 매력적이고 대중 영합적이지만 비대한 정부로 야기되는 국가 자원의 낭비와 그 피해는 고스란히 세금을 부담하는 납세자, 즉 국민에게 돌아간다. 이러한 점에서 우리는 실제 정부가 국민이 부여해 준 공익의 집행자로서 역할을 제대로 수행하고 있는지, 현재 정부가 필요 없는 부분까지 그 규모를 늘리고 있는 것은 아닌지 주시할 필요가 있다.

작지만 강한 정부가 되기 위해서는 기존의 개입주의적 정부에서

330

시장 친화적 정부로의 전환이 반드시 필요하다. 정부가 할 일과 민간부문이 할 일을 명확히 구분하고 과거 공무원에게 주어졌던 감독 권한을 대폭 줄여 최소한의 감독만 효율적으로 하고 공무원은 모두 민간서비스를 하는 '도우미'가 돼야 한다. 관이 주도하고 감독하고 처벌하는 것이 아니라 규칙을 제정하고 비전 달성을 독려하면서 시장이 최대한 춤을 출 수 있는 장을 마련하는 역할에 집중해야 한다.

넷째, 작고 효율적인 정부는 또한 국가 경쟁력 강화를 선도하는 전략 지식 정부를 지향해야 한다. 향후 세기는 지식기반사회이다. 지식(knowledge)의 생성과 유통 그리고 사용이 국가의 경쟁력을 좌우하는 시대인 것이다. 또한 21세기는 전 지구적(global) 무한 경쟁시대이다. 이제 국가 간의 국경은 의미가 없어지고 세계화에 의해 통합된 세계시장을 지배하는 시대가 도래한 것이다. 따라서 새로운 정부는 선진국으로 진입하기 위해 미래의 선도적 지식을 창출하고 21세기형 전자정보기술을 활용하는 전략지식 정부가 되어야 한다. 스위스 국제경영개발연구원(IMD)의 2006 세계 경쟁력 연감에 따르면 우리나라의 국가 경쟁력은 조사대상 61개국 중 38위로 그 전해(29위)보다 9단계나 하락한 것으로 나타났다.[384] 특히 정부 효율성은 31위에서 47위로, 기업 효율성은 30위에서 45위로 하락해 국가 경쟁력 순위 하락의 주된 요인으로 되고 있다. 방만하고 시대의 흐름을 읽지 못한 무능한 정부조직이 가져온 결과이다.

다섯째, 작고 효율적인 정부는 기업가 정신에 입각하여 정치 상품(political goods)을 소비하는 유권자들에게 자기 정책을 확실하고 분명하게 제시해 주어야 한다.[385] 정부가 국가 경쟁력 강화의

---

384) 국제경제개발연구원, 2006. 세계경쟁력연감.

걸림돌이 되지 않기 위해 기업가적 혁신이 창출되고 실행되는 행정조직, 내부유인체계, 조직문화를 가진 정부로 거듭나야 한다. 또한 지식을 창출하고 활용하는 학습정부의 모습과 복잡하고 불필요한 과정이 없이 행정업무가 온라인 정보 기술을 통해 이루어지는 전자정부 구축과 같은 방식이 그러한 정부가 될 수 있다. 지난 정부는 경영 마인드는 전혀 없고 관료적 행정 마인드만 남아 있다.

여섯째, 큰 정부를 지양하고 작은 정부를 지향하는 효율적인 정부는 규제완화를 구체적으로 제시하여야 한다. 작은 정부는 원래 국민의 조세부담을 낮게 억제하여 운영하는 정부의 존재형태를 가리키는 말이었다. 19세기 말경까지 정부 존재형태의 최소 경비에 의한 국정운영, 다시 말하여 저부담의 정부라고 하는 요구를 배경으로 하고 있었다. 그러나 현대국가는 적극적인 시책을 배경으로 하여 복지국가를 목표로 하고 있기 때문에 정부지출이 증대하고, 선진 민주국가에서는 '고복지 · 고부담'이 일반화되었다.

작은 정부의 개념은 그 사용이 분명하고 필요한 부문에 대한 규모 축소를 의미하는 것이 아니라 정부 기능에 따라 조정이 가능하고 가급적 소규모를 유지하여야 한다는 상대적인 의미를 갖는다. 요컨대, '작은 정부'의 개념은 단순하고 외형적, 획일적인 정부 역할의 하향조정에 그치는 것이 아니라, 합의된 공약목표를 효과적으로 달성하는 '효율적인 정부'를 지향하는 것으로 이해하는 것이 바람직하다. 즉 작은 정부는 바람직한 정부의 기능수행 범위와 정부개입 수준을 확보한 경우를 일컫는 말이며, 이것은 정부가 추구해야 할 공익적 가치의 범위와 이를 실현시킬 정책수단의 가용도

---

385) C. B. Macpherson, 1977, *The Life and Times of Liberal Democracy*, London: Oxford University Press.

그리고 시장의 성숙도, 시장의 규모 등 사회 경제적 여건의 변화에 따라 주로 공공선택 과정을 통하여 판단된다. 바로 여기서의 판단 과정은 정부 기능의 재조정 작업과 기본 맥락을 같이한다고 볼 수 있을 것이다.

그리하여 행정기구의 합리화·간소화로 능률화와 행정효과를 고려한다는 뜻에서 낭비가 없는 정치운영을 기하기 위한 작은 정부(중앙정부 권한의 축소 또는 분권화를 지향하는 정부형태) 또는 값싼 정부(재정지출의 최소화를 지향하는 정부형태)가 각국에서 거론되고 있다. 정부크기의 확대만큼 정부가 시장사회보다 더 효율적인가를 판단해야 한다. 정부의 크기는 계속 확대되어 현재 사회 전체가 만든 가치에서 정부가 사용하는 가치의 크기를 조세 부담률로 보았을 때 약 21% 정도이다. 정부의 역할과 규모는 축소되어야 한다. 작은 정부는 효율적 정부, 적은 조세 부담을 전제로 한다. 정부 크기를 말해 주는 지표는 공무원 수, 기구와 기능, 예산, 정치체제의 성격, 시장사회와의 관계와 시장에서의 정부개입 수준이다. 우리에게는 작은 정부를 추진해야 할 분명한 이유가 있다. 특히 각종 공사 등 정부투자기관이나 재투자기관 등은 비효율과 방만 경영의 대상이 되고 있다. 애쓴 노력과 얻어진 결과의 비율은 들인 노력에 비하여 얻는 결과가 큰 또는 그런 것이 되어야 한다.[386]

3. 법과 자유를 존중하는 거버넌스

국가와 사회의 신뢰성은 그 국가와 사회의 공적 힘의 소산이 어

---

386) 동아일보 대선후보 특집 인터뷰(2007.9.14.).

디에서 유래되느냐에 따라 달라지는 것이다. 막스 베버의 권위에 대한 언급을 새삼 하지 않아도, 국가 공권력의 권위란 전통에 바탕을 두어 그 힘의 원천을 사회의 신뢰에서 찾는다거나, 합법적이고 합리적인 것에서 바탕을 찾는다거나, 아니면 그의 특별한 능력에 기반을 둔 카리스마적 힘에 근거하든 모두가 다 신뢰와 안정의 큰 틀을 마련하려는 것이다. 이러한 신뢰의 큰 틀이야말로 국민을 섬기는 마음에서부터 시작되어야 한다.

이러한 국민의 신뢰를 얻기 위한 방안으로서는 법에 근거한 제도적 통치를 실천하는 데에서 이루어질 수 있다. 즉 법치주의적 제도에 의한 국가운영이 이루어져야 한다. 이는 사회의 모든 제도운영이 정당한 법적 근거 위에서 행해지는 것을 말한다. 국민의 자유를 제한하거나 새로운 의무를 부과하려 할 때는 반드시 의회가 제정한 법률로 하여야 하고 행정은 이러한 법률을 전제로 하여 그에 따라 행해져야 하며 재판도 법률에 따라 행해져야 한다. 법치주의의 목적은 '국민의 자유와 권리의 보장'이고, 그 제도적 기초는 '권력분립'이며, 그 내용은 '법률의 우위', '법률에 의한 행정', '법률에 의한 재판'이다. 특히 국가의 근간이 되는 헌법은 존중되어야 한다. 자칫 참여정부에서 보여준 것처럼 헌법에 대한 도전은 법치주의의 근본을 흔들 수 있어 상당히 위험하다. 또한 법치주의적 제도운영은 공정하고 투명하여야 한다. 그래야 국민의 신뢰를 얻고 이를 바탕으로 민주적 통합사회를 구현해 나갈 수 있다. 불공정한 방식에 의한 자유경쟁을 방해하는 행위, 제도적 기회균등을 저해하는 행위, 독점에 의한 시장왜곡 등에 대해서는 제도적 통제를 통해 경쟁의 공정성과 효율성을 높여 모두가 수긍하는 법치주의 사회를 실현하여야 할 것이다.

또 다른 공적 신뢰를 얻는 방안으로서는 국민이 무엇을 원하는지를 파악하고 그에 따른 국민에게 봉사하고 실천하는 현실정치의 구현이다. 이는 무엇보다도 행정의 내부 관리적 측면에서 개혁의 지속이 요구된다. 이러한 방안으로서는 무분별한 제도의 추가로 인력의 낭비와 막대한 재정지출로 인한 세출의 방지, 성과 관리체제의 연계 확립과 권력적 시각에서 대통령의 행정권에 대한 법제적 축소, 중앙 행정권의 지방과 국회와 사법부로의 이관, 중앙부처의 슬림화, 시민사회에 의한 중앙정부의 관리 통제, 공공정책 간의 쟁점의 조정 등을 통한 작은 정부에 의한 효율성의 증대로 국민을 섬기는 정부가 요구되고 있다.

마지막으로 공적 신뢰를 확보하는 방안으로서는 자유민주주의적 가치를 바탕으로 국민에게 봉사하는 것을 들 수 있다. 이는 역사를 통해서도 자유주의가 가지는 가치를 살펴본 바와 같이 개인의 평등과 자유 그리고 사유재산의 보장을 개인이 지향하는 인간행동에 바탕을 두고 있기 때문에 자율성이 아주 강조되어 왔다. 이러한 자유주의는 나중에 경제적 자유와 정치적 자유로 나뉘게 되었지만 특히 경제를 중요시하는 관점에서는 사사로운 자유에서 개인의 가치를 존중해야 하는 것이다. 정치적 자유는 사회공동체적 자유를 강조하는 점에서 규제된 자유(bounded freedom)이다.

개인은 공적 사회와 국가를 위해 자기의 개인적인 자유를 양도하여 국가의 공권력을 창조하게 된다.[387] 이에 대해 자유주의적 사상은 그 기반을 전통적으로는 개인의 사고와 심리에 근거하는[388] 것에서부터 현대적 의미인 신자유주의로 발전해 왔다. 가급

---

387) John Locke, 1955, *On Civil Government*, Chicago: Henry Regnery.
388) Martin Carnoy, 1984, *The State and Political Theory*, Princeton: Princeton University Press.

적 개인의 자유를 적게 간섭하는 자율적인 시장의 원리에 의해 작은 정부를 운영함으로써 국민에게 봉사하는 정부를 희망하는 것이다. 한편 민주화는 거시적으로 국가와 정부권력의 축소를 가져오기 때문에 국민의 권익신장에 기여할 수 있다. 따라서 자유민주주의는 국민을 섬기는 정부의 요체이다. 새로운 정부는 자유민주주의 가치 존중으로 국민을 섬기는 정부가 되어야 할 것이다.

특히 우리나라는 앞으로 5년간 국정을 이끌어 갈 새로운 정부를 선택해야 하는 중대한 시점에 서 있다. 새로운 정부는 참여정부의 실패를 바탕 삼아 정부 우선이 아닌 국민 우선을 기본으로 하는 국민에 대한 봉사자로서 최적의 조건을 갖춘 정부이어야 한다고 본다. 정부가 할 일과 민간부문이 할 일을 명확히 구분하여 기존의 통제자(Controller)로서의 역할을 대폭 축소하고 국민에게 실현 가능한 비전을 제공하고 동참하도록 하는 것이다.

이는 통치철학으로는 실사구시의 신실용주의에 바탕을 둔 것으로서 새로운 정부는 '작고 효율적인 정부'를 위해 먼저, 행정적으로 방만한 정부에서 새로운 작은 정부의 운영으로, 경제적으로 시장의 자율화에 바탕을 두되 정부와 시장 간의 역할분담에 초점을 두고 그리고 정치적으로 지배층과 피지배층, 즉 제도권과 시민사회를 중심으로 하는 비제도권의 새로운 지배구조(governance)의389) 형성을 위해 탈바꿈할 수 있는 기반조성을 추진해야 한다고 본다. 이러한 기본적 가정하에 새로운 정부가 나아가야 할 방향을 제시하고자 한다.

---

389) James N. Rosenau and Ernst Otto Czempiel, 1992, *Governance without Government*, Cambridge: Cambridge University Press.

Ⅳ. 결론

누가 뭐라고 해도 정부는 국민의 신뢰를 얻지 못하면 어떠한 수단과 방법을 동원해도 그 정권을 지속해 나갈 수가 없다. 정부와 국민이 같은 목표를 향해서 서로가 신뢰를 가지고 정책의 결정이나 실천에 참여하는 경우 좋은 거버넌스, 즉 좋은 민주주의를 달성할 수 있기 때문이다. 참여정부가 국민의 신뢰를 얻지 못하고 있는 점은 앞에서 살펴본 바에 의하면 다음과 같이 몇 가지로 요약할 수 있다. 첫째, 정부가 국민을 별로 무서워하지 않는 점이다. 둘째, 정부의 효율성이 떨어져 방만하게 운영되고 있는 점이다. 셋째, 자유민주주의의 기본가치인 법치에 의하지 않고 자의적 편의주의로 흐르고 있는 점이다.

이러한 문제점을 치유하는 새로운 거버넌스로는 각각 다음과 같이 정리할 수 있다. 이렇게 할 때만이 큰 정부의 실패를 효율적인 정부로, 떨어진 국가기강을 국민이 신뢰하는 강한 정부로, 국민을 가볍게 여기는 정부를 국민을 위한 정부로 변혁시킬 수 있다고 본다.

국민을 섬기는 거버넌스는 첫째, 정부와 정당은 국민의 뜻을 실현하는 장으로 전환하여야 한다. 둘째, 정부와 정당은 좋은 거버넌스의 형성을 위한 국민의 뜻을 정책에 제대로 반영할 수 있는 교량적 역할을 해야 한다. 셋째, 정부와 정당의 존재가치는 국민의 자유와 재산을 보장할 수 있는 관계 구성을 위해 개선되어야 한다.

효율적인 거버넌스를 위해서는 첫째, 자유로운 가운데 창의력과 능력을 발휘하고, 경쟁함으로써 스스로 선진화된 규제를 만들어 가는 역량을 가진 거버넌스를 형성해야 한다. 둘째, 큰 정부의 실패를 자유주의 사상에 바탕을 둔 시장의 자유화를 통해 치유해야 한다. 셋째, 국가 경쟁력 강화를 선도하는 전략 지식 정부를 지향해야 한다. 넷째, 기업가 정신에 입각한 정치상품(political goods)을 유권자에게 확실하고 분명하게 제시해야 한다. 다섯째, 효율적인 정부는 규제완화를 구체적으로 제시해 주어야 한다.

자유민주주의 기본가치인 법치의 실현을 위한 거버넌스는 첫째, 국가공권력을 확보하기 위해서 공권력의 합법성, 합리성, 전통성, 전문성 등을 확보함으로써 그 권위를 회복해야 한다. 둘째, 인치가 아닌 법에 근거한 합법적 거버넌스가 이루어져야 한다. 셋째, 정치 현실에서 국민에게 봉사하는 생활정치가 구현되어야 한다.

|참고문헌|

Arrow, Kenneth. 1963. *Social Choice and Individual Values,* 2nd ed., Haven: Yale University Press.

Baybrooke, David and Charles E. Lindblom, 1970, *A Strategy of Decision,* New York: The Free Press.

Buchanan, J. M., R. D. Tollison, and G. Tullock, 1980. *Toward a Theory of the Rent-Seeking Society,* College Station: Texas A & M University Press.

Carnoy, Martin. 1984, *The State and Political Theory,* Princeton: Princeton University Press.

Euken, Walter, 1952, *Grundsaetze der Wirtschaftspolitik,* Tuebingen: Mohr.

Habermas, Jürgen. 1996, "Three Normative Models of Democracy", in S. Benhabib, ed., *Democracy and Difference,* Princeton: Princeton University Press.

Hayek, Frederich. 1973, *Law, Legislation and Liberty—Rules and Order,* London: Routledge and Kegan Paul.

Lindblom, Charles E. 1959, "The Science of Muddling Through", *Public Administration Review,* 19(2) (March 1959), 79-88.

Locke, John. 1955, *On Civil Government,* Chicago: Henry Regnery.

Macpherson, C.B. 1977, *The Life and Times of Liberal Democracy,* London: Oxford University Press.

Meltzer, Allen H. and Scott F. Richard, 1981, "Rational Theory of the State of Government", *Journal of Political Economy,* vol.89, pp.914-919.

Nozick, Robert. 1974, *Anarchy, State and Utopia,* New York: Basic Books.

Olson, Mancur. 1982, *The Rise and Decline of Nations*, New Haven: Yale University Press.

Putnam, Robert. ed. 2000, *Disaffected Democracies*, Princeton: Princeton University Press.

Rosenau, James N. and Ernst Otto Czempiel, 1992, *Governance without Government*, Cambridge: Cambridge University Press.

Simon, Herbert A. 1957, *Administrative Behavior*, 2nd ed., New York: Macmillan.

Smith, Adam. 1937 *The Wealth of Nations*, New York: Modern Library, Chapter 4 of Book 4.

국제경제개발연구원, 2006. 세계경쟁력연감.

동아일보, 2007. 대선후보 특집 인터뷰(2007.9.14.).

서울신문, 2007.10.8.

전국경제인연합회기관 자유기업원, 2007.11.26 발표 자료.

전교학신문, 2007년 7월 31일자.

조선일보, 2007.10.8.

통계청 사회조사, 2006년도판.

한겨레신문, 10.16.

KTV. 2007.8.10.

· 저자 ·

이종식 　　· 약　력 ·
(李鍾植) 경북대학교 사범대학교 사회교육학과 일반사회전공 졸업(문학사)
경북대학교 대학원 정치학과 졸업(정치학 석사)
아주대학교 대학원 응용사회과학과 정치학전공 졸업(정치학 박사)
(주)대한항공 25년간(1978–2003) 근무
사단법인 한국정치학회 정회원(현)
사단법인 한국국제정치학회 정회원(현)
사단법인 한국NGO학회 정회원(현)
사단법인 한국항공우주법학회 정회원(현)
(현재)아주대학교 사회과학연구소 전임연구원
아주대학교, 한국항공대학교에서 정치학개론, 한국정치의 이해,
국제관계론, 현대민주주의와 시민사회, NGO와 지역사회의 이해 등 강의 중

· 주요논저 ·

『한국정치의 이해』, 한국항공대학교 출판부, 2007.
『국제항공체제의 변화와 전망』, 한국학술정보㈜, 2007.
『국제항공기구론』(공저), 서울: 한국항공대학교 출판부, 2006.
"Freedoms of the Air and Global Aviation Regimes" 홍순길 교수 정년기념
논문집, 『21C 항공우주산업, 정책, 법적 주요 과제』, 서울: 평창기획, 2007.
"효율적인 거버넌스 형성을 위한 문제점과 방향" 한국 NGO학회, 『NGO연구』,
2007.
"국제항공레짐의 변화유형과 전망: 한미항공협정을 중심으로"
『한국정치학회보』, 제40집 2호, 2006.
"유럽연합(EU) 통합과 제3국과의 항공관계" 『항공우주법학회지』
　제21권 제1호, 2006.
"한국의 전통적 거버넌스의 시원적 모델: 호계 이을규의 혁신정치의
가설과 실천모델" 한국NGO학회 『NGO연구』, 2006.
"Restyling of International Aviation Regimes" *Journaal LuchtRecht, The
Netherland*, Special Edition, Nr. 9/10, December 2005.
"Change of International Aviation Order" 국제정치학논총(*The Korean
Journal of International Relations*), Vol. 45(5), December 2005.
"국제항공레짐의 변화에 관한 연구, 1919–2003" 박사학위논문, 2004.

현대민주주의와 시민사회

· 초판 인쇄	2008년 2월 29일
· 초판 발행	2008년 2월 29일
· 지 은 이	이종식(李鍾植)
· 펴 낸 이	채종준
· 펴 낸 곳	한국학술정보㈜
	경기도 파주시 교하읍 문발리 513-5
	파주출판문화정보산업단지
	전화 031) 908-3181(대표) · 팩스 031) 908-3189
	홈페이지 http://www.kstudy.com
	e-mail(출판사업부) publish@kstudy.com
· 등 록	제일산-115호(2000. 6. 19)
· 가 격	32,000원

ISBN 978-89-534-8213-5 93340 (Paper Book)
　　　978-89-534-8214-2 98340 (e-Book)